Miki Shima

I Ging in der Heilkunst

Miki Shima

# I Ging in der Heilkunst

## Die Weisheit des Inneren Arztes

Diagnose und Prognose des Gesundheitszustandes
nach dem Buch der Wandlungen

Ansata Verlag
Rosenstraße 24
CH-3800 Interlaken
Schweiz
1994

Aus dem Amerikanischen von Wolfgang Höhn

*Wichtiger Hinweis*

*Dieses Buch ist nicht dazu gedacht, eine ärztliche Diagnose oder Therapie zu ersetzen, sondern um sie mit der Stimme des «Inneren Arztes», der in den Bildern und Symbolen des I Ging spricht, zu ergänzen. Beim Auftreten von Krankheitssymptomen sollte daher unbedingt ein Arzt konsultiert werden.*

Titel der Originalausgabe
THE MEDICAL I CHING
Oracle of the Healer within
Published by Blue Poppy Press
1775 Linden Ave., Boulder, CO 80304, USA


Deutsche Ausgabe:

Umschlagbild: Robert Wicki
Satz: Jung Satzcentrum, Lahnau
Druck: Kösel GmbH & Co., Kempten/Allgäu
ISBN 3-7157-0180-3

# Inhalt

# Dank

Der größte Teil des in diesem Buch vorgestellten Materials basiert auf Seminaren über das *I Ching* und verwandte Themen, die ich in den letzten zehn Jahren abgehalten habe. Dank schulde ich deshalb den vielen interessierten Personen, die an diesen Kursen teilgenommen und deren Fragen zur Klärung dieses Materials beigetragen haben. Ich empfinde es auch als große Ehre, einen Meister wie Doktor Kobayashi als persönlichen Mentor beim Studium des *I Ching* zu haben; für seine großzügige Unterweisung stehe ich tief in seiner Schuld.

Danken möchte ich auch Dr. Jay Sordean, der mich als Programmdirektor der Stiftung für Japanisch-Amerikanische Akupunktur jahrelang unterstützt hat. All meine Freunde von der Kalifornischen Akupunktur-Gesellschaft haben mir nach Kräften geholfen und mich beim Schreiben dieses Buches immer wieder ermutigt.

Schließlich bin ich Bob Flaws und Honora Lee Wolfe zu großem Dank dafür verpflichtet, daß sie mich bei der Vorbereitung dieser Veröffentlichung auf so kluge, aufmerksame und ermunternde Weise beraten haben. Ohne ihre freundliche Unterstützung hätte dieses Buch nicht seine jetzige Form finden können.

Abbildung 1

Dieses Diagramm veranschaulicht von unten nach oben die Entfaltung der Acht Trigramme / 64 Hexagramme und damit der Erscheinungswelt aus t'ai chi, dem Höchsten Letzten.

# Hinweise zur Umschrift und zur Terminologie

Bei der Umschrift (Transkription) des Chinesischen, das heißt der möglichst lautgetreuen Wiedergabe chinesischer Schriftzeichen (Wörter) in lateinischen Buchstaben, herrscht in der westlichen Literatur immer noch viel Verwirrung. Um den Lesern das Verständnis zu erleichtern, haben wir uns bei dieser deutschen Übersetzung durchgehend für eine einheitliche Umschrift nach dem Wade-Giles-System entschieden, auch wenn das amerikanische Original zweigleisig fährt: das heißt, an erster Stelle steht dort die Schreibung nach dem offiziellen *pinyin*-System der Volksrepublik China und an zweiter Stelle in Klammern die Umschrift nach Wade-Giles.

Für die Bevorzugung des Wade-Giles-Systems sprechen vor allem zwei Gründe: Erstens ist diese Schreibweise im deutschsprachigen Raum in der allgemeinen China-Literatur wesentlich weiter verbreitet; und zweitens läßt sich diese Schreibart viel einfacher lesen und aussprechen als das recht mühsam zu erlernende *pinyin*-System.

Beim Wade-Giles-System genügen im großen und ganzen zwei Faustregeln für die Aussprache, die übrigens auch für die in diesem Buch verwendete *Umschrift japanischer Namen* und Ausdrücke gelten:

a. Konsonanten und ihre Verbindungen (meist) wie im Englischen;
b. Vokale (meist) wie im Deutschen.

Der ‹Apostroph› hinter Konsonanten zeigt die Behauchung (Aspiration) an: zum Beispiel chinesisch *«t'ai»* wird wie deutsch «*Tei* (1)» ausgesprochen.

Abweichungen vom Wade-Giles-System gibt es lediglich bei ein paar Namen und Buchtiteln. Da sich in der westlichen Fachliteratur zur chinesischen Medizin das offizielle *pinyin*-System der Volksrepublik China weitgehend durchgesetzt hat, haben wir bei medizinischen Fachausdrücken, soweit erforderlich, die *pinyin*-Schreibung in eckigen Klammern hinzugefügt. Im chinesischen Glossar sowie im Glossar zum *I Ching* am Ende des Buchs werden beide Transkriptionssysteme benutzt.

Ebenfalls aus Gründen der Einheitlichkeit haben wir es vorgezogen, bei allen chinesischen und japanischen Eigennamen die fernöstliche Reihenfolge einzuhalten: das heißt, der Familienname steht *vor* dem *Vornamen*, wie zum Beispiel bei Chu *Hsi* oder Kato *Daigaku*.

Was die Bezeichnungen der Trigramme und Hexagramme des *I Ching* angeht, so gilt die vor über 70 Jahren erschienene Übersetzung von Richard Wilhelm *‹I Ging – Das Buch der Wandlungen›* als das Standardwerk im deutschsprachigen Raum. Schon im Titel dürfte auffallen, daß Wilhelm dafür seine eigene Umschrift verwendet hat, nämlich *I Ging*, während er nach Wade-Giles als *I Ching* und im *pinyin*-System als *Yi Jing* transkribiert wird – also drei verschiedene Schreibungen für zwei chinesische Schriftzeichen, die im modernen Chinesischen «i dsching» ausgesprochen werden. Im Glossar zum *I Ching* am Ende des Buches haben wir eine Übersicht der chinesischen Namen für die Trigramme und Hexagramme in den drei Transkriptionssystemen (nach Wade-Giles, in *pinyin* und nach Wilhelm) aufgelistet. Die deutschen Bezeichnungen haben wir von Wilhelm übernommen. Für die freundliche Erlaubnis, bei den klassischen Texten zu den 64 Hexagrammen in Kapitel 5 (*‹Das Bild›*, *‹Das Urteil›* und *‹Die einzelnen Linien›*) nach Wilhelm zitieren zu dürfen, möchten wir an dieser Stelle dem Eugen Diederichs Verlag, München, unseren Dank aussprechen.

Obwohl dieses Buch von Ärzten und Heilkundigen aller Richtungen benutzt werden kann, so ist sein medizinischer Teil vorwiegend in der Sprache der Traditionellen Chinesischen Medizin (TCM) abgefaßt, denn es basiert auf dieser Tradition. Lesern, die mit den grundlegenden Theorien, Lehrsätzen und

Fachausdrücken der chinesischen Heilkunst nicht vertraut sind, ist vor allem die Lektüre von Ted Kaptchuk, *‹Das große Buch der chinesischen Medizin›*, zu empfehlen. Näheres dazu und weiterführende deutsche Titel zur chinesischen Medizin und zum *I Ching* finden Sie am Ende des Buches.

# Geleitwort

Das *I Ching* enthält die Essenz der chinesischen Philosophie. Es gilt als das klassische Hauptwerk der fernöstlichen Metaphysik. Seine Grundlagen sollen vor etwa 5000 Jahren von dem mythischen weisen Herrscher Fu Hsi ersonnen worden sein. Ohne das *yin-yang*-Prinzip des *I Ching* zu erfassen, bleibt die fernöstliche Philosophie ein Buch mit sieben Siegeln.

Das *I Ching* ist nicht nur ein einzigartiges Werk der chinesischen Weisheit, sondern auch ein Buch der Weissagung, das auf einem genialen System binärer Darstellungen für alle Muster im Universum beruht. Dieses System wurde im 11. Jahrhundert vor Christus durch König Wen, den Begründer der Chou-Dynastie (1025–256 v. Chr.), zur Vollendung gebracht. Da das *I Ching* in Ostasien als die zuverlässigste Methode der Vorhersage gilt, ist es von Zehntausenden von Menschen als Orakel für jedes nur vorstellbare menschliche Anliegen benutzt worden. In unserer Zeit hat es seinen Weg in den Westen gefunden und auch dort bedeutsame Ergebnisse hervorgebracht.

Der Autor des vorliegenden Werkes, Dr. Miki Shima, hat die tiefen Lehren des *I Ching* nicht nur studiert, sondern es in den letzten fünfundzwanzig Jahren auch gründlich praktiziert. Was mich an Doktor Shima so beeindruckt, ist die Tatsache, daß er das *I Ching* unermüdlich jeden Tag befragt hat und aus dieser direkten Auseinandersetzung ein immenses praktisches Wissen in der Kunst der Weissagung sammeln konnte. Ich kenne sehr viele Menschen, die sich mit dem *I Ching* beschäftigen, aber ich habe noch keinen getroffen, der es so ausgiebig zur Vorhersage benutzt wie Doktor Shima. Das unterscheidet ihn von den traditionellen *I Ching*-Gelehrten. Ich weiß mit Sicherheit, daß er seine Vorhersagen genau aufgezeichnet hat und diese Aufzeichnungen über längere Zeiträume immer wieder betrachtet. Das vorliegende Werk schöpft deshalb nicht nur aus Doktor Shimas wissenschaftlicher Beschäftigung mit dem *I Ching*, sondern auch unmittelbar aus seinen persönlichen Erkenntnissen und Erfahrungen.

Da Doktor Shima schon vor über zwanzig Jahren damit begonnen hat, chinesische Medizin zu praktizieren, ist er inzwischen zum Meister in der Anwendung des *I Ching* für medizinische Vorhersagen geworden. Seine besondere Stärke liegt in der Diagnose und im Aufspüren tiefliegender Krankheitsursachen. Seine Prognosen und Behandlungsprotokolle sind ebenfalls ganz ausgezeichnet. Die geschickte Anwendung der Hinweise, die er dem *I Ching* entnimmt, hat ihn zu einem großen Arzt gemacht.

Ich bin der festen Überzeugung, daß das vorliegende Buch, das erste seiner Art im Westen, das Verständnis dieses uralten Weisheitsbuches fördern wird. Ohne Zögern kann ich deshalb Doktor Shimas Werk über *‹I Ching in der Heilkunst›* jedem empfehlen, der Heilkunde praktiziert, sei es nun in westlicher oder in östlicher Form.

Kobayashi Sango, Ph. D.
Präsident des Tokyo I Ching College und des Kanto College für Östliche Medizin
Mai 1992 – Tokyo, Japan

# Vorwort

In China wurde das *I Ching* oder ‹Das Buch der Wandlungen› seit Jahrtausenden als das tiefsinnigste klassische Weisheitsbuch verehrt. Es ist sowohl ein philosophisches Werk, das zum Studieren und Nachdenken einlädt, als auch ein Handbuch der Weissagung. Im Fernen Osten hat dieses Buch zahllose Weise und Gelehrte so sehr fasziniert, daß sie es zu jedem nur vorstellbaren menschlichen Anliegen gelesen und befragt haben. Da die verschiedenen Benutzer unterschiedliche Interessen und Neigungen verfolgen, existieren heutzutage sogar in westlichen Sprachen eine ganze Anzahl spezialisierter Fassungen des *I Ching*. Da gibt es ein konfuzianisches *I Ching*, ein taoistisches *I Ching*, ein buddhistisches *I Ching*, ein *I Ching* für Wahrsager und noch andere. Da Gesundheit und Wohlbefinden ein Grundanliegen aller Menschen sind, bestehen gute Gründe für die Annahme, daß es seit Jahrtausenden einzelne Personen gegeben haben muß, die das *I Ching* auch bei medizinischen Problemen befragt haben. Bis heute gibt es jedoch in englischer Sprache kein Buch über die medizinische Anwendung des *I Ching*.

Nach Abschluß eines Linguistikstudiums an der Universität von Michigan habe ich mich in den letzten dreißig Jahren mit der klassischen chinesischen Literatur beschäftigt, und dabei hat mich kein Werk mehr begeistert als das *I Ching*. Die erste ‹zufällige› Einführung gab mir ein Geschichtslehrer. Unter seiner Anleitung begann ich, das *I Ching* für Vorhersagen zu benutzen, und bin seither dabei geblieben. 1984 traf ich Großmeister Kobayashi in Tokyo. Doktor Kobayashi praktiziert nicht nur traditionelle fernöstliche Medizin, sondern hat auch etwa fünfzig Bücher über das *I Ching* verfaßt. Seit 1984 hat mich Doktor Kobayashi bei meiner persönlichen Arbeit mit diesem einzigartigen Weisheitsbuch beraten.

Vor allem habe ich während der beiden letzten Jahrzehnte bei der Ausübung der Akupunktur und der chinesischen Medizin sehr viel mit dem *I Ching* gearbeitet. Obwohl ‹Das Buch der Wandlungen› nicht auf dem Lehrplan zu meiner traditionellen medizinischen Ausbildung stand, habe ich damit begonnen, seine praktische Anwendung in mein Studium und meine Praxis zu integrieren, unmittelbar nachdem mein Interesse an der chinesischen Medizin geweckt worden war. Als Neuling auf diesem Gebiet habe ich mit allen Mitteln versucht, Einblick in den Zustand meiner Patienten zu gewinnen, und das *I Ching* erwies sich von Anfang an als ausgezeichnete Quelle der Information und der Beratung. Obwohl es denen, die nur wenig über das *I Ching* wissen, seltsam vorkommen mag, kann ich behaupten, daß mir dieses Buch eine Fülle von medizinischen Hinweisen gegeben hat und mich dank richtiger Entscheidungen, die auf seinem Rat beruhten, in die Lage versetzte, vielen meiner Patienten wirksam zu helfen.

Durch die zunehmende Auseinandersetzung mit dem medizinischen Gebrauch des *I Ching* meldete sich bei mir das Bedürfnis nach vertieftem Wissen auf diesem Gebiet. Zu meinem großen Bedauern war die Suche nach Quellen zu dieser speziellen Anwendung des *I Ching* alles andere als einfach, denn von den früheren *I Ching*-Meistern gibt es nur wenige kurze Sammlungen medizinischen Inhalts. Ich mußte eine Menge Literatur zu diesem Thema verarbeiten und fand doch nur bruchstückhafte und unzusammenhängende Informationen. Es dauerte wirklich Jahre, bis sich endlich ein verschwommenes Bild von der Kunst medizinischer Vorhersage abzeichnete. Heute bin ich davon überzeugt, daß man chinesische Medizin ohne eine gute Kenntnis des *I Ching* nicht verstehen kann, denn schließlich verkörpert es die Essenz der fernöstlichen Medizin in reinster Form. Denn Theorie, Diagnose und Praxis der chinesischen Medizin basieren allesamt auf der *yin-yang*-Lehre, und das *I Ching* ist die klassische Quelle dieser Theorie und ihrer Symbolik. Ohne zum Ursprung der Symbole und Metaphern in der altchinesischen Tradition zurückzugehen, kann man kaum begreifen und würdigen, welch ungeheuer weite und tiefe Fülle an Weisheit die chinesische Heilkunde in sich birgt.

Das vorliegende Buch hat sich zum Ziel gesetzt zu erklären, wie das *I Ching* bei der Ausübung der chinesischen Medizin im besonderen und der Heilkunst im allgemeinen als Führer dienen kann. Es ist eine Zusammenstellung dessen, was ich in den letzten beiden Jahrzehnten bei der Praxis der Vorhersage und bei der Erforschung der chinesischen und japanischen *I Ching*-Literatur zusammengetragen habe. Es erhebt nicht den Anspruch, eine umfassende wissenschaftliche Darstellung oder ein allgemeines Handbuch des *I Ching*-Orakels zu sein. Vielmehr möchte ich in diesem Buch genau beschreiben, wie das *I Ching* in der Heilkunde als diagnostisches und prognostisches Werkzeug benutzt werden kann. Allen Lesern, die an allgemeinen und historischen Kenntnissen über das *I Ching* interessiert sind, empfehle ich Richard Wilhelms ‹*I Ging – Das Buch der Wandlungen*›. Eine Literaturliste zum *I Ching* am Ende dieses Buches enthält die wichtigsten Titel und Quellen.

Weder bei der Beschäftigung mit der chinesischen Medizin noch beim Studium des *I Ching* gelangt man jemals ans Ende. Es hat zwanzig Jahre gedauert, bis ich alle grundlegenden Werke über das *I Ching* in chinesischer und japanischer Sprache gelesen hatte. Nehmen auch Sie sich deshalb Zeit, und genießen Sie die Lektüre. Das *I Ching* kann auch für Ihr Leben zu einer großen Hilfe werden.*

* Der Autor ist über den auf der Impressumseite 4 genannten amerikanischen Verlag erreichbar.

# 1

# Grundlagen für die medizinische Anwendung des *I Ching*

Nach der chinesischen Überlieferung war es Fu Hsi, der älteste der legendären Vorväter der chinesischen Kultur, der um etwa 3000 vor Christus das Fundament des *I Ching* als System der Philosophie und der Weissagung gelegt haben soll. Zu jener Zeit, so glaubt man, sind dem Fu Hsi die Acht Trigramme *(pa kua)*, die Bausteine für die 64 Hexagramme des *I Ching*, auf einem Schildkrötenpanzer erschienen. Im 11. Jahrhundert vor Christus soll König Wen von der Chou-Dynastie (1025–256 v. Chr.) Kommentare zu diesen 64 Hexagrammen verfaßt haben. Wenige Jahre später schrieb dann sein Sohn, der Herzog von Chou, weitere Kommentare zu den sogenannten bewegten Linien (Wandellinien). Ferner nimmt man an, daß um 500 vor Christus Konfuzius in fortgeschrittenem Alter die sogenannten ‹Zehn Flügel› redigiert hat: Dabei handelt es sich um eine weitere Reihe von Kommentaren zu den Bildern, den Urteilen, dem Aufbau und anderen Aspekten eines Werkes, das bereits zu Konfuzius' Zeiten als altehrwürdiger Klassiker betrachtet wurde.

Im Fernen Osten pflegt man zwei Traditionen bei der Beschäftigung mit dem *I Ching*. In der ersten Tradition wird das *I Ching* ausschließlich als philosophisches und wissenschaftliches Werk studiert und analysiert. Anhänger dieser Schule wagen es nicht, dieses Buch als Werkzeug der Weissagung zu benutzen, und blicken auf solche Benutzer als unwissende und leichtgläubige Wahrsager herab. Zur zweiten Tradition gehören diejenigen Personen, die sich kaum um die besonderen Feinheiten bei der philologischen und historischen Analyse dieses Werkes kümmern, sondern es als täglichen Ratgeber in allen Lebensfragen anwenden. Obwohl meine eigene Erfahrung bestätigt hat, daß das *I Ching* ein um so wirksamerer Helfer ist, je mehr man theoretisch über seine innere Struktur und Wirkungsweise weiß, so erinnern mich diejenigen, die dieses Buch nicht zur Lebenshilfe benutzen, an jene Zen-Gelehrten, die niemals meditieren. Ohne direkte Erfahrung kann man Zen nicht begreifen. Ebenso gilt für das *I Ching*, daß man den tiefen Sinn seiner Ratschläge kaum zu würdigen vermag, solange man seine Weisheit nicht praktisch im Alltag einsetzt.

Was die grundlegende Wirkungsweise des *I Ching*-Orakels angeht, so habe ich noch keine völlig überzeugende Theorie dafür finden können, sei sie nun mathemathisch, psychologisch oder philosophisch. Die Wirkungsweise des *I Ching* scheint jenseits des rationalen Verstandes zu liegen. Es genügt festzustellen, daß seine Verwendung als Orakel auf dem Konzept der Synchronizität basiert. Der chinesische Begriff dafür lautet *ying* und bedeutet Resonanz. Alle, die das *I Ching* zur Vorhersage und Beratung benutzen, sind davon überzeugt, daß alles in der Welt der Erscheinungen eine Einheit bildet und daß zwei gleichzeitig ablaufende Ereignisse Manifestationen eines einzigen *Zeitgeistes* sind oder zu diesem Zeitpunkt einem bestimmten kosmischen Manifestationsmuster folgen. Für Vorgänge, die zur gleichen Zeit ablaufen, gilt das Prinzip der Koinzidenz; sie ereignen sich weder willkürlich noch zufällig.

Der Name dieses Werks, *I Ching*, erklärt bereits, wie und warum es den Menschen bei jeder Art von Tätigkeit, einschließlich der medizinischen Praxis, von Nutzen sein kann. Das Wort *ching* bedeutet Klassiker und bezieht sich auf jene altehrwürdigen chinesischen Schriften, denen wegen der aus ihnen sprechenden Weisheit ganz besondere Verehrung zuteil wird. Das Wort *i* bedeutet Wandel. Das chinesische Schriftzeichen für *i* setzt sich aus den Bildern für Sonne und Mond zusammen.[1] Die

---

[1] Nach einer anderen Erklärung stellt dieses Schriftzeichen ursprünglich ein Chamäleon dar.

Verfasser des *I Ching* hatten erkannt, daß in der Erscheinungswelt sich alles in unaufhörlichem Fluß und Wandel befindet. Alles unterliegt ständigem Wechsel, entfaltet sich und bildet sich zurück, wird geboren, wächst, reift, verfällt und stirbt. Jedoch scheint sich die Welt im Rahmen dieses endlosen Bewegungsflusses auf geordnete oder rhythmische Weise zu wandeln. Im Ablauf von Tag und Nacht, im Leben einer Pflanze, eines Tieres oder eines Menschen, in der Folge der Jahreszeiten sowie in der natürlichen Geschichte all dessen, was der menschliche Geist erfassen kann, lassen sich bestimmte Muster ausmachen. Die Befragung des *I Ching* ergibt ein symbolisches Bild oder eine Darstellung desjenigen Wandlungsmusters, das zu diesem Zeitpunkt wirksam ist. Auf diese Weise läßt sich zumindest erahnen, nach welchen Mustern das Weltgeschehen abläuft.

Die Praxis der chinesischen Medizin beruht auf der Erkenntnis solcher Wandlungsmuster im Organismus des Patienten. Wenn diese Wandlungsmuster *(cheng)* harmonisch verlaufen und Leben und Wohlbefinden fördern, sagen wir, daß der Patient gesund ist oder sich auf dem Wege der Genesung befindet. Wenn diese Muster aber nicht harmonisch ablaufen und eher zu Tod und Auflösung von Körper und Geist führen, dann nennen wir den Patienten krank und bemühen uns, seine Krankheit mit geeigneten Medikamenten und Therapien zu heilen. Solche therapeutischen Maßnahmen sollen nichts anderes bewirken, als das Wandlungsmuster des Patienten von einer disharmonischen und lebensfeindlichen Richtung in eine harmonische und lebensbejahende umzulenken.

Weiterhin geht die chinesische Medizin davon aus, daß die Lebensenergie *ch'i [qi]* des Individuums sich nicht vom *ch'i* des Makrokosmos unterscheidet. In der chinesischen Medizin gilt das individuelle *ch'i* eines Menschen als *k'o ch'i [ke qi]* oder Gast-*ch'i* innerhalb des dominierenden *chu ch'i [zhu qi]* oder Gastgeber-*ch'i* des Universums. Im chinesischen Denken ist man generell davon überzeugt, daß ein Mensch nur dann wirklich gesund ist, wenn sein mikrokosmisches Gast-*ch'i* in harmonischer Übereinstimmung mit dem makrokosmischen Gastgeber-*ch'i* steht. Aus diesem Grunde ist unschwer einzusehen, daß alles, was zu einem besseren Verständnis der in der Welt wirksamen Wandlungsmuster beiträgt, dem Heiler auch dazu verhelfen kann, die Krankheitsbilder und -mechanismen seiner Patienten zu ergründen. Die Befragung des *I Ching*-Orakels ist nichts anderes als eine uralte und authentische Methode, um an einem bestimmten Punkt des Raumes und der Zeit die universalen Muster in ihrem Bezug zu menschlichen Wesen zu erfassen.

Meister T. Wei, ein moderner chinesischer Arzt, hat Folgendes zum Zusammenhang zwischen chinesischer Medizin und dem *I Ching* gesagt:

> «Wenn das *Nei Ching [Nei Jing]*[2] das Tor zum Schatzhaus der klassischen chinesischen Medizinliteratur ist, dann ist das *I Ching* der Schlüssel dazu.»[3]

Sun Ssu-miao, der große Mediziner der T'ang-Dynastie (618–906 n. Chr.), hat dazu vor über 1000 Jahren bemerkt:

> «Wenn du das *I Ching* nicht studierst, kannst du die Heilkunst überhaupt nicht verstehen.»[4]

Es heißt, daß die chinesische Medizin leicht zu erlernen, aber schwer zu meistern ist. Sie gleicht eher einer Kunst als einer Wissenschaft im westlichen Sinne. Während ihres ganzen Lebens bemühen sich die chinesischen Ärzte um die Verfeinerung ihrer Sensibilität, ihres Wissens und ihrer Fähigkeit, diese Kenntnisse auf intelligente Weise in die Praxis umzusetzen. Gesundheit und Krankheit als wesentliche Daseinsfaktoren bilden ein weites Feld und entziehen sich nur allzuoft dem rationalen Denken. Diagnostische Beschreibungen in Lehrbüchern mögen auf dem Papier klar und einfach aussehen, aber Patienten aus Fleisch und Blut präsentieren sich nur selten in so einfacher und eindeutiger

---

[2] (Huang Ti) Nei Ching – ‹Der Klassiker des Gelben Kaisers zur Inneren Medizin›

[3] Tsuei Wei, Roots of Chinese Medicine, S. 21

[4] Chao Chen, Yi and Medicine, S. 439

Weise. Im Vergleich zu dem, was wir Ärzte auf der Grundlage begrenzter Wahrnehmung und Verstandeskräfte über unsere Patienten wissen, gibt es immer noch vieles, was uns entgeht. Oft genug besteht eine ziemlich frustrierende Diskrepanz zwischen dem, was wir tatsächlich über unsere Patienten wissen, und dem, was wir eigentlich wissen sollten, um sie wohl und weise zu behandeln.

Durch Befragung des *I Ching* vermag der Arzt, sei er nun chinesischer Doktor oder Praktiker einer anderen Art von Heilkunst, Zugang zu den nicht-rationalen tieferen Schichten des Wissens zu finden. Tatsächlich sollte man von einer Schicht intuitiven Wissens sprechen. Die Bilder und Symbole, die das *I Ching* bei der Befragung präsentiert, versetzen den Heiler in die Lage, seine Fälle aus einer anderen Perspektive zu betrachten. Sie können sein Gedächtnis anregen oder die Wichtigkeit einer bestimmten Information im Chaos widersprüchlicher Daten hervorheben. Sie können ihm auch nahelegen, seine Patienten auf andere Weise zu sehen und alternative Behandlungsmethoden in schwierigen und hartnäckigen Fällen einzusetzen. Bei der Bestimmung der tiefliegenden Ursachen für die Krankheit seines Patienten helfen sie ihm, zum Kern der Sache vorzudringen und sich nicht im Kurieren oberflächlicher Symptome zu verlieren. Die Bilder und Symbole des *I Ching* können dem Arzt ein besseres Verständnis für die Prognose und das wahrscheinliche Ergebnis im aktuellen Fall vermitteln und die Beantwortung von Fragen folgender Art erleichtern: Ob er den Patienten annehmen soll oder nicht; ob der Patient wie erwartet auf die Therapie ansprechen wird; ob im betreffenden Fall versteckte Gefahren lauern; ob die Beschwerden langsam oder schnell zu- oder abnehmen werden usw.

Im wesentlichen bestimmt das *I Ching* die Muster der Lebensenergie *ch'i*, die in der Welt wirksam sind. Diese Muster sind nichts Statisches, sondern Bewegungsabläufe in einem Feld unaufhörlichen Wandels. Diese Wandlungsabläufe haben die Tendenz, sich nach festen Mustern zu entwickeln. Doch wie das Leben selbst, so lassen sich auch diese Muster nicht auf jene einfachen linearen Abläufe reduzieren, welche in der westlichen Logik und im rationalen Denken bevorzugt werden. Das *I Ching* beschreibt diese Muster in einer höchst symbolischen, anspielungs- und beziehungsreichen Sprache. Menschen in der modernen westlichen Welt sind es gewohnt, in linearen und diachronischen Bahnen zu denken; die Ausdrucksweise des *I Ching* ist dagegen symbolisch und synchronisch. Wir machen uns gerne ein lineares Bild von Raum und Zeit und tun so, als ob die Ereignisse in einer Kette von Ursachen und Wirkungen abliefen. Doch entspricht dies nicht der Sicht des *I Ching*. Die Welt des *I Ching* gleicht einem Gewebe aus vielfältigen Mustern, die auf organische und synchronische Weise miteinander verflochten sind, ohne in eindeutigen Ursache-Wirkungs-Beziehungen zueinander zu stehen. Dies ist die Welt der Interdependenz, die Welt des Entstehens in Abhängigkeit.

Wenn wir das *I Ching* zum Zwecke der medizinischen Anwendungen studieren und befragen, sollten wir uns unbedingt darüber im klaren sein, daß die Bilder, in denen das *I Ching* zu uns spricht, nichts weiter als symbolische Darstellungen von organischen Zuständen sind und ein weites Spektrum von Deutungsmöglichkeiten zulassen. Deshalb gibt es keine unfehlbar richtige Interpretation eines bestimmten Hexagramms. Vielmehr stellt das *I Ching* uns vor ein Muster, dessen Deutung uns freisteht, unter Berücksichtigung unserer eigenen Intuition und der Erfordernisse in der aktuellen Situation. In der Tatsache, daß das *I Ching* nicht gänzlich rational ist, liegt auch genau der Grund dafür, daß der Heiler im Umgang mit seinem Patienten nichtrationale und nicht-lineare Elemente der Wirklichkeit besser erfassen, bewerten und berücksichtigen kann.

# 2

# Bausteine und Grundvorstellungen des *I Ching* und ihre Anwendung in der Heilkunst

## *Yin* und *Yang*

Das *I Ching* betrachtet die Welt der Erscheinungen als ein Universum unablässigen Wandels. Seinen Kern bildet die *yin-yang*-Lehre, welche die Dynamik hinter den unaufhörlichen Bewegungsabläufen in dieser Welt erklärt. Nach den Vorstellungen des Philosophen Chu Hsi (1130–1200 n. Chr.), einem der größten systematischen Denker im Alten China und einer großen Autorität auf dem Gebiet des *I Ching*, hat sich die Erscheinungswelt aus *t'ai chi*, dem ‹Höchsten Letzten›, entwickelt, während *t'ai chi* spontan aus *wu chi*, der ‹Letzten Leerheit› (dem ‹Namenlosen›), hervorgegangen ist. *T'ai chi* ist allgegenwärtig, allmächtig und allwissend und geht der Entstehung von Raum und Zeit voraus. Das Höchste Letzte erschuf und erschafft das manifestierte Universum im ewigen Wechselspiel von *yin* und *yang*, die auch als *liang i*, die Zwei Pole, bezeichnet werden. *Yin* und *yang* sind die beiden großen Urkräfte der Natur. Dazu sagt Chu Hsi:

> «Alles besteht aus *yin* und *yang*. Da ist nichts, was nicht aus *yin* und *yang* besteht ... Unter den Menschen gibt es Männer und Frauen. Im körperlichen Bereich beziehen sich

> *yin* und *yang* auf Blut und *ch'i [qi]*. Blut ist *yin* und *ch'i* ist *yang*.»[1]

So gesehen gelten *yin* und *yang* als die beiden Pole eines Gegensatzpaares. Dies ist das erste Prinzip der *yin-yang*-Lehre.

Zugleich sollte man sich darüber im klaren sein, daß *yin* und *yang* auch alternierende und komplementäre Kräfte sind; das heißt, daß *yin* ständig zu *yang* und *yang* ständig zu *yin* wird. Auf diese Weise ergänzen sie einander, während ihr Wechselspiel gleichzeitig den nahtlosen Fluß aller Wandlungsvorgänge bewirkt. Chu Hsi beschreibt das so:

> «Es heißt, daß *yin* und *yang* einander entgegengesetzt sind, wie Mann und Frau, männlich und weiblich, Osten und Westen, Norden und Süden. Doch haben sie auch alternierende und komplementäre Eigenschaften wie Tag und Nacht, Frühling und Sommer, Herbst und Winter.»[2]

Dies ist das zweite Prinzip der *yin-yang*-Lehre.

Als drittes Prinzip gilt, daß *yin* und *yang* in einem ständigen Zyklus von Werden und Vergehen wirken. Dazu bemerkt Chu Hsi:

> «*Yin* und *yang* sind nichts anderes als die Manifestation von *ch'i [qi]*. Wenn *yin ch'i* abnimmt, nimmt *yang ch'i* zu; und wenn *yang ch'i* abnimmt, nimmt *yin ch'i* zu.»[3]

Im traditionellen chinesischen Denken wird das Universum *(tao)* durch diesen ständigen *yin-yang*-Zyklus von Opposition und Alternation geschaffen und in Gang gehalten. So heißt es im *I Ching*, dem grundlegenden Werk über die *yin-yang*-Lehre:

> «Die Wandlungen von *yin* und *yang* sind die Richtschnur

---

[1] Chu Hsi Yü Lei (Chu Hsis gesammelte Lehren), S. 204
[2] ebenda, S. 401
[3] ebenda, S. 400

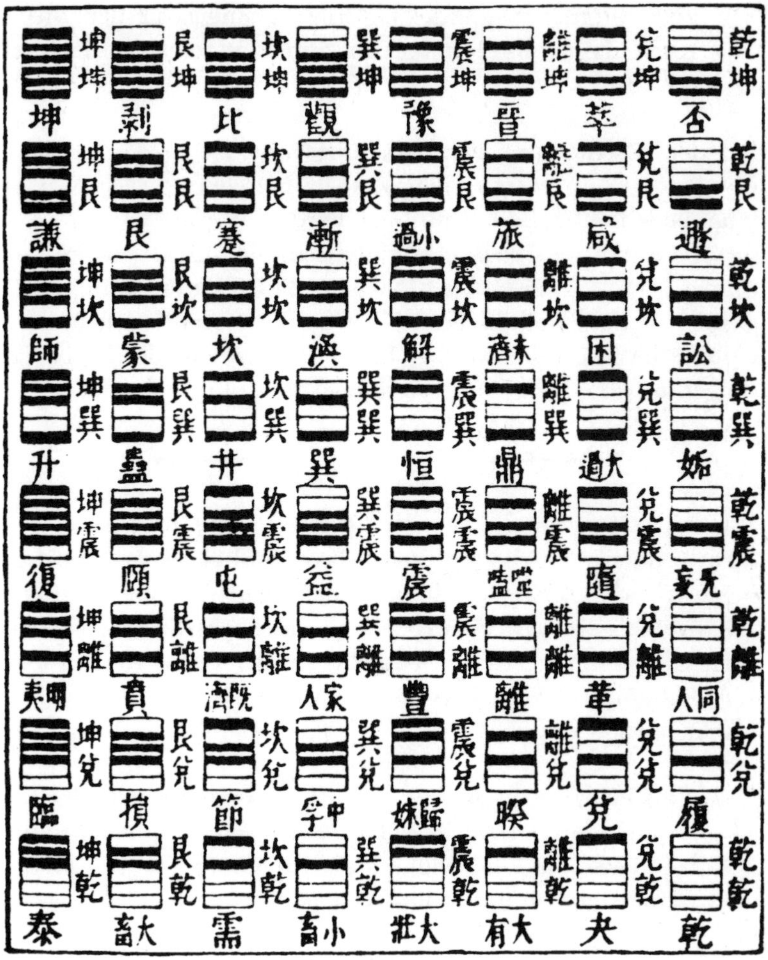

Abbildung 2

In diesem Diagramm der 64 Hexagramme werden die *yin-* und *yang*-Proportionen in Form von schwarzen und weißen Feldern dargestellt. Die Anordnung entspricht der kreisförmigen Anordnung auf Seite 74.

> von Himmel und Erde. Deshalb befähigen sie den Menschen, das *tao* von Himmel und Erde und seine Ordnung zu erkennen.»[4]

Bei der Beschreibung der Wandlungsvorgänge in der Erscheinungswelt beginnt das *I Ching* deshalb bei *yin* und *yang*. Wandlung bedeutet, daß *yin* zu *yang* wird und *yang* zu *yin*. Auf dieser Grundlage sind alle Wandlungsmuster nichts anderes als immer komplexere Kombinationen bei diesen Umwandlungsvorgängen. In der Symbolik des *I Ching* wird *yin* als gebrochene (geteilte, schwache oder weiche) Linie und *yang* als durchgehende (ungebrochene, ungeteilte, starke oder feste) Linie dargestellt.

Wie das *I Ching,* so gründet sich die traditionelle chinesische Medizin ebenfalls auf die *yin-yang*-Lehre. Zahlreiche ihrer Prinzipien, wie die Acht Grundmuster der Diagnose, die achtundzwanzig (klassischen) Pulstypen und das Sechs-Stadien-Modell (von Chang Chung-ching), basieren auf der Lehre von *yin* und *yang*. Das *Nei Ching [Nei Jing]*, die ‹Bibel› der chinesischen Medizin, stellt dazu fest:

> «Das Prinzip von *yin* und *yang* ist das Grundprinzip des gesamten Universums. Es ist das Prinzip alles Erschaffenen. Es beinhaltet die Umwandlung bis zur Elternschaft, es ist die Grundlage von Leben und Tod …»[5]

Weil sowohl das *I Ching* als auch die chinesische Medizin auf der *yin-yang*-Lehre beruhen, ist es wirklich naheliegend, diese beiden Gebiete miteinander in Verbindung zu setzen. So ist es kein Wunder, daß sich das *I Ching* so trefflich dazu eignet, die Vor-

---

[4] Shang Bing-He, Zhou Yi Shang Shi Xue (meister Shangs Studien zum I Ching, China Publishing House, Beijing, 1979, S. 290

[5] Wolfgang G. A. Schmidt, Der Klassiker des Gelben Kaisers zur Inneren Medizin, S. 70

stellungen der chinesischen Heilkunst symbolisch darzustellen, denn beide beruhen auf ein und derselben binären Sicht- und Beschreibungsweise der Wirklichkeit.

## Die Acht Trigramme

In den Symbolen einer gebrochenen *yin*-Linie und einer durchgehenden *yang*-Linie läßt sich nicht mehr als die fundamentale Dichotomie und Komplementarität von *yin* und *yang* darstellen. Die Welt besteht jedoch aus einer unendlichen Vielfalt von Erscheinungen oder Kombinationen von *yin* und *yang*. Um solche komplexeren Prozesse symbolisch ausdrücken zu können, ersannen die Weisen des Altertums Kombinationen aus durchgehenden und gebrochenen Linien. Im Rahmen der *yin-yang*-Lehre sind genau vier Zweier-Kombinationen (Bigramme) von *yin*- und *yang*-Linien möglich. Sie werden als *ssu hsiang*, die Vier Bilder, bezeichnet und werden wie folgt dargestellt:

*yang* im *yang* (Großes/Altes *yang*)

*yin* im *yang* (Kleines/Junges *yang*)

*yin* im *yin* (Großes/Altes *yin*)

*yang* im *yin* (Kleines/Junges *yin*)

Aus was für Gründen auch immer begnügten sich die alten Chinesen aber nicht mit diesen relativ einfachen Zweier-Kombinationen, sondern machten die acht möglichen Dreier-Kombinationen von durchgehenden und gebrochenen Linien zu Grundbausteinen für das *I Ching*. Diese sind unter dem Namen *pa kua*, die Acht Trigramme, bekannt, und das sind auch jene acht dreilinigen Zeichen, die dem mythischen Kaiser Fu Hsi auf einem Schildkrötenpanzer offenbart worden sein sollen. Jedes dieser *pa kua* versinnbildlicht eine etwas kompliziertere Kombination von *yin* und *yang* als die einfacheren Zeichen, die aus einer einzigen Linie oder den Zweier-Kombinationen aus durchgehenden und/oder gebrochenen Linien gebildet werden. Es folgt die Abbildung der Acht Trigramme (nach der ‹Innerweltlichen Ordnung› des Fu Hsi):

| Trigramm | Name | deutsche Bezeichnung | Symbol |
|---|---|---|---|
| 1 ☰ | *ch'ien* | Das Schöpferische | Himmel |
| 2 ☱ | *tui* | Das Heitere | See |
| 3 ☲ | *li* | Das Haftende | Feuer |
| 4 ☳ | *chen* | Das Erregende | Donner |
| 5 ☴ | *sun* | Das Sanfte | Wind |
| 6 ☵ | *k'an* | Das Abgründige | Wasser |
| 7 ☶ | *ken* | Das Stillehalten | Berg |
| 8 ☷ | *k'un* | Das Empfangende | Erde |

Die Acht Trigramme wurden verschiedenen Aspekten und Elementen in der Erscheinungswelt zugeordnet. Bei diesen Phänomenen hatte man irgendwie festgestellt, daß sie dank gleicher Proportionen von *yin* und *yang* in ihren Resonanzen übereinstimmten. So werden die acht ursprünglichen Trigramme des *I Ching* mit bestimmten traditionellen Namen bezeichnet, die sich durch charakteristische symbolische Konnotationen, Korrespondenzen und Resonanzen auszeichnen. Diese Namen, einschließlich ihrer allgemeinen und medizinischen Entsprechungen, lauten wie folgt:

## 1. *ch'ien* – das Schöpferische, Himmel

Dieses Trigramm besteht aus drei durchgehenden *yang*-Linien und stellt das Schöpferische oder den Himmel dar. Unter allen Acht Trigrammen hat es den stärksten *yang*-Charakter und wird in der Tradition dem Drachen zugeordnet. Zu seinen vielen Bedeutungen gehören: Kreativität, Originalität, Erfindungsgabe, Stärke, Kraft, Macht, Fülle, Reichtum, Überfluß, Wohlstand, Aggressivität, Feindseligkeit, Lebhaftigkeit, Vitalität, Gesundheit, Schutz, Kontrolle, Herrschaft, Autorität, Aktivität, Bewegung, Führer, Könige, Gold, der Vater, Spätherbst, früher Winter, Nordwesten, Kälte, Eis, rote Farbe, Pferde, Baumfrüchte usw.

Im Rahmen des medizinischen *I Ching*-Orakels ist *ch'ien* den Krankheiten des Kopfes, des Gehirns, der Wirbelsäule und des zentralen Nervensystems zugeordnet. Seine Aussagen und Entsprechungen weisen auf schwere und bösartige Symptome und Beschwerden hin. Was die seelische Verfassung angeht, so deutet dieses Trigramm geistige und emotionale Extremzustände an. Im System der Fünf Wandlungsphasen (‹Elemente›) entspricht es der Phase Metall (vergleiche auch Hexagramm 1).

## 2. *tui* – das Heitere, See/Marsch

☱

Dieses Trigramm besteht aus zwei festen *yang*-Linien unten und einer weichen *yin*-Linie oben. Es stellt das Heitere, einen See oder eine Marsch dar. Für die alten Chinesen galt Marschland als ein Ort heiteren Lebens mit Wasser, Pflanzen, Fischen, Vögeln und anderem Getier. Zu diesem Trigramm gehören Vergnügen, Seligkeit, Frohsinn, Genuß, Lustigkeit, Freude, Glück, Entzücken, Ekstase, Heiterkeit, Harmonie, Eintracht, Zustimmung, Einmütigkeit, Versöhnung, Stille, Gelassenheit, Ruhe, Frieden, Nachsicht, Extravaganz, Luxus, Sterne, die dritte Tochter, Herbstmitte, Westen, Schafe, Mädchen usw.

Im Bereich von Gesundheit und Heilkunst entspricht *tui* den Beschwerden des Mundes und der Mundhöhle, des Verdauungs- und des Fortpflanzungssystems. Es weist hin auf chronische Krankheiten, einen langsamen Ausbruch der Krankheit und langwierige Folgezustände ebenso wie auf Ernährung, Diät und Sexualverhalten als bestimmende Faktoren im Krankheitsfall. Dieses Trigramm bezieht sich ebenfalls auf die Wandlungsphase Metall. Im Bereich der Psyche zeigt es Zustände der Übererregung und der Besessenheit an (vgl. HG 58).

## 3. *li* – das Haftende, Feuer

☲

Dieses Trigramm, in dem sich eine *yin*-Linie zwischen zwei *yang*-Linien befindet, versinnbildlicht das Haftende oder Feuer. Da es dem chinesischen Schriftzeichen für Auge ähnelt, hat man ihm unter anderem folgende Bedeutungen zugeordnet: Licht, Helligkeit, Leuchten, Glühen, Strahlung, Glut, Schimmer, Brillianz, Sonne,

Hitze, Sehkraft, Erhabenheit, Pracht, Schmuck, die zweite Tochter, Mittsommer, Süden, Soldaten, Tiere mit hartem Panzer usw.

*Li* entspricht Krankheiten des Kreislaufs und der Gefäße sowie Beschwerden von Dünndarm, Zunge und Augen. Es weist auf Entzündungen, Fieber, Hautrötung und Stoffwechselprobleme hin. Generell bezieht sich dieses Trigramm auf die Wandlungsphase Feuer und alles, was damit in der chinesischen Medizin zusammenhängt. Gelegentlich kann dieses Trigramm auch extreme Formen von Wahn und Hysterie anzeigen (vgl. HG 30).

## 4. *chen* – das Erregende, Donner

Dieses Trigramm hat unten eine einzige *yang*-Linie und darüber zwei gebrochene *yin*-Linien. Es stellt das Erregende oder den Donner dar. Es beinhaltet Qualitäten wie Schnelligkeit, Erregung, Schütteln, Unruhe, Gereiztheit, Anregung, Verwegenheit, Auffahren, Lebhaftigkeit, dynamische Energie, Plötzlichkeit, Heftigkeit, Abruptheit, Schärfe, den ersten Sohn, die Frühlingsmitte, Osten, schwarze und gelbe Farbe, Straßen, Alleen, Bambussprossen, Pferdegewieher, grünes Frühlingsgras, frische Pflanzen und Bäume usw.

*Chen* entspricht plötzlich auftretenden und ‹fließenden› Beschwerden, Nervenschmerzen, Krankheiten der Sinnesorgane, der Motorik, des sympathetischen Nervensystems, der unteren Extremitäten, der Sehnen und der Gallenblase sowie dem Leber-*yang*. Es wird mit Geburt, Wachstum und Entwicklung in Verbindung gesetzt und beschreibt vor allem schmerzhafte Erkrankungen, die schnell voranschreiten, aber auch zu einer raschen Genesung führen können. Im seelischen Bereich kann dieses Trigramm auf plötzliche Wutausbrüche hinweisen. Die zugehörige Wandlungsphase ist Holz (vgl. HG 51).

## 5. *sun* – das Sanfte, Wind / Holz

Dieses Trigramm besteht aus einer *yin*-Linie unten und zwei *yang*-Linien darüber. Es ist das Symbol des Sanften oder des Windes. Es beinhaltet beständigen Einfluß, Durchdringen, Fortschritt, Gehorsam, langsame und ruhige Bewegung, Geschmeidigkeit, Anpassungsfähigkeit, Unbeständigkeit, Flexibilität, Harmonie, die erste Tochter, den späten Frühling, Frühsommer, Südosten, Küken, Bäume, weiße Farbe, Gerüche, Düfte, Gestank usw.

*Sun* entspricht der Wandlungsphase Holz und Wind-Erkrankungen von sanfter und durchdringender Art. Es bezieht sich auch auf *yin*-Mangel in der Leber, Leberwind, die Oberschenkel, den Parasympathikus, Beschwerden der Atemwege und Eingeweide, sanfte Krankheiten, langsame Genesung oder latentes Fieber. Im Bereich der Psyche zeigt es Verzagtheit, Kummer, Sorge und Trauer an (vgl. HG 57).

## 6. *k'an* – das Abgründige, Wasser

Dieses Trigramm ist das Gegenteil von *li*. Eine starke *yang*-Linie steht zwischen zwei schwachen *yin*-Linien. Es versinnbildlicht das Abgründige oder Wasser. Es weist hin auf Schwierigkeiten, Stillstand, Dilemma, Gefahr, Risiko, Bedrohung, Unglück, Zwangslage, Krise, Gefährdung, Hindernis, Komplikation, Mühe, Betrübnis, Verlust der Kontrolle, Not, Katastrophe (besonders mit Wasser), Verborgenheit, Dunkelheit, Armut, Gruben, Löcher, Depression, Geduld, Tadel, Einsamkeit, den zweiten Sohn, die Wintermitte, Norden, Schweine, Mond, Diebe usw.

*K'an* entspricht der Wandlungsphase Wasser und Erkrankungen der Nieren, Blase, des urogenitalen Systems, der Knochen, des Blutes und der Körpersäfte wie zum Beispiel Ödeme. Es bezieht sich auf Unterleib, Knochenmark, Nase, Ohren, Zahnfleisch, Haare und Augen, Intoxikationszustände, die durch die im Organismus angesammelten und stagnierenden Bakterien, Viren und Giftstoffe verursacht sind, sowie auf Erkältungen. Im Bereich der Psyche weist dieses Trigramm auf Ängstlichkeit, Sorgen, Schrecken, Furcht, Phobie, Entsetzen und Spannung hin (vgl. HG 29).

## 7. *ken* – das Stillehalten, Berg

Mit einer oberen *yang*-Linie, die von den zwei unteren *yin*-Linien gestützt wird, gleicht dieses Trigramm den Umrissen eines vom Himmel überwölbten Berges. Es ist das Symbol des Stillehaltens oder des Berges. Es steht in Verbindung zu Unbeweglichkeit, Stille, Bewegungslosigkeit, Stabilität, Stockung, Hindernis, Stillstand, Höhe, Rang, Starrsinn, Rückzug, Vorsicht, Eifer, Warten, Sparen, Weigerung, dem dritten Sohn, Spätwinter, Frühlingsbeginn, Nordosten, Hunden, Bergpfaden, kleinen Steinen, Mäusen usw.

*Ken* entspricht Erkrankungen des Kopfes und des Schädels, des oberen Rückens, des Nackens und der Schultern im besonderen sowie Gelenkbeschwerden im allgemeinen. Es weist ferner hin auf die männlichen Sexualorgane, festsitzende und unbewegliche Krankheiten, hartnäckige und unnachgiebige Störungen, Kreislaufstillstand, Tumore und ständige Schwellungen, Verlust der Widerstandskraft und Verletzungen. Was die seelische und geistige Verfassung betrifft, so bezieht es sich auf hartnäckige, eigensinnige und gleichgültige Zustände. Seine Wandlungsphase ist Erde (vgl. HG 52).

## 8. *k'un* – das Empfangende, Erde

☷

Dieses Trigramm besteht aus drei gebrochenen Linien und hat so den stärksten *yin*-Charakter unter den *pa kua*. In der Tradition wird es mit der Fügsamkeit einer Stute oder einer Mutterkuh verglichen. Es steht als Symbol für das Empfangende oder die Erde. Es ist folgenden Phänomenen zugeordnet: Empfänglichkeit, Passivität, Unterwürfigkeit, Nachgeben, verborgene Aktivität, Geheimnisse, Ernährung, Stille, Fleiß, Ausgeglichenheit, Geduld, Ausdauer, Friedfertigkeit, Leere, Tugendhaftigkeit, Demut, Freundlichkeit, Findigkeit, Weiblichkeit, Zartheit, Hingabe, Gewebe, Kochtöpfe, Habsucht, Genügsamkeit, Wagen, Kutschen, Kunst des Schreibens, Mutter, Spätsommer, Frühwinter, Südwesten, schwarzer Farbe usw.

*K'un* entspricht der Wandlungsphase Erde und deshalb Erkrankungen des Verdauungssystems, der Milz, der Bauchspeicheldrüse und des Magens, der weiblichen Fortpflanzungsorgane, der Beine und Füße und der subkutanen Gewebe. Manchmal weist es auch auf Wasser-Krankheiten hin und bezieht sich auf chronische Beschwerden mit trägem Verlauf. Im psychischen Bereich zeigt es Depression, Verzweiflung und Melancholie an (vgl. HG 2).

# Hexagramme

Obwohl vermutet wird, daß die Acht Trigramme über lange Zeit zur Weissagung benutzt wurden, hat man dieses System schließlich erweitert, um eine größere Zahl von Wandlungsmustern darzustellen und damit die Vielfalt der Erfahrungen und Erscheinungen auf angemessenere Weise auszudrücken. Wenn man zwei Trigramme zusammenfügt, erhält man insgesamt 64 mögliche Kombinationen, und so entstand das System der Hexagramme *(kua)*. Durch Quadrieren der Acht Trigramme wird es möglich, 64 bestimmte Muster oder Situationen symbolisch darzustellen. In späterer Zeit fügte der Herzog von Chou im 11. Jahrhundert vor Christus noch den Begriff der Wandellinien (der bewegten oder wandelbaren Linien) hinzu. Dieser Begriff geht von der Beobachtung aus, daß sich *yin* in *yang* umwandelt (und umgekehrt), sobald es sein Maximum erreicht hat. Da sich jede einzelne der sechs Linien eines Hexagramms wandeln oder bewegen kann, ergibt sich daraus schon eine Gesamtzahl von 64 x 6 = 384 einzelnen Mustern oder Symbolen. Weil sich jedoch *alle* Linien in einem Hexagramm wandeln können, ist die tatsächliche Zahl aller Permutationen noch wesentlich größer (insgesamt 64 x 64 = 4096 Möglichkeiten). Durch diese Erweiterung des ursprünglichen Hexagramm-Systems hat man schließlich herausgefunden, daß die Zahl von 64 Hexagrammen mit allen Wandlungsmöglichkeiten durch bewegte Linien für praktische Zwecke ausreicht, um jedes Phänomen oder jede Situation für alle menschlichen Zwecke zu beschreiben.

Beim Betrachten der inneren Struktur eines Hexagramms beginnt man, die einzelnen Linien von unten nach oben zu zählen. Das heißt, die Grundlinie ist die erste Linie, die nächsthöhere ist die zweite usw. bis zur obersten Linie, der sechsten. Dies ist dem folgenden Diagramm zu entnehmen, bei dem es sich um Hexagramm 3, *chun,* die Anfangsschwierigkeit, handelt.

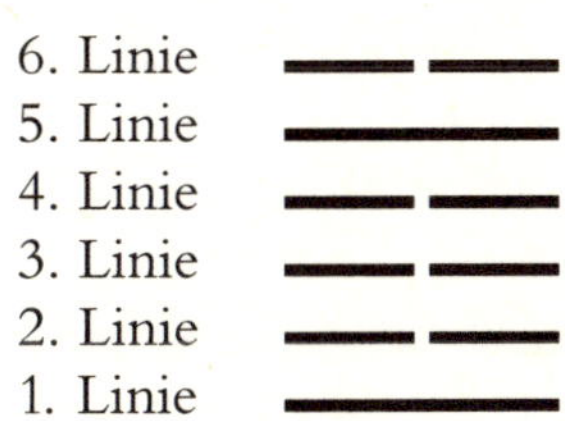


Da die Hexagramme durch Übereinanderstellen von zwei Trigrammen gebildet werden, lassen sich in einem Hexagramm ein oberes und ein unteres (Teil-)Trigramm unterscheiden. Das untere Trigramm (aus den Linien 1–3) wird manchmal auch als inneres Trigramm bezeichnet, das obere (aus den Linien 3–6) als äußeres Trigramm. Im Beispiel des oben abgebildeten Hexagramms 3, *chun*, ist das untere oder innere Teiltrigramm *chen*, das Erregende, während es sich bei dem oberen oder äußeren Teiltrigramm um *k'an*, das Abgründige, handelt. Aus dem folgenden Diagramm geht hervor, daß man Hexagramm 3, *chun*, erhält, wenn man *k'an* über *chen* stellt.

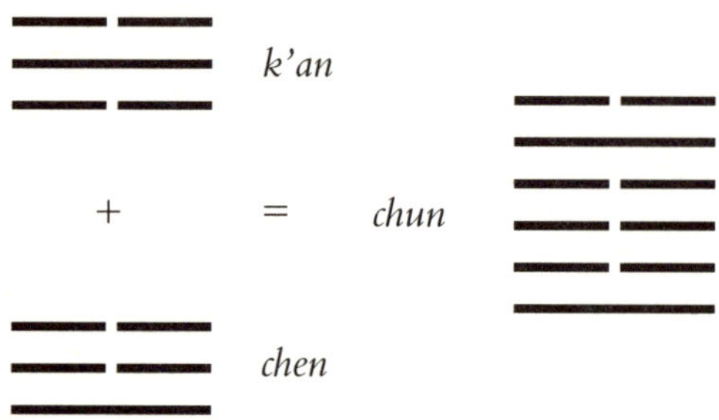


Bei der medizinischen Vorhersage versinnbildlicht das so aufgebaute Grundhexagramm (Ausgangshexagramm) in den meisten Fällen den aktuellen Zustand des Patienten. Bei der Beschreibung der medizinischen Indikationen der einzelnen Hexagramme werden wir noch sehen, daß ein Hexagramm sowohl den Allgemeinzustand eines Patienten als auch spezifische Krankheiten und Muster darstellen kann.

## Wandellinien

Bei der Befragung des *I Ching* mittels einer der Methoden, die im folgenden Kapitel 3 erklärt werden, kann es vorkommen, daß eine, mehrere oder sogar alle sechs Linien des Hexagramms als Wandellinien (bewegte, bewegliche oder wandelbare Linien) erscheinen. Dabei handelt es sich um Linien, die so stark *yin* oder *yang* sind, daß sie kurz vor dem Umschlagen in ihren Gegenpol stehen. Auf diese Weise wird aus einer bewegten *yin*-Linie eine *yang*-Linie und aus einer bewegten *yang*-Linie eine *yin*-Linie. Die Wandellinien im Grundhexagramm beschreiben vor allem diejenigen Aspekte im Krankheitsbild eines Patienten, die zum gegebenen Zeitpunkt am meisten im Fluß sind, und damit spezifische Stellen oder Indikationen, welche die speziellen und zentralen Probleme des Patienten aufzeigen. Wie in einem der folgenden Abschnitte ausgeführt wird, ist jedes Hexagramm auch ein Abbild des Körperbaus, und die Wandellinien entsprechen den erkrankten Körperteilen.

## Wandelhexagramme

Wenn die Wandellinien eines Hexagramms in ihr Gegenteil umschlagen, erhält man ein sogenanntes Wandelhexagramm (Endhexagramm, gewandeltes, resultierendes oder neues Hexagramm). Jede Wandellinie repräsentiert einen Gipfel von *yin* oder *yang*, die sich kurz vor dem Umschlag in ihren Gegenpol befinden. Eine bewegte *yin*-Linie wird so zu einer *yang*-Linie und eine bewegte *yang*-Linie zu einer *yin*-Linie. Führt man diese Wandlungen im Grundhexagramm durch, so erhält man ein neues, das gewandelte Hexagramm. Wenn zum Beispiel in Hexagramm 7, *shih*, das Heer, die Linien 2 und 6 bewegt sind, führt das zu Hexagramm 23, *po*, die Zersplitterung. Das folgende Diagramm zeigt diese Umwandlung; dabei zeigt ——x—— eine *yin*-Linie an, die in *yang* umschlägt, und ——o—— eine *yang*-Linie, die zu *yin* wird:

**Grundhexagramm**

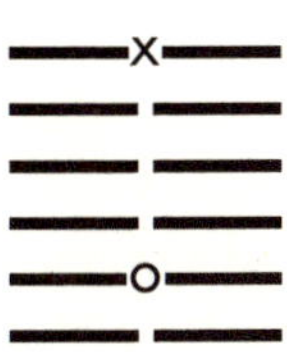

HG 7, *shih*

**Wandelhexagramm**

HG 23, *po*

Beim medizinischen *I Ching*-Orakel verweist das Wandelhexagramm auf die wahrscheinlichen zukünftigen Veränderungen im

Krankheitsbild des Patienten. Daher steht das Wandelhexagramm für die Prognose. Dies kann für den Arzt von großem Nutzen sein, wenn er den Ernst und den möglichen Verlauf einer Krankheit bestimmen möchte.

## Kernhexagramme

Wenn man die unterste und die oberste Linie eines Hexagramms wegläßt, erhält man sein Kernzeichen, ein ‹Tetragramm› aus zwei ineinander verschachtelten Trigrammen. So gesehen befindet sich im Innern jedes Hexagramms noch ein zweites, das als verborgenes Hexagramm oder Kernhexagramm bezeichnet wird, denn es steckt sozusagen im Kern des ‹elterlichen› Hexagramms. Die Linien 2–4 eines Hexagramms bilden das innere oder untere Trigramm des Kernhexagramms, während die Linien 3–5 das äußere oder obere Trigramm dieses verborgenen Hexagramms bilden. Im Hexagramm 3, *chun*, entsprechen Linie 2–4 dem Trigramm *k'un* und Linie 3–5 dem Trigramm *ken*. Stellt man nun *ken* über *k'un*, so entsteht mit Hexagramm 23, *po*, die Zersplitterung, das in Hexagramm 3, *chun*, verborgene Kernhexagramm.

### Grundhexagramm

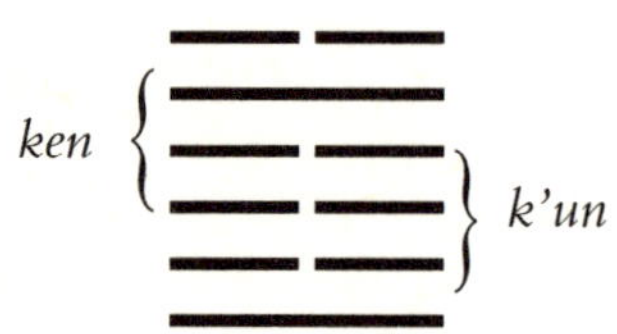


HG 3, *chun*

**Kerntrigramme** **Kernhexagramm**

*ken*

*k'un*

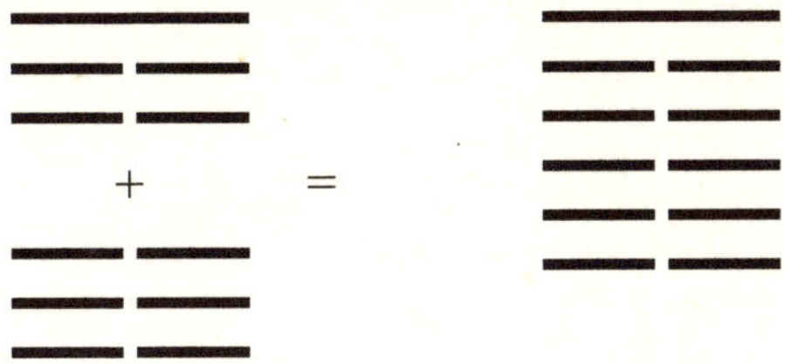

HG 23, *po*

Bei dem verborgenen Hexagramm oder Kernhexagramm handelt es sich fast immer um ein völlig neues Hexagramm mit eigenen symbolischen Korrespondenzen und Resonanzen. Bei der diagnostischen Vorhersage spielen Kerntrigramme eine wichtige Rolle. Sie weisen symbolisch auf die Wurzeln eines bestimmten Problems hin, das unter einer oberflächlichen Symptomatik verborgen sein kann. Sie können den Arzt zu den tieferen Ursachen einer Krankheit führen, so daß er in der Lage ist, das Problem an seiner Quelle zu beheben, im Gegensatz zum bloßen Kurieren von Symptomen.

Im Zusammenhang mit den Kerntrigrammen ist eine weitere interessante Tatsache zu vermerken: Wenn man eine fortlaufende Reihe von Kernhexagrammen bildet, indem man immer neue Kernhexagramme aus den jeweils vorausgehenden Hexagrammen ableitet, gelangt man zuletzt entweder zu *ch'ien* (HG 1, Himmel) oder zu *k'un* (HG 2, Erde). Das bedeutet, daß alle Hexagramme sich letztlich auf *yin* oder *yang* reduzieren lassen, und legt den Schluß nahe, daß die tiefste Wurzel jeder Krankheit im Ungleichgewicht von *yin* und *yang* zu suchen ist, welche sich im menschlichen Körper als Blut und *ch'i [qi]* manifestieren.

# Beziehungen zwischen den Linien

## Korrekte und inkorrekte Position

Für die Linien eines Hexagramms im *I Ching* gibt es richtige und falsche Positionen im Sinne passender, gesunder oder günstiger Normen. Nach der Tradition gelten die 1. Linie (die Grundlinie), die 3. Linie und die 5. Linie als korrekt, wenn sie von einer festen *yang*-Linie belegt sind, und als inkorrekt, wenn sie von einer schwachen *yin*-Linie besetzt sind. Im Gegensatz dazu sind die 2., die 4. und die 6. Linie korrekt, wenn dort eine *yin*-Linie steht, und inkorrekt, wenn dort *yang*-Linien zu finden sind. Das folgende Hexagramm ist ein Beispiel für die perfekte Anordnung *von yin* und *yang,* gebrochenen und durchgehenden Linien.

HG 63. *chi chi*, nach der Vollendung

6. Linie – korrekte Position von *yin*
5. Linie – korrekte Position von *yang*
4. Linie – korrekte Position von *yin*
3. Linie – korrekte Position von *yang*
2. Linie – korrekte Position von *yin*
1. Linie – korrekte Position von *yang*

Weil alle Linien im obigen Hexagramm an der richtigen Stelle stehen, vermittelt dieses Hexagramm den Eindruck der Vollendung und wird deshalb als ‹Nach der Vollendung› bezeichnet.

Als zweites Beispiel folgt Hexagramm 40, *hsieh*, die Befreiung:

6. Linie – korrekte Position von *yin*
5. Linie – inkorrekte Position von *yin*
4. Linie – inkorrekte Position von *yang*
3. Linie – inkorrekte Position von *yin*
2. Linie – inkorrekte Position von *yang*
1. Linie – inkorrekte Position von *yin*

In diesem Hexagramm gibt es nur eine einzige Position, die von einer korrekten *yin*-Linie besetzt ist. Auf allen anderen Positionen befinden sich inkorrekte Linien. Das vermittelt die Vorstellung von Befreiung, und das ist auch die Bezeichnung für dieses Hexagramm.

In der medizinischen Vorhersage weist eine Linie in korrekter Position auf Stärke, eine Linie in inkorrekter Position auf Schwäche hin. Im Fall von Hexagramm 40, *hsieh*, die Befreiung, können wir angesichts von fünf Linien in inkorrekter Position auf ziemlich große Schwäche schließen. Dieses Hexagramm kann auch einen äußerst ernsten Zustand oder den Tod des Patienten andeuten.

## Entsprechen und Zusammenhalten

Beim Studium und der Anwendung des *I Ching* unterscheidet man zwei Arten von Beziehungen zwischen den einzelnen Linien: *ying*, Entsprechen, und *pi*, Zusammenhalten.

Eine *ying*- oder Resonanz-Beziehung entspricht einer *yin-yang*-Korrespondenz zwischen der ersten (untersten) und der vierten, der zweiten und der fünften, der dritten und der sechsten (obersten) Linie. Wenn diese beiden Linien jeweils von einer *yin*- und einer *yang*-Linie besetzt sind, so nennt man diese Beziehung *cheng ying*, günstige (korrekte) Entsprechung. Wenn diese beiden Linien von zwei *yin*-Linien oder zwei *yang*-Linien besetzt sind, dann bezeichnet man dies als *pu ying*, ungünstige (inkorrekte) Entsprechung.

Hexagramm 4, *meng*, die Jugendtorheit, steht als Beispiel für *ying*-Beziehungen:

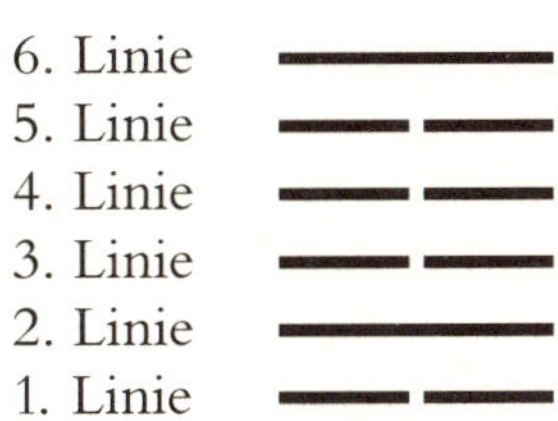

In diesem Hexagramm ist die erste Linie eine gebrochene *yin*-Linie, und die vierte, ihre Entsprechungs- oder Resonanz-Linie, ist ebenfalls *yin*. Das bedeutet, daß die Beziehung zwischen diesen beiden Linien *pu ying* ist, das heißt keine Entsprechung oder Resonanz zeigt. Dagegen ist die zweite Linie fest *(yang)* und die fünfte weich *(yin)*. Hier besteht eine *cheng ying*-Beziehung der günstigen (korrekten) Entsprechung oder Resonanz. Weiterhin ist die dritte Linie *yin* und die sechste Linie *yang*; sie stehen deshalb ebenfalls in einer *cheng ying*-Entsprechung.

*Pi*, Zusammenhalten (Nebeneinanderstellung, Verteilung oder Proportion), bezeichnet die *yin-yang*-Beziehung zwischen zwei benachbarten Linien; zum Beispiel zwischen der ersten und zweiten Linie oder der fünften und sechsten Linie. Diese *pi*-Beziehungen sollen am Beispiel von Hexagramm 28, *ta kuo*, Übergewicht des Großen, erklärt werden:

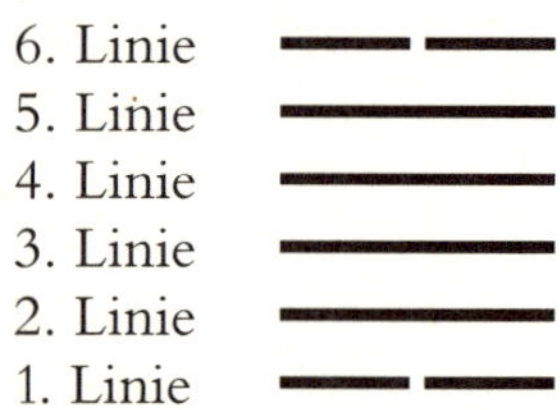


In diesem Hexagramm ist die erste Linie *yin* und die zweite *yang*. Deshalb besteht eine günstige *yin-yang*-Beziehung zwischen diesen beiden Linien. Sie ergänzen sich und gleichen einander aus. Dieses Verhältnis wird als *cheng pi*, als günstiges (korrektes) Zusammenhalten bezeichnet. Dagegen steht in der zweiten und dritten Linie, in der dritten und vierten Linie sowie in der vierten und fünften Linie jeweils *yang* neben *yang*. Deshalb stehen diese Linienpaare in einer ungünstigen Beziehung des Entsprechens zueinander, die im Chinesischen *pu pi* genannt wird. Die beiden restlichen oberen Linien fünf und sechs stehen dagegen wieder in einer günstigen *cheng pi*-Beziehung. Dieses Übergewicht von Linien, die in einem ungünstigen *pu pi*-Verhältnis nebeneinanderstehen, hat zur Bezeichnung dieses Hexagramms geführt: Übergewicht des Großen, das heißt Übergewicht von *yang*.

Bei der medizinischen *I Ching*-Vorhersage bedeuten günstige *cheng ying*- und *cheng pi*-Beziehungen eine Fülle von ‹Rechtem *ch'i*› *[qi]* oder *cheng ch'i [zheng qi]* und ein gesundes Gleichgewicht im menschlichen Organismus. Dagegen gelten *pu ying*- und *pu pi*-Beziehungen als Indiz für Schwäche, Leere, Mangel oder Ungleichgewicht an den betroffenen Stellen. Bei der Deutung eines Hexagramms ist es sehr wichtig, die verschiedenartigen Beziehungen zwischen den Linien zu beachten.

## Hexagramme und ihre anatomischen Entsprechungen

Die Hexagramme des *I Ching* stellen die Körperteile hauptsächlich auf dreierlei Weise dar: Erstens benutzt das *I Ching* manchmal die Bezeichnungen der Hexagramme und die Erklärungen zu den bewegten Linien, um auf Körperteile hinzuweisen. Hexagramm 27, *i*, die Mundwinkel, ist ein gutes Beispiel dafür, wie der Name eines Hexagramms einen Körperteil, in diesem Fall den Mund, anzeigt. In erweiterter Bedeutung weist dieses Hexagramm auch auf Ernährung hin. Die Texte zu den einzelnen bewegten Linien in Hexagramm 31, *hsien*, die Einwirkung (die Werbung), sind gute Beispiele für Kommentare, die sich auf Körperteile oder anatomische Entsprechungen beziehen. So heißt es dort zum Beispiel für die erste Linie: *«Die Ein-wirkung äußert sich in den großen Zehen»*; für die zweite Linie: *«Die Einwirkung äußert sich in den Waden»*; und für die dritte Linie: *«Die Einwirkung äußert sich in den Schenkeln»* usw.

Zweitens steht jedes der Acht Trigramme *(pa kua)* in Beziehung zu einem Körperteil. Dazu heißt es im *Shuo Kua* (‹Erörterung der Trigramme›), einem alten Kommentar zum *I Ching:*

> »*Ch'ien* entspricht dem Himmel, *k'un* dem Unterleib, *chen* den Füßen, *sun* den Schenkeln, *k'an* den Ohren, *li* den Augen, *ken* den Händen und *tui* dem Mund.«[6]

Drittens können die sechs Linien eines Hexagramms als symbolische Darstellung des menschlichen Körpers betrachtet werden, und das kann bei der medizinischen Vorhersage von großer Wichtigkeit sein. In dieser Sichtweise stellt die erste Linie die Füße dar. Die zweite Linie steht für die Beine und den unteren Rücken. Die dritte Linie beinhaltet den Unteren Erwärmer *(hsia chiao [xia jiao])*. Damit wird in der chinesischen Medizin der untere Teil des Rumpfes zwischen Nabel (Hüfte) und der Basis des Perineums (Damm) bezeichnet. Die vierte Linie stellt den Mittleren Erwärmer *(chung chiao [zhong jiao])* dar. Dieser entspricht dem mittleren Teil des Rumpfes von der Hüfte bis zum Hypochondrium (genau unterhalb der Rippen). Die fünfte Linie steht für den Oberen Erwärmer *(shang chiao [shang jiao])*, den oberen Teil des Rumpfes. Die sechste Linie entspricht dem Bereich oberhalb des Nackens. Das folgende Diagramm zeigt diese anatomischen Entsprechungen:

6. Linie = alles oberhalb des Nackens
5. Linie = Brust, Oberer Erwärmer
4. Linie = Oberbauch, Mittlerer Erwärmer
3. Linie = Unterbauch, Unterer Erwärmer
2. Linie = unterer Rücken, Beine
1. Linie = Füße

---

6 Shang Bing-he, a.a.O., S. 326

# Die symbolische Darstellung der Zeit im *I Ching*

Die Vorstellung der Zeit wird im *I Ching* auf verschiedene Weise zum Ausdruck gebracht. So deutet zum Beispiel Hexagramm 3, *chun*, die Anfangsschwierigkeit, in der medizinischen Vorhersage den Ausbruch oder das Frühstadium einer Krankheit an. Dagegen steht Hexagramm 23, *po*, die Zersplitterung, für das Endstadium einer Erkrankung, wo *yin* und *yang* auseinanderfallen. Auf diese Weise läßt sich der Zeitbegriff zur Bezeichnung bestimmter Hexagramme in Beziehung setzen. Gleichzeitig kann der symbolische Gehalt des ganzen Hexagramms und nicht nur seine Bezeichnung allein eine zeitliche Aussage beinhalten. Hexagramm 11, *t'ai*, der Friede, bedeutet beispielsweise einen sehr stabilen Zustand, bei dem die Zeit, das heißt der Wandel, auf sehr langsame Weise voranschreitet. Dagegen drückt sich in Hexagramm 7, *shih*, das Heer, eine rasche und dynamische Bewegung der Zeit oder des Wandels aus.

Außerdem kommt die Zeit im *I Ching* in der Abfolge der Linien selbst zum Ausdruck. Traditionsgemäß bezeichnet dabei die erste Linie den Ausgangspunkt eines Ereignisses oder Vorgangs, während das Ende mit der sechsten Linie erreicht wird. Wenn man zum Beispiel bei einem Krebspatienten wissen möchte, an welchem Punkt er im zeitlichen Verlauf seiner Krankheit steht, kann man das *I Ching* befragen. Erhält man dann ein Hexagramm mit einer Wandellinie in der zweiten Position und weiß aus der Krankengeschichte, daß der Krebs vor sechs Monaten diagnostiziert worden war, dann zeigt die bewegte zweite Linie in diesem Fall an, daß die Krankheit sich noch im Frühstadium befindet. Erhält man dagegen eine Wandellinie in der sechsten Position, so will das *I Ching* damit andeuten, daß die Krankheit sich im Endstadium befindet, auch wenn der Krebs erst vor sechs Monaten festgestellt wurde. Dies zeigt, wie wichtig die Position der Wandellinien für die Zeitvorstellung bei der medizinischen Vorhersage ist.

Allerdings ist den einzelnen Linien, Trigrammen oder Hexagrammen keine feste Zeiteinheit zugeteilt. Eine Linie oder ein Trigramm kann im Falle einer akuten Krankheit für einen Tag stehen und für ein Jahr in chronischen Fällen. Welcher Zeitdauer ein Element eines Hexagramms entspricht, muß im Einzelfall unter Berücksichtigung des Gesamtzustands und der Situation entschieden werden. Sonst läuft man Gefahr, die Hexagramme mechanisch und vereinfachend, ja sogar falsch zu deuten.

## *Kuei hun*-Hexagramme

*Kuei [gui]* bedeutet im Chinesischen zurückkehren oder sammeln. *Hun* bezeichnet die Geist- oder *yang*-Seele im Gegensatz zu *p'o [po]*, der Körper- oder *yin*-Seele. Als *kuei hun [gui hun]*-Hexagramme bezeichnet man solche, in denen das obere und das untere Trigramm nach der Umwandlung der *yin-yang*-Polarität in der fünften Linie identisch werden. Hexagramm 13, *t'ung jen*, Gemeinschaft mit Menschen, ist ein Beispiel für ein *kuei hun*-Hexagramm:

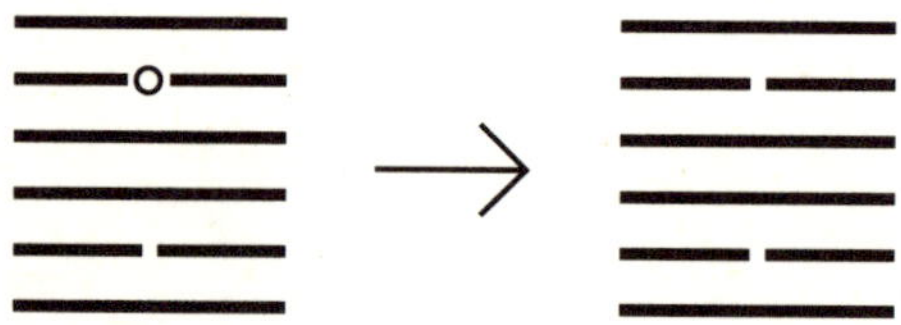

HG 13 HG 30

Aus diesem Diagramm geht hervor, daß die fünfte Linie sich von *yang* zu *yin* wandelt; dadurch entsteht das Wandelhexagramm 30, *li*, das Haftende, welches aus zwei übereinandergestellten *li*-Trigrammen besteht. Insgesamt gibt es acht *kuei hun*-Hexagramme: HG 7, *shih*, das Heer – HG 8, *pi*, das Zusammenhalten – HG 13, *t'ung jen*, Gemeinschaft mit Menschen – HG 14, *ta yu*, der Besitz von Großem – HG 17, *sui*, die

Nachfolge – HG 18, *ku*, die Arbeit am Verdorbenen – HG 53, *chien*, die Entwicklung – HG 54, *kuei mei*, das heiratende Mädchen.

*Kuei hun*-Hexagramme gelten als unheilverkündend, weil sie symbolisch auf die Rückkehr der Seele *(hun)* zu ihrem Ursprung und damit auf den Tod hindeuten.

## *Yu hun*-Hexagramme

Eine weitere besondere Gruppe von Hexagrammen wird als *yu hun [you hun]*- oder Wanderseelen-Hexagramme bezeichnet. Sie gelten ebenfalls als ungünstig, denn sie beziehen sich auf Zustände wie Koma oder Todesnähe, in denen die Seele außerhalb des Körpers umherwandert. Bei den *yu hun*-Hexagrammen handelt es sich um solche, bei denen das obere und das untere Trigramm zu Gegensatzpaaren werden, wenn die fünfte Linie in ihr Gegenteil umschlägt. Hexagramm 35, *chin*, der Fortschritt, ist ein Beispiel für ein *yu hun*-Hexagramm:

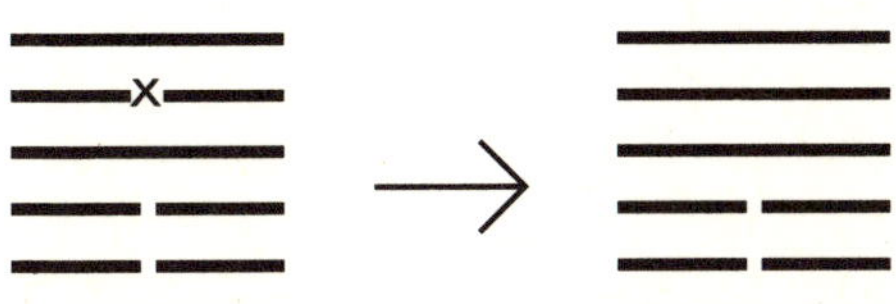

HG 35 HG 12

Wenn die fünfte Linie sich von *yin* in *yang* umwandelt, erhält man Hexagramm 12, *p'i*, die Stockung. In diesem Hexagramm bilden das obere Trigramm *ch'ien* und das untere Trigramm *k'un* ein Gegensatzpaar.

Die insgesamt acht *yu hun*-Hexagramme sind: HG 5, *hsu*, das Warten – HG 6, *sung*, der Streit – HG 27, *i*, die Mundwinkel – HG 28, *ta kuo*, des Großen Übergewicht – HG 35, *chin*, der Fortschritt – HG 36, *ming i*, die Verfinsterung des Lichts – HG

61, *chung fu*, Innere Wahrheit – HG 62, *hsiao kuo*, des Kleinen Übergewicht.

Bei der medizinischen Vorhersage gelten sowohl *kuei hun-* als auch *yu hun*-Hexagramme als düstere und unheilvolle Vorzeichen, denn sie weisen deutlicher als andere Hexagramme auf eine erhöhte Morbidität und Mortalität hin. Traditionsgemäß haben die *kuei hun*-Hexagramme für viele *I Ching*-Meister sehr viel mit Tod und Sterben zu tun, während die *yu hun*-Hexagramme mit Nah-Tod- oder Koma-Zuständen in Verbindung gebracht wurden.

# 3

# Die Befragung des *I Ching*

## Voraussetzungen

### Ruhiger Ort und ruhiger Geist

Vor einer Befragung dieses altehrwürdigen Orakels sollte man zuerst einen ungestörten, ruhigen Ort finden, der heiter und gemütlich ist und dazu einlädt, sich in einen meditativen Geisteszustand zu versetzen. Um das *I Ching* mit Erfolg zu befragen, ist es von größter Wichtigkeit, daß das Orakel in einer fried-lichen und urteilsfreien Geistesverfassung durchgeführt wird. Wenn man versucht, das *I Ching* in einem gehetzten und verwirrten Zustand zu befragen, dann wird man niemals eine richtige Antwort erhalten.

Um zu lernen, in die Geistesstille einzutreten, empfiehlt es sich, täglich in irgendeiner Form zu meditieren. Dabei kommt es nicht so sehr darauf an, welche Methode man benutzt, solange sie einem nur entspricht und dazu verhilft, einen tiefentspannten, beruhigten Geisteszustand zu erreichen. Sollte Rezitation das erleichtern, so kann man sie in seine tägliche Praxis aufnehmen. Diejenigen Leser, die noch nie meditiert haben, fordere ich auf, einen wirklich vertrauenswürdigen Meditationslehrer zu suchen, von dem sie diese Kunst richtig lernen können. Anfängern ist nicht zu empfehlen, ohne Unterweisung zu meditieren, denn dabei kann es vorkommen, daß die verschiedensten versteckten Emotionen an die Oberfläche steigen und der Übende nicht weiß, wie er damit umgehen soll. Führung und Kontrolle sind deshalb für den Anfänger unbedingt erforderlich, unabhängig davon, welche Art von Meditation er lernen möchte.

## Die Frage formulieren

Nachdem man in seinem Geist einen angemessenen Zustand der Ruhe erreicht hat, kann man beginnen, die Frage zu formulieren. Den Lesern rate ich dringend, dabei alle ihre Fragen zu Papier zu bringen. Wenn man seine Fragen aufschreibt und sie dann betrachtet, kann sich nach meiner Erfahrung das Unterbewußte besser auf diese Fragen konzentrieren, als wenn man sie bloß unablässig im Kopf wiederholt. Diese Niederschrift dient auch dazu, die ganze *I Ching*-Befragung aufzuzeichnen. Zu diesem Zweck empfehle ich, eigens ein *I Ching*-Notizbuch anzulegen. Darin kann man dann alle Antworten, Eindrücke und Deutungen eintragen. Nach einer gewissen Zeit der Beschäftigung mit dem *I Ching* wird dieses Notizbuch zu einem kostbaren Geschenk an sich selbst.

Beim Befragen des *I Ching* sollte man unbedingt darauf achten, eher einfache als lange und gewundene Fragen zu stellen. Je einfacher die Frage, desto besser die Ergebnisse des Orakels, so lehrt mich die Erfahrung. So sind zum Beispiel zwei einfache Fragen wie «Soll ich die Verschreibung für diesen Patienten ändern?» und «Wie ist die Prognose für die Grippe des Patienten?» besser als «Soll ich dieses Kräuterrezept am nächsten Montag ändern, falls er von seiner Grippe genesen ist?» Es ist auch nicht ratsam, Entweder/Oder-Fragen zu stellen, wie zum Beispiel «Wird sich der Zustand der Patientin bessern oder verschlechtern?» Statt dessen sollte man einfach fragen: «Wird sie genesen?» und schauen, was das *I Ching* in diesem Fall zu sagen hat. Ferner sollte man die tieferen Schichten seines Bewußtseins nicht mit nichtigen Fragen belästigen, die mit den normalen Mitteln des Verstandes zu lösen sind. Das gilt vor allem, wenn man die Antwort auf seine Frage schon weiß oder mit Hilfe bewußten und systematischen Nachdenkens selbst entscheiden kann, was zu tun ist.

Beim Formulieren der eigenen Fragen kommt es in erster Linie darauf an, genau zu wissen, was man das *I Ching* fragen will. Wenn manche Fragesteller obskure Antworten erhalten, dann liegt das gewöhnlich daran, daß sie sich nicht darüber im klaren waren, was sie eigentlich fragen wollten. Dem *I Ching* eine Frage vorzulegen bedeutet letztlich, die tiefen intuitiven Schichten seines Bewußtseins um eine Antwort zu bitten. Wenn man sich dabei im unklaren darüber ist, was man eigentlich wissen will, dann wird man nur nebulöse Antworten erhalten. Deshalb ist es auch so wichtig, daß man seine Frage gut bedenkt und sich selbst fragt, ob man weiß, was man will oder nicht.

Ein weiterer bedeutsamer Punkt bei der Befragung des *I Ching* besteht darin, daß man eine bestimmte Frage nur ein einziges Mal stellen sollte. Nie sollte man ein und dieselbe Frage zweimal stellen, nur weil einem die erste Antwort nicht zusagte. Ich kenne ein paar Leute, die dieselbe Frage in verschiedener Form so oft wiederholen, bis sie die gewünsche Antwort erhalten. *Dies sollte niemals geschehen.* Da wir es im Umgang mit dem *I Ching* mit dem geheiligten Anteil unseres Bewußtseins zu tun haben, kommt die ständige Wiederholung ein und derselben Frage einer Beleidigung unseres innersten Wesens gleich. Wenn man diesen Gedanken weiterführt, leuchtet es auch ein, daß man das *I Ching* nicht leichtfertig mit Nichtigkeiten belästigen sollte, denn das wäre ebenfalls eine Demütigung für die Würde unseres innersten Geistes. Wer das *I Ching* in unmoralischer Weise benutzt, sollte ferner wissen, daß er auf irgendeine Weise dafür bezahlen muß. Ich kannte einmal einen Mann, der das *I Ching* lange Zeit beim Glücksspiel einsetzte und ganz schöne Geldgewinne machte. Doch schließlich verlor er alles, was er hatte, und obendrein sogar noch sein Leben. Für mich zeigt dieses Beispiel deutlich, was geschehen kann, wenn man die Kräfte des eigenen Unterbewußten ständig mißbraucht.

## Gerätschaften für das *I Ching*-Orakel

Es gibt viele Methoden, das *I Ching* zu befragen. Obwohl sich nach traditioneller Ansicht Schafgarben- oder Bambusstengel am besten für das Orakel eignen, haben die Adepten des *I Ching* in alter Zeit vielerlei Werkzeuge und Techniken zur Befragung ersonnen.

An erster Stelle steht die Befragungsmethode mit drei Münzen, die auch im Westen schon weite Verbreitung gefunden hat. Es gibt ferner eine Methode mit (drei) Würfeln, die sich sehr schnell durchführen läßt und deshalb in der täglichen Praxis wirklich gut zu gebrauchen ist. Schließlich gibt es in unserer heutigen High-Tech-Welt schon Computerprogramme für das *I Ching*-Orakel. Sie sind ordentlich durchdacht, arbeiten schnell und eignen sich gut zum Lernen.

Mir persönlich sagen die traditionellen Schafgarbenstengel am meisten zu, zum einen, weil ich das meditative Geräusch der Schafgarbenstengel beim Mischen gern habe, und zum zweiten, weil ich das Gefühl der persönlichen Verbindung zwischen mir und den Stengeln schätze. Dagegen muß ich Würfel oder Münzen aus meiner Hand werfen. Die Handhabung der Stengel läßt sich mit dem Erlernen des Violinspiels vergleichen. Ich kenne einige große *I Ching*-Meister, die ihre Stengel auf so geschickte und eindrucksvolle Weise zu handhaben wissen, daß der ganze Vorgang des Orakelnehmens einem feierlichen Ritual gleicht. Diese Meister haben über viele Jahre hinweg täglich mit ihren *I Ching*-Stengeln gearbeitet, so daß diese zu einem natürlichen Teil ihrer Hände geworden sind. Falls ein *I Ching*-Anfänger sofort mit den Stengeln arbeiten möchte, muß er sich dabei viel Zeit lassen und langsam vorgehen. Da diese Methode wirklich die beste ist, sollte man sie irgendwann einmal lernen, denn es lohnt sich, sie zu praktizieren.

Was das Material für die Stengel angeht, so kann man sich selbst aus den etwa 20–25 cm langen Fleisch- oder Schaschlikspießchen, die es in den meisten Lebensmittelmärkten gibt, einen guten Satz Stengel für das Orakel machen. Aber auch Mikado-Stäbchen und notfalls sogar Zahnstocher oder Streichhölzer sind dafür geeignet. Man braucht 50 Stengel, die man an den scharfen Spitzen abschneiden und gut abschmirgeln sollte, damit keine Spreißel in den Fingern steckenbleiben. Wenn man will, daß die Stengel sich glatt anfühlen, kann man sie einwachsen, indem man sie sanft an einer Kerze reibt. Falls man die Stengel färben will, sollte man das vor dem Einwachsen mit dunkler Holzfarbe tun.[1]

Wenn man nicht mit den traditionellen Stengeln arbeiten möchte, kann man das Münzorakel wählen. Dazu braucht man nichts weiter als drei kleine oder große Münzen, die einem für diesen Zweck zusagen und mit denen man sich wohl fühlt. Sie sollten jedoch von derselben Art und Größe sein, also nicht eine kleine und zwei große Münzen. Wappen (Adler) und Zahl (Kopf) sollten klar zu unterscheiden sein, denn es kann bei der Befragung ziemlich verwirren, wenn die Prägungen auf den beiden Seiten allzu ähnlich sind. Empfehlenswert sind auch die alten chinesischen runden Münzen mit einem quadratischen Loch in der Mitte.

Bei der Würfelmethode braucht man zwei verschiedenfarbige oktagonale (achtflächige) Würfel und einen normalen (sechsseitigen) Würfel in beliebiger Farbe. Achtflächige Würfel kann man manchmal in Spielwaren- und Scherzartikelgeschäften finden.[2] Auf den Flächen dieser Würfel sollten die Zahlen von eins bis acht zu finden sein.

Sollten Sie schließlich an einem Computerprogramm für das *I Ching* interessiert sein, so gibt es (zumindest auf dem amerika-

---

[1] In (esoterischen) Buchhandlungen kann man manchmal mit der *I Ching*-Literatur auch Stengel und anderes Zubehör finden.

[2] In Großbritannien bekommen Sie alle möglichen Arten von Würfeln in den ‹Virgin Megastores›, die es in allenGroßstädten gibt und die neben CDs und Videos auch Spiele anbieten.
Sie können die Würfel auch direkt beim Hersteller bestellen:
Hobbygames Ltd, Arundel,
Unit 54, Rudford Industrial Estate
West Sussex BN 18 OBD, UK.
Tel. 0044 – 903 – 730998

nischen Markt) unterschiedliche Programme für die verschiedenen Betriebssysteme.

Obwohl jede dieser Methoden des Orakelnehmens auf verschiedene Weise abläuft, gibt einem das *I Ching* mit jeder dieser Techniken die benötigte Antwort. Nach meiner Auffassung ist der wesentliche Aspekt bei jeder Art von Orakel nicht die Methode der Befragung, sondern das Geschick des Fragestellers. Mit anderen Worten, man kann von den Würfeln genauso viele Hinweise erhalten wie von den Stengeln. Alles hängt letztlich davon ab, wie geschickt man in der Handhabung und Deutung des *I Ching*-Orakels ist. Deshalb ist es auch nicht nötig, sich für alle Zeiten auf eine einzige Methode festzulegen. Vielmehr geht es eher darum, ein System zu finden, das dem Fragesteller unter den jeweiligen Umständen die besten Dienste leistet.

## Das Orakelnehmen

Bei der Vorhersage mit dem *I Ching* gibt es zwei Phasen. Die erste wird als Orakelnehmen bezeichnet. Dies bezieht sich auf das meditative und rechnerische Verfahren, das zur Bildung eines Hexagramms führt. Die zweite Phase ist die Deutung. Sie wird im nächsten Kapitel ausführlich erklärt.

Der Zweck des Orakelnehmens besteht darin, ein Hexagramm zu bilden, und dafür gibt es verschiedene Vorgehensweisen. Wie bereits erwähnt, lassen sich Hexagramme bilden, indem man Münzen, Würfel oder Schafgarbenstengel benutzt, oder sogar, indem man auf die Knöpfe eines Computers drückt. Jede dieser Methoden hat ihre Vorteile. So ist zum Beispiel das Würfelorakel die schnellste Methode, denn damit kann man tatsächlich in Sekundenschnelle ein Hexagramm aufbauen. Es ist eine sehr nützliche Methode, wenn man das *I Ching* mehrmals täglich befragen möchte. Computerprogramme sind wohl die zweitschnellste Methode, um ein *kua* zu bilden, und sie sind auch recht einfach zu benutzen. Jedoch braucht man dazu relativ kostspielige Hardware, ebenso wie die entsprechende Software. Da man beim Münzorakel sechsmal werfen muß, ist diese Methode etwas zeitaufwendiger als das Würfeln. Jedoch erhält man damit mehr symbolische Verästelungen für die einzelnen Linien als beim Würfeln.

Das traditionelle Schafgarbenorakel erfordert am meisten Zeit und Konzentration. Diese Methode hat jedoch den Vorteil, daß man damit wesentlich ausführlichere Antworten als mit jeder anderen Methode erhält und daß sie auch das meditativste Verfahren von allen darstellt. Da das traditionelle Schafgarbenorakel, besonders in seiner komplizierten vollständigen Form, bei der man die Stengel achtzehnmal teilen muß, zu seiner Durchführung eine Menge Zeit und Energie benötigt, kann man es für besondere und glückverheißende Gelegenheiten reservieren. Meine persönliche Empfehlung geht dahin, sich mit verschiedenen Techniken vertraut zu machen, so daß man, wann immer man das *I Ching* befragen möchte, die beste Methode auswählen kann.

## Das Würfelorakel

Unter allen hier vorgestellten Methoden ist das Würfeln die einfachste und schnellste. Besonders für Anfänger ist dies eine ausgezeichnete Methode, um sich anzugewöhnen, das *I Ching* täglich zu befragen.

Wie oben erwähnt, braucht man dazu zwei verschiedenfarbige achtflächige Würfel mit den Zahlen 1 bis 8 und einen normalen Würfel mit den Zahlen 1 bis 6. Mit dem einen der beiden achtflächigen Würfel bestimmt man das obere (Teil-)Trigramm, mit dem anderen das untere Trigramm (eines Hexagramms). Mit dem sechsflächigen Würfel erhält man die Wandellinie. In meinem eigenen Würfelbecher habe ich zum Beispiel einen roten und einen grünen oktagonalen Würfel und einen weißen hexagonalen. Den roten Würfel habe ich für das obere Trigramm bestimmt, den grünen für das untere Trigramm und den weißen für die Wandellinie.

Die Acht Trigramme entsprechen den Zahlen auf den oktagonalen Würfeln, und zwar in dieser traditionellen Reihenfolge:

| 1 | 2 | 3 | 4 |
|---|---|---|---|

| *ch'ien* | *tui* | *li* | *chen* |
|---|---|---|---|
| Das | Das | Das | Das |
| Schöpferische | Heitere | Haftende | Erregende |
| Himmel | See | Feuer | Donner |

| 5 | 6 | 7 | 8 |
|---|---|---|---|

| *sun* | *k'an* | *ken* | *k'un* |
|---|---|---|---|
| Das | Das | Das | Das |
| Sanfte | Abgründige | Stillehalten | Empfangende |
| Wind | Wasser | Berg | Erde |

Um ein Beispiel zu geben: Ich formuliere eine Frage und werfe die drei Würfel. Dabei erhalte ich 4 auf dem roten Würfel (oberes Trigramm), 1 auf dem grünen Würfel (unteres Trigramm) und 5 auf dem weißen Würfel (Wandellinie). Das bedeutet, daß das obere Trigramm 4, *chen*, das untere Trigramm 1, *ch'ien*, und die Wandellinie die fünfte Linie ist. Dies entspricht Hexagramm 34, *ta chuang*, des Großen Macht, mit einer bewegten fünften Linie, die sich von *yin* in *yang* umwandelt. Das resultiert in dem Wandelhexagramm 43, *kuai*, der Durchbruch. Dieser Vorgang wird im folgenden Diagramm veranschaulicht:

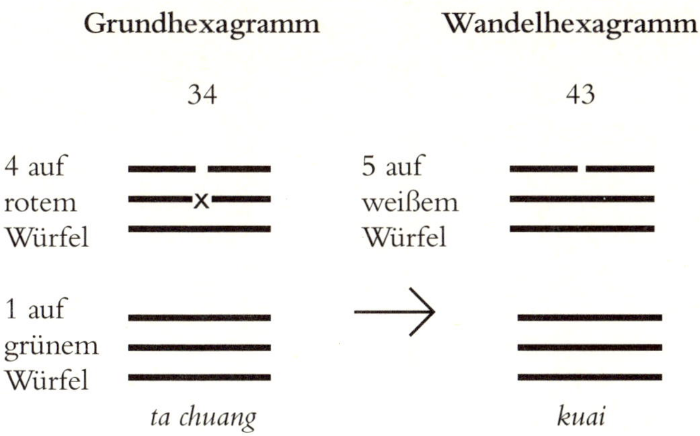


Dies zeigt, wie einfach und schnell das Würfelorakel funktioniert. Bei dieser Methode erhält man jedoch nur eine Wandellinie, während man mit den Münzen auf bis zu sechs bewegte Linien kommen kann. Einerseits hat die Würfelmethode zwar den Vorteil, einfach zu sein und keine besondere Konzentration zu erfordern, andererseits reichen ihre Aussagen oft nicht aus, um die Besonderheiten einer bestimmten Situation zu charakterisieren. Daher empfiehlt sich diese Methode, wenn man rasche und einfache Fragen stellen möchte, wie zum Beispiel «Soll ich diesen Patienten nächste Woche behandeln?» oder «Soll ich diesem Rezept Rhabarber hinzufügen?».

## Das Münzorakel

Beim Münzorakel erhält man ein Hexagramm, indem man drei Münzen gleichzeitig auf eine ebene Fläche wirft und das insgesamt sechsmal wiederholt. In anderen Worten, man wirft einmal für jede Linie, von der untersten bis zur obersten. Dagegen muß man beim Würfelorakel die drei Würfel insgesamt nur einmal werfen.

Zuerst muß man festlegen, welche Seite der Münzen Kopf (Zahl) und welche Seite Wappen (Adler) sein soll. Man sollte die beiden Seiten klar unterscheiden und dies nicht mehr ändern, nachdem man es einmal festgelegt hat. Bei den deutschen 1-, 2-, 5- oder 10-Pfennig-Münzen erkennt man auf der einen Seite die Zahlen (als Kopf) und auf der anderen ein Eichenblatt (als Wappen). Traditionsgemäß gilt Zahl (Kopf) als *yang* und zählt 3, während Wappen (Adler) als *yin* gilt und 2 zählt. Folglich gibt es beim Werfen von drei Münzen auf einmal die folgenden vier (möglichen) *yin-yang*-Kombinationen (und Zahlenwerte):

1. *t'ai yin* – reines oder bewegtes *yin*<br>Wappen (2) + Wappen (2) + Wappen (2) = 6 ——x——
2. *shao yang* – gemischtes oder festes *yang*<br>Wappen (2) + Wappen (2) + Zahl (3) = 7 ————
3. *shao yin* – gemischtes oder festes *yin*<br>Wappen (2) + Zahl (3) + Zahl (3) = 8 —— ——
4. *t'ai yang* – reines oder bewegtes *yang*<br>Zahl (3) + Zahl (3) + Zahl (3) = 9 ——o——

Wie aus dieser Übersicht hervorgeht, ergibt dreimal Wappen (Kopf) den Zahlenwert 6 und damit bewegtes (wandelbares) *yin*. Es ist zu sehr *yin*, um stabil zu bleiben, denn wenn *yin* sein Extrem erreicht, schlägt es um in *yang*. Zweimal Wappen und einmal Zahl addiert sich zu 7, festem *yang*. Einmal Wappen und zweimal Zahl ergibt 8, gemischtes und festes *yin*. Schließlich errechnet sich aus dreimal Zahl der Wert 9, welcher zu sehr *yang* ist, um im Gleichgewicht zu bleiben und sich deshalb zu *yin* wandelt. Folglich muß man nach jedem Wurf die Zahlen addieren, um herauszufinden, ob die Gesamtsumme einer *yin*-Linie oder einer *yang*-Linie entspricht und ob es sich um eine feste oder eine bewegte Linie handelt.

Da formuliert man zum Beispiel eine Frage und wirft die drei Münzen sechsmal. Der erste Wurf zeigt zweimal Zahl und einmal Wappen, und das ergibt 8 oder festes *yin*. Beim zweiten Wurf erhält man dreimal Zahl, die zusammen 9 und damit bewegtes *yang* (mit Wandlung zu *yin*) ergeben. Der dritte Wurf ergibt dreimal Wappen (= 6) und damit eine bewegte *yin*-Linie (mit Wandlung zu *yang*). Beim vierten und fünften Wurf wird zweimal Wappen und einmal Zahl geworfen, was den Zahlenwert 7 und damit zwei feste *yang*-Linien ergibt. Beim letzten Wurf zeigt sich dreimal Kopf oder 9 und damit eine bewegte *yang*-Linie. Das folgende Diagramm zeigt das Ergebnis dieses Vorgangs:

| | **Grundhexagramm** | | **Wandelhexagramm** |
|---|---|---|---|
| | 6 | | 31 |
| 9 bewegtes *yang* | —o— | 6. Linie | — — |
| 7 festes *yang* | ——— | 5. Linie | ——— |
| 7 festes *yang* | ——— | 4. Linie | ——— |
| 6 bewegtes *yin* | —x— | 3. Linie | ——— |
| 9 bewegtes *yang* | —o— | 2. Linie | — — |
| 8 festes *yin* | — — | 1. Linie | — — |
| | *sung* | | *hsien* |

Zwar ist das Münzorakel etwas komplizierter als das Würfelorakel, aber wie aus dem obigen Beispiel zu ersehen, ergeben sich dafür auch wesentlich mehr symbolische Differenzierungen, denn man kann dabei bis zu sechs bewegte Linien erhalten. Bei der medizinischen Vorhersage eignet sich diese Methode gut für Fragen, bei denen es um komplexere Situationen geht, wie zum Beispiel bei der Diagnose.[3]

## Das Schafgarbenorakel

Beim traditionellen Schafgarbenorakel gibt es je nach ihrer Komplexität drei Stufen: die vollständige, die mittlere und die vereinfachte Befragung.

---

[3] Das Münzorakel können Sie auch mit drei (normalen) Würfeln durchführen: Dazu kennzeichnen Sie je drei Würfelseiten in einer hellen und einer dunklen Farbe und legen fest, welche Farbe *yin* (= 2) und welche *yang* (= 3) ist.

Viele Gelehrte vertreten die Auffassung, daß die vollständige Befragung die ursprüngliche Methode ist, die zur Entstehungszeit des *I Ching* während der altchinesischen Chou-Dynastie praktiziert wurde. Um ein Hexagramm zu bilden, erfordert diese Methode insgesamt achtzehn Arbeitsschritte mit den Stengeln, das heißt drei pro Linie. Dieses Verfahren erfordert ziemlich viel Zeit und Konzentration und sollte deshalb der Befragung in besonders kritischen und entscheidenden Angelegenheiten, wie zum Beispiel in einer Frage von Leben und Tod, vorbehalten sein.

Im Vergleich zum vollständigen Schafgarbenorakel ist die Methode der mittleren Befragung schon ziemlich vereinfacht. Sie erfordert nur einen Arbeitsschritt pro Linie, also insgesamt sechs, um ein Hexagramm zu bilden. In dieser Hinsicht entspricht sie dem Münzorakel. Bei dieser Methode handelt es sich um diejenige Art der Befragung, die von allen professionellen *I Ching*-Benutzern am häufigsten für alle möglichen Themen von mittlerer Bedeutung benutzt wird, wie zum Beispiel bei Umzügen, Partnerproblemen und geschäftlichen Entscheidungen. Bei der medizinischen Vorhersage eignet sich diese Methode sehr gut, um Fragen zu Diagnose und Prognose zu stellen.

Die vereinfachte Befragung ist eine noch einfachere Methode, bei der nur drei Arbeitsschritte mit den Schafgarbenstengeln durchzuführen sind: ein erster für das untere Trigramm, ein zweiter für das obere Trigramm und ein letzter für die bewegte Linie. Weil man dabei statt der einzelnen Linien die Trigramme bestimmt, gleicht diese Methode dem Würfelorakel. Diese einfache und schnelle Methode eignet sich gut, um das *I Ching* mehrmals täglich in Angelegenheiten von geringerer Bedeutung zu befragen.

## Die Handhabung der Schafgarbenstengel

Der Anfang ist bei allen drei Arten des Schafgarbenorakels derselbe. Nach einer stillen Meditation und dem Aufschreiben der Frage nimmt man das Bündel von 50 Stengeln in die Hand und verbeugt sich vor den Stengeln. Damit erweist man dem ganzen Vorgang des Orakelnehmens seine Achtung und Verehrung. Als nächstes holt man einen einzelnen Stengel aus dem Bündel und legt ihn zur Seite. Dieser besondere Stengel, der als *t'ai chi* (das Höchste Letzte) bezeichnet wird, stellt die Stufe des reinen Geistes oder der absoluten Wirklichkeit jenseits des Bereichs der relativen Existenz dar. Aus diesem Grunde ist dieser Stengel auch nicht weiter am Vorgang des Orakelnehmens beteiligt. Dann nimmt man die restlichen 49 Stengel in beide Hände und mischt sie eine Zeitlang, bis sich der Geist durch das reibende Geräusch der Stengel beruhigt hat. An diesem Punkt hört man mit dem Mischen auf und nimmt alle Stengel in die linke Hand. Nun breitet man die Stengel gleichmäßig mit der rechten Hand in einer Weise aus, daß sie eine Art von Fächer bilden. Man hält diesen Stengelfächer im Abstand von ein paar Zentimetern vors Gesicht. Für einen Betrachter sieht das so aus, als wollte man sein Gesicht mit einem Fächer bedecken. Man atmet tief ein und teilt dann beim Ausatmen die Stengel in zwei Haufen, indem man mit der rechten Hand rasch einen Teil der Stengel umschließt. Jetzt hat man ein Bündel mit Stengeln in der linken Hand und ein zweites in der rechten. Während man das Bündel in der linken Hand läßt, legt man das rechte Bündel nach rechts auf den Tisch. Diese Stengel auf dem Tisch gelten als Erde, das Bündel in der linken Hand als Himmel. Dann nimmt man mit der rechten Hand einen einzelnen Stengel aus dem Haufen auf dem Tisch (Erde) und steckt ihn zwischen den kleinen Finger und den Ringfinger der linken Hand. Dieser Stengel steht für die Menschheit. Auf diese Weise bestimmt man vier Arten von Stengeln: *t'ai chi*, Himmel, Erde und Menschheit. Um beim Orakelnehmen zu richtigen Ergebnissen zu kommen, ist es sehr wichtig, daß man ein klares Verständnis für diese unterschiedlichen Arten von Stengeln entwickelt.

Die anfängliche Teilung der Stengel entspricht Chu Hsis Einteilung der Wirklichkeit in absolute und relative und der Unterteilung der relativen Realität in *san ts'ai*, die ‹Drei Kräfte› (Himmel, Erde, Mensch). Auf diese Weise vollzieht man in den einzelnen Schritten beim Schafgarbenorakel die Entfaltung des Universums und der ‹Zehntausend Dinge› (der Erscheinungswelt) nach. Dies zeigt, wie sehr dieses Ritual mit tiefer metaphysischer Bedeutung befrachtet ist.

## Die vollständige Befragung

Wie bereits erwähnt, erfordert diese Methode einen gewissen Einsatz von Zeit und Energie. Da Anfänger damit ihre Schwierigkeiten haben dürften, empfehle ich diese Methode nur denen, die schon mindestens ein Jahr lang andere Methoden des Orakelnehmens praktiziert haben. Vor allem muß man mit Fehlern rechnen, wenn man nicht gewöhnt ist, sich eine halbe Stunde oder länger intensiv zu konzentrieren, denn die Aufmerksamkeit während des ganzen Vorgangs kann erheblich nachlassen. Dennoch ist diese traditionelle Art der Befragung etwas Besonderes, und sie führt zu sehr schönen und tiefen Erfahrungen.

Die vollständige Befragung beginnt genauso wie jede andere Art des Schafgarbenorakels. Nach einer kurzen Meditation nehmen Sie alle 50 Stengel in die Hand. Entfernen Sie dann einen Stengel aus dem Ganzen, und legen Sie ihn beiseite. Die restlichen 49 Stengel halten Sie zwischen beiden Händen und mischen sie eine Weile, bis Sie das Gefühl haben, das *I Ching* sei nun zur Antwort bereit. Danach hören Sie mit dem Mischen auf und nehmen alle Stengel in die linke Hand. Dort breiten Sie die Stengel mit der rechten Hand gleichmäßig in Fächerform aus und halten sie vors Gesicht. Atmen Sie tief ein, und teilen Sie die Stengel beim Ausatmen mit der rechten Hand in zwei Bündel. Legen Sie das rechte Bündel als Erde nach rechts auf den Tisch. Nun halten Sie das Himmelsbündel in der linken Hand, entfernen einen einzelnen Stengel mit der rechten Hand aus dem Erdbündel auf dem Tisch und stecken ihn zwischen den linken Ringfinger und kleinen Finger. Dieser Stengel entspricht der Menschheit.

Von diesem Punkt an beginnen die verschiedenen Zählverfahren, mit denen man ein Hexagramm bildet. Bei dieser alten Methode muß man für jede Linie dreimal zählen, und so kommt man auf 18 Rechenschritte für das ganze Hexagramm. So kompliziert das auch klingen mag, die zugrundeliegenden Regeln sind doch sehr einfach.

Das Durchzählen beginnt damit, daß Sie aus dem Bündel in der linken Hand jeweils Gruppen von vier Stengeln wegnehmen. Legen Sie diese Vierergruppen nacheinander auf der linken Seite des Tisches ab. Wenn zuletzt vier oder weniger Stengel übrigbleiben, dann stecken Sie diesen Rest mit der rechten Hand zwischen den linken Ring- und Mittelfinger. Das können hier 1, 2, 3 oder 4 Stengel sein. Dann nehmen Sie die Stengel auf, die Sie zuvor auf der rechten Seite Ihres Tisches abgelegt haben (Erde), und zählen sie genauso zu vieren durch wie das erste Bündel (Himmel). Wenn dann wieder vier oder weniger Stengel übrig sind, stecken Sie diesen Rest zwischen den linken Mittel- und Zeigefinger. Auch hier besteht der mögliche Rest aus 1, 2, 3 oder 4 Stengeln. Nun zählen Sie alle Stengel zusammen, die Sie zwischen die Finger Ihrer linken Hand gesteckt haben. Die Gesamtsumme beträgt entweder 5 oder 9, denn es gibt folgende Möglichkeiten: 1 + 4 + 4 = 9, 1 + 3 + 1 = 5, 1 + 2 + 2 = 5 oder 1 + 1 + 3 = 5.

Nach diesem ersten Durchzählen wird der Menschheitsstengel, den man zu Beginn zwischen den linken Ringfinger und kleinen Finger gesteckt hatte, als Überschuß beiseite gelegt. Deshalb zählt man 9 als 8 und 5 als 4. Da traditionsgemäß die 8 als minderwertige Zahleneinheit gilt, hat sie nur den Wert 2. Dagegen gilt 4 als bessere Zahl und erhält den Wert 3. Wenn nun insgesamt 9 Stengel zwischen den Fingern der linken Hand übriggeblieben sind, ergibt sich daraus der Wert 2, und bei einem Rest von 5 Stengeln der Wert 3. Nach diesem ersten Durchzählen legt man diese Stengel zunächst beiseite. Damit ist der erste von insgesamt drei Rechenschritten zur Bestimmung der ersten Linie (Grundlinie) eines Hexagramms abgeschlossen.

Nun nehmen Sie die beiden abgelegten Haufen zusammen auf (außer den beim ersten Durchzählen übriggebliebenen Stengeln), mischen Sie eine Minute lang und konzentrieren sich dabei. Nach dem Mischen halten Sie die Stengel vors Gesicht und breiten sie fächerförmig aus. Atmen Sie tief ein, und teilen Sie die Stengel beim Ausatmen rasch in zwei Bündel. Legen Sie die Stengel in der rechten Hand (Erde) nach rechts auf dem Tisch ab. Ziehen Sie einen Stengel aus diesem Haufen, und stecken Sie ihn zwischen den linken Ringfinger und den kleinen Finger (Menschheit). Zählen Sie nun die Stengel in Ihrer linken Hand

(Himmel) wie eben zu vieren durch, und stecken Sie zuletzt die restlichen 1, 2, 3 oder 4 Stengel zwischen den linken Ring- und Mittelfinger. Dann nehmen Sie die Erdstengel vom Tisch auf und zählen diese wieder in Vierergruppen durch. Den verbleibenden Rest von 1, 2, 3 oder 4 Stengeln stecken Sie zwischen den linken Mittel- und Zeigefinger. Nun zählen Sie alle Stengel, die Sie zwischen den Fingern Ihrer linken Hand gesammelt haben. Die Gesamtsumme beläuft sich diesmal auf 8 oder 4, mit den möglichen Zahlenkombinationen von 1 + 4 + 3 = 8, 1 + 3 + 4 = 8, 1 + 1 + 2 = 4 oder 1 + 2 + 1 = 4. Ordnen Sie wie oben der 8 den Wert 2 und der 4 den Wert 3 zu. Damit haben Sie den zweiten Schritt zur Bestimmung der ersten Linie beendet.

Beim dritten Durchgang verfahren Sie genauso wie beim zweiten, und Sie werden wieder die Summe von 8 oder 4 restlichen Stengeln erhalten. Auch hier zählt wieder 8 als 2 und 4 als 3. Zuletzt addieren Sie die Zahlenwerte aus den drei Berechnungsvorgängen und erhalten so die erste Linie. Im folgenden Diagramm können Sie alle möglichen Zahlenkombinationen und ihre Bezeichnungen finden:

1) *t'ai yin* (bewegtes *yin*) – Gesamtwert = 6

| | |
|---|---|
| Rest: | 9 Stengel = 8 – Wert = 2 |
| | 8 Stengel = 8 – Wert = 2 |
| | 8 Stengel = 8 – Wert = 2 |
| | Gesamtwert = 6 |

2) *shao yang* (festes *yang*) – Gesamtwert = 7

| | |
|---|---|
| a) Rest: | 9 Stengel = 8 – Wert = 2 |
| | 8 Stengel = 8 – Wert = 2 |
| | 4 Stengel = 4 – Wert = 3 |
| | Gesamtwert = 7 |
| b) Rest: | 5 Stengel = 4 – Wert = 3 |
| | 8 Stengel = 8 – Wert = 2 |
| | 8 Stengel = 8 – Wert = 2 |
| | Gesamtwert = 7 |

c) Rest: 9 Stengel = 8 – Wert = 2
4 Stengel = 4 – Wert = 3
8 Stengel = 8 – Wert = 2
Gesamtwert = 7

3) *shao yin* (festes *yin*) – Gesamtwert = 8

a) Rest 9 Stengel = 8 – Wert = 2
4 Stengel = 4 – Wert = 3
4 Stengel = 4 – Wert = 3
Gesamtwert = 8

b) Rest: 5 Stengel = 4 – Wert = 3
4 Stengel = 4 – Wert = 3
8 Stengel = 8 – Wert = 2
Gesamtwert = 8

c) Rest: 5 Stengel = 4 – Wert = 3
8 Stengel = 8 – Wert = 2
4 Stengel = 4 – Wert = 3
Gesamtwert = 8

4) *t'ai yang* (bewegtes *yang*) – Gesamtwert = 9

Rest: 5 Stengel = 4 – Wert = 3
4 Stengel = 4 – Wert = 3
4 Stengel = 4 – Wert = 3
Gesamtwert = 9

Daraus wird ersichtlich, daß Sie diese Berechnungsvorgänge sechsmal wiederholen, das heißt insgesamt achtzehn Rechenschritte durchführen müssen, um ein Hexagramm zu bilden. Das folgende Diagramm gibt ein Beispiel für eine vollständige Befragung nach dieser Methode. Dabei habe ich die Stengel achtzehnmal geteilt und folgende Werte erhalten:

| | | |
|---|---|---|
| Linie 1: | Rest | 5 Stengel = 4 – Wert = 3 |
| | | 8 Stengel = 8 – Wert = 2 |
| | | 8 Stengel = 8 – Wert = 2 |
| | | Gesamtwert = 7 – *shao yang* |
| Linie 2: | Rest | 9 Stengel = 8 – Wert = 2 |
| | | 8 Stengel = 8 – Wert = 2 |
| | | 8 Stengel = 8 – Wert = 2 |
| | | Gesamtwert = 6 – *t'ai yin* |
| Linie 3: | Rest | 9 Stengel = 8 – Wert = 2 |
| | | 4 Stengel = 4 – Wert = 3 |
| | | 8 Stengel = 8 – Wert = 2 |
| | | Gesamtwert = 7 – *shao yang* |
| Linie 4: | Rest | 9 Stengel = 8 – Wert = 2 |
| | | 4 Stengel = 4 – Wert = 3 |
| | | 4 Stengel = 4 – Wert = 3 |
| | | Gesamtwert = 8 – *shao yin* |
| Linie 5: | Rest | 9 Stengel = 8 – Wert = 2 |
| | | 4 Stengel = 4 – Wert = 3 |
| | | 8 Stengel = 8 – Wert = 2 |
| | | Gesamtwert = 7 – *shao yang* |
| Linie 6: | Rest | 5 Stengel = 4 – Wert = 3 |
| | | 4 Stengel = 4 – Wert = 3 |
| | | 4 Stengel = 4 – Wert = 3 |
| | | Gesamtwert = 9 – *t'ai yang* |

Durch diese vollständige Befragung erhält man das folgende Hexagramm mit zwei Wandellinien und einem neuen Wandelhexagramm:

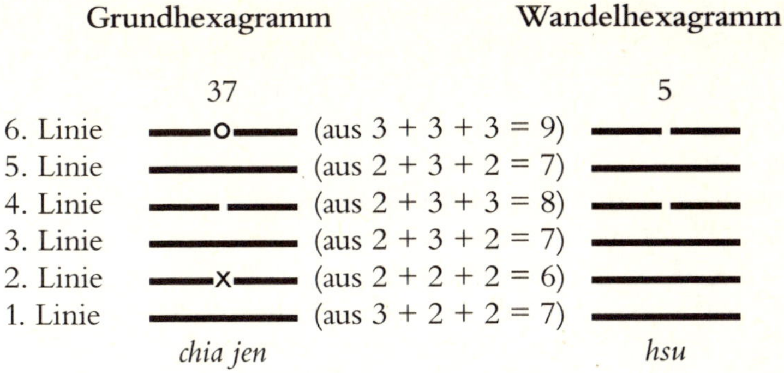


Aus den bisherigen Ausführungen geht hervor, daß die vollständige Befragung wegen ihrer technischen Schwierigkeiten recht mühsam sein kann. Dies ist jedoch das ursprüngliche System des *I Ching*-Orakels, und wenn man sich die nötige Zeit dafür nimmt, wird man mit tiefen meditativen Erfahrungen belohnt.

## Die mittlere Befragung

Da die vollständige Befragung sehr viel Zeit beansprucht, praktizieren selbst professionelle *I Ching*-Benutzer diese Methode nicht regelmäßig, sondern nur, wenn sie darum gebeten werden. In meiner eigenen medizinischen Praxis führe ich im allgemeinen nur eine vollständige Befragung pro Monat durch. Ansonsten benutze ich einfachere Methoden, wie die im folgenden beschriebene mittlere Befragung oder die vereinfachte Methode. Meine Auswahl hängt von meinem Arbeitsprogramm und dem Gewicht der betreffenden Angelegenheit ab.

Die mittlere Befragung eignet sich ausgezeichnet, um sie täglich bei Diagnose und Prognose einzusetzen. Bei dieser Methode muß man die Schafgarbenstengel nur sechsmal teilen und durchzählen, anstatt achtzehnmal wie bei der vollständigen Befragung. Jeder Arbeitsschritt bestimmt eine Linie einschließlich ihrer bewegten oder festen Natur.

Nach einer vorbereitenden Meditation entfernen Sie aus den 50 Stengeln einen für *t'ai chi*, mischen die Stengel und beginnen mit dem Teilen genauso wie bei der vollständigen Befragung. Zuerst legen Sie das Bündel in Ihrer rechten Hand (Erde) auf den Tisch, während Sie das andere Bündel (Himmel) in der linken Hand lassen. Nehmen Sie einen Stengel aus dem Haufen (Erde) auf dem Tisch, und stecken Sie ihn zwischen den linken Ringfinger und kleinen Finger (Menschheit). Dann zählen Sie mit Ihrer rechten Hand die Stengel in Gruppen von 8 durch (und nicht 4 wie bei der vollständigen Befragung), bis 7 oder weniger Stengel zurückbleiben. Zählen Sie die verbliebenen Stengel in der linken Hand, und fügen Sie dieser Summe 1 Stengel (Menschheit) hinzu. Wenn zum Beispiel nach dem Durchzählen (in Achtergruppen) 7 Stengel übrigbleiben, erhalten Sie durch Hinzufügen von 1 den Wert 8. Wenn kein Stengel zurückgeblieben ist, kommen Sie auf den Wert 1. Die erhaltenen Werte von 1 bis 8 bestimmen die *yin/yang*-Qualität und die (bewegte oder feste) Natur der Linien nach folgenden Regeln:

**Verbleibende Stengel:**

a) 1 Stengel (0 Stengel links) + 1 (menschlicher Stengel)
= *t'ai yang* (bewegtes *yang*), assoziiert mit *ch'ien* (Himmel)

b) 2 Stengel (1 Stengel links) + 1 (menschlicher Stengel)
= *shao yin* (festes *yin*), assoziiert mit *tui* (See/Marsch)

c) 3 Stengel (2 Stengel links) + 1 (menschlicher Stengel)
= *shao yin* (festes *yin*), assoziiert mit *li* (Feuer)

d) 4 Stengel (3 Stengel links) + 1 (menschlicher Stengel)
= *shao yang* (festes *yang*), assoziiert mit *chen* (Donner)

e) 5 Stengel (4 Stengel links) + 1 (menschlicher Stengel)
= *shao yin* (festes *yin*), assoziiert mit *sun* (Wind)

f) 6 Stengel (5 Stengel links) + 1 (menschlicher Stengel)
= *shao yang* (festes *yang*), assoziiert mit *k'an* (Wasser)

g) 7 Stengel (6 Stengel links) + 1 (menschlicher Stengel)
= *shao yang* (festes *yang*), assoziiert mit *ken* (Berg)

h) 8 Stengel (7 Stengel links) + 1 (menschlicher Stengel)
= *t'ai yin* (bewegtes *yin*), assoziiert mit *k'un* (Erde)

Wie aus dieser Übersicht zu entnehmen, sind 1 und 8 Wandellinien, während alle anderen feste Linien sind. 2, 3, 5 und 8 sind *yin*, 1, 4, 6 und 7 sind *yang;* das erklärt sich aus der Zuordnung zu bestimmten Trigrammen.

Wenn man zum Beispiel nach dem ersten Durchzählen 8 Stengel erhalten hat, 4 nach dem zweiten, 6 nach dem dritten, 1 nach dem vierten, 2 nach dem fünften und 1 nach dem letzten, so bedeutet dies, die erste Linie (8 Stengel) ist *t'ai yin* (bewegtes *yin*), die zweite (4) *shao yang*, die dritte (6) *shao yang*, die vierte (1) *t'ai yang* (bewegtes *yang*), die fünfte (2) *shao yin* und die sechste *t'ai yang* (bewegtes *yang*). Dies ergibt folgende Hexagramme:

| | | Grundhexagramm | | Wandelhexagramm |
|---|---|---|---|---|
| | | 50 | | 11 |
| 1 Stengel | *(t'ai yang)* | ——o—— | (6. Linie) | —— —— |
| 2 Stengel | *(shao yin)* | —— —— | (5. Linie) | —— —— |
| 1 Stengel | *(t'ai yang)* | ——o—— | (4. Linie) | —— —— |
| 6 Stengel | *(shao yang)* | ————— | (3. Linie) | ————— |
| 4 Stengel | *(shao yang)* | ————— | (2. Linie) | ————— |
| 8 Stengel | *(t'ai yin)* | ——x—— | (1. Linie) | ————— |
| | | *ting* | | *t'ai* |

## Die vereinfachte Befragung

Diese Methode läßt sich mit der Würfelmethode vergleichen. Dies ist die einfachste Form des Schafgarbenorakels, denn sie erfordert nur drei Arbeitsschritte: mit dem ersten Teilen und Durchzählen bestimmt man das untere Trigramm, mit dem zweiten das obere und mit dem dritten die Wandellinie.

Sie beginnen genauso wie bei der vollständigen und der mittleren Befragung bis zu dem Punkt, wo man den einzelnen Stengel der Menschheit aufnimmt und zwischen den linken Ringfinger und kleinen Finger steckt. Bei dieser vereinfachten Methode kümmert man sich aber nicht mehr um das Bündel (Erde), das man nach der ersten Teilung abgelegt hat. Man zählt nur noch die Stengel in der linken Hand (Himmel). Um nach der ersten Teilung das untere Trigramm zu bestimmen, zählen Sie mit der rechten Hand die verbleibenden Stengel in der linken Hand in Achtergruppen durch, bis 7 oder weniger Stengel übrigbleiben. Dann fügen Sie dieser Zahl den Stengel der Menschheit hinzu, um so die Gesamtsumme zu erhalten. Wenn nach dem Durchzählen kein Stengel übrigbleibt, dann ist der Zahlenwert 1. Wenn 7 Stengel übrigbleiben, dann ist der Wert 8 usw. Nach Bestimmung des Zahlenwertes für das untere Trigramm wiederholen Sie die ganze Berechnung für das obere Trigramm.

Um die Wandellinie zu bestimmen, wiederholen Sie dieselben Schritte, nur daß Sie diesmal jeweils 6 Stengel wegnehmen. Dann werden 5 oder weniger Stengel in der linken Hand zurückbleiben sowie der eine Menschheitsstengel zwischen Ringfinger und kleinem Finger. Wenn 5 Stengel übrig sind, fügt man diesen 1 Stengel (Menschheit) hinzu und erhält den Wert 6. Das bedeutet, daß die 6. (oberste) Linie des Hexagramms bewegt ist. Falls außer diesem Stengel keiner mehr übriggeblieben ist, kommt man auf den Wert 1; das heißt, daß die 1. (unterste) Linie wechselt. Wenn man alle drei Zahlenwerte bestimmt hat, ist man bereit, ein Hexagramm mit einer Wandellinie zu bilden, indem man diese Werte mit der folgenden Liste der Acht Trigramme vergleicht:

| 1 | 2 | 3 | 4 |
|---|---|---|---|

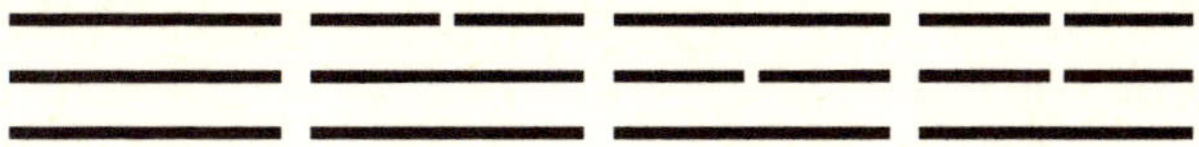

| *ch'ien* | *tui* | *li* | *chen* |
|---|---|---|---|
| Das | Das | Das | Das |
| Schöpferische | Heitere | Haftende | Erregende |
| Himmel | See | Feuer | Donner |

| 5 | 6 | 7 | 8 |
|---|---|---|---|

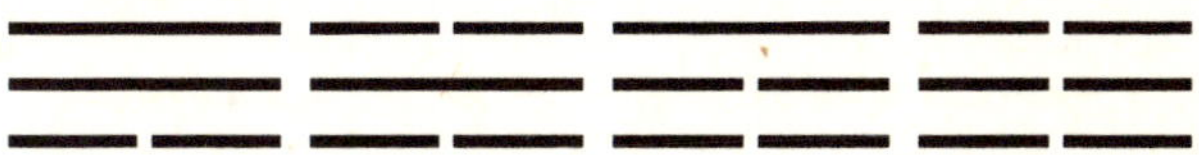

| *sun* | *k'an* | *ken* | *k'un* |
|---|---|---|---|
| Das | Das | Das | Das |
| Sanfte | Abgründige | Stillehalten | Empfangende |
| Wind | Wasser | Berg | Erde |

Hier gelten genau dieselben Entsprechungen wie beim Würfelorakel. Erhält man zum Beispiel nach der ersten Berechnung eine 4 (3 Stengel in der linken Hand und 1 Stengel der Menschheit), eine 8 im zweiten Schritt und eine 3 im dritten, dann ist das untere Trigramm *chen*, das obere *k'un*, das Hexagramm folglich 24, *fu*, die Wiederkehr, mit einer bewegten dritten Linie. Dies wird im folgenden Diagramm dargestellt:

Restliche Stengel:

24

2. Berechnung: 8 = *k'un*

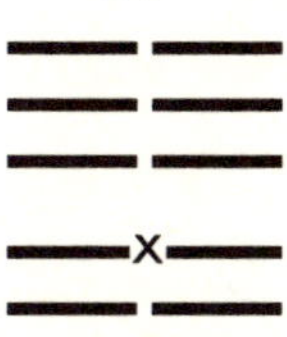

1. Berechnung: 4 = *chen*

3. Berechnung = 3

*fu*

Wenn sich die dritte Linie von *yin* nach *yang* wandelt, dann ergibt sich aus dem Grundhexagramm 24, *fu*, das Wandelhexagramm 36, *ming i*, die Verfinsterung des Lichtes.

**Grundhexagramm** **Wandelhexagramm**

24 36

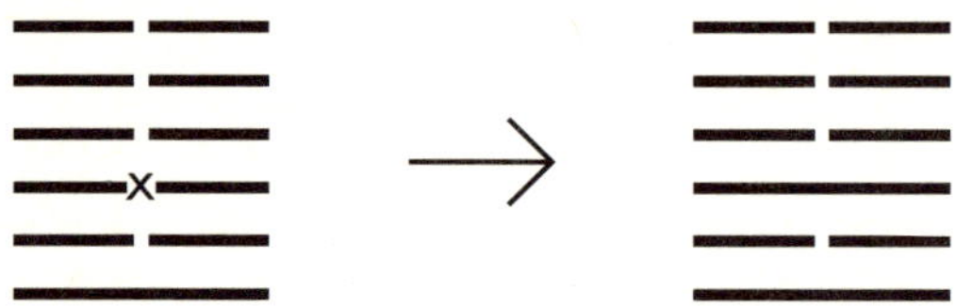

*fu* *ming i*

## Die Befragung mit dem Computer

Wie bereits zu Anfang dieses Kapitels erwähnt, gibt es (auf dem amerikanischen Markt) mehrere Computerprogramme, die nach dem Zufallsprinzip Hexagramme mit Wandellinien erzeugen.[4] Wenn Sie zu Hause schon einen Computer in Betrieb haben, kann dies eine sehr bequeme Methode zur Bildung von Hexagrammen sein. Im allgemeinen beginnt man damit, die Frage einzugeben. Danach legt man eine kurze Pause ein, um über die Frage nachzudenken. Wenn man dann spürt, daß die Antwort da ist, drückt man eine Taste, und sofort erscheint ein Hexagramm auf dem Bildschirm. Wenn man darauf eine zweite Taste betätigt, sieht man, wie aus diesem Grundhexagramm ein Wandelhexagramm wird.

---

[4] Für etwa 40 US-Dollar können Sie folgendes Programm direkt in den USA bestellen:
I Ching 2000 (for IBM PC and compatibles)
Kerson Huang
P.O. Box 1083, Marblehead, MA 01945, USA
Tel. 001-617-631-5983

Obwohl manche Menschen sicher davor zurückschrecken, eine elektronische Methode zur Befragung des *I Ching* zu benutzen, sollte man sich zwei Dinge vor Augen halten: Erstens bildet die binäre Logik die Grundlage für die moderne Datenverarbeitung. Sie wurde aus der Leibnizschen Mathematik entwickelt, und Leibniz hatte seine Idee von den Chinesen. Deshalb kann man durchaus behaupten, daß Computer im Grunde mit derselben symbolischen Sprache arbeiten wie das *I Ching*. 0 und 1 in der Computerlogik sind nichts anderes als *yin* und *yang* im *I Ching*.

Zweitens basieren die den Vorhersagen des *I Ching* zugrundeliegenden Mechanismen auf den Prinzipien der Synchronizität und der holographischen Natur der Wirklichkeit. Unter dieser Voraussetzung ist das Drücken einer Computertaste zu einem bestimmten Zeitpunkt und das dadurch ausgelöste Anhalten eines Zufallsgenerators grundsätzlich nicht verschieden vom Würfeln oder dem Werfen von Münzen. All diese Methoden folgen den Gesetzen der Wahrscheinlichkeits- und der Chaostheorie und sind statistisch gesehen gleichermaßen gültig.

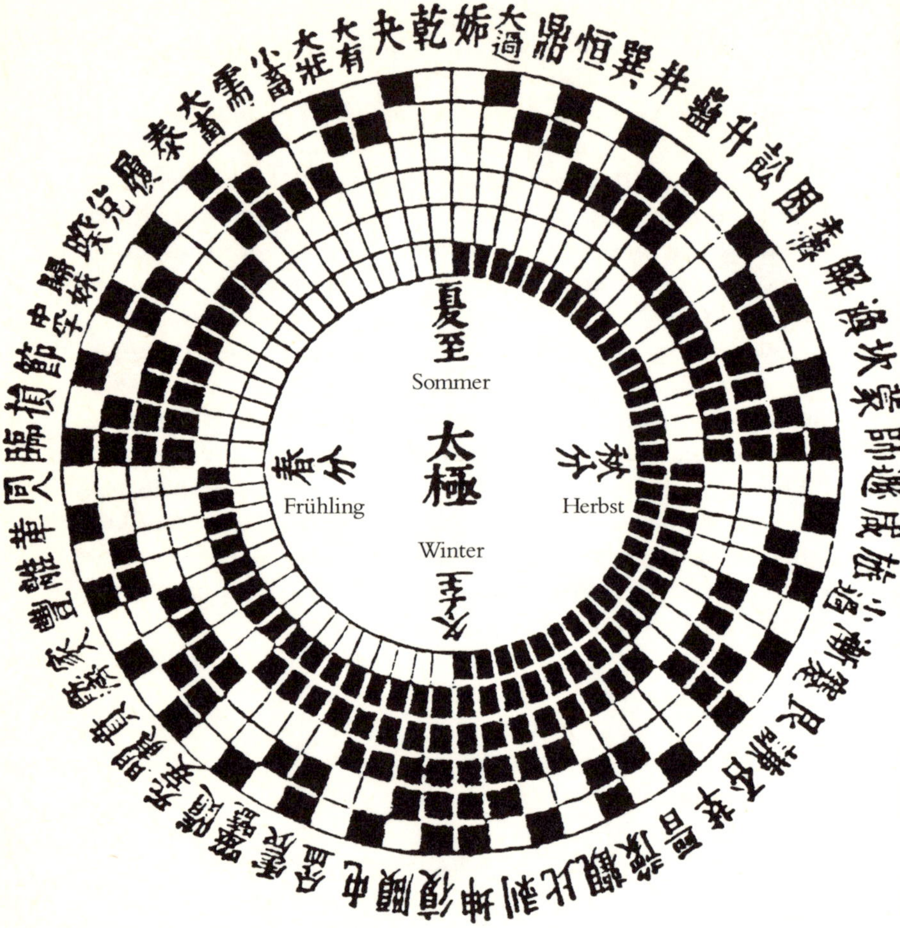


schwarze Felder: yin
weiße Felder: yang
chinesische Zeichen ganz außen:
Namen der 64 Hexagramme

oben: Süden
unten: Norden
links: Osten
rechts: Westen

Abbildung 3
**Shao Yung's kreisförmige Anordnung der 64 Hexagramme. Diese Hexagramme sind so angeordnet, daß jedes Hexagramm die völlige Wandlung (d. h. das Spiegelbild) des gegenüberliegenden darstellt.**

# 4

# Die Deutung des *I Ching*

Das *I Ching* spricht zu uns in einer eher geheimnisvollen und rätselhaften symbolischen Sprache und drückt sich nur selten direkt und offen aus. Dieses Werk entsprang vor Jahrtausenden den tiefen Eingebungen hochgeistiger Menschen. Deshalb ist es nicht verwunderlich, daß es sich für uns moderne Menschen in dichte Nebel von scheinbarer Unverständlichkeit hüllt. Schon für Konfuzius (551–479 v. Chr.) war dieses Werk so mysteriös, daß er sich veranlaßt sah, eigene Kommentare zu seiner Symbolik zu verfassen. Dazu kommen für uns noch historische, philosophische und kulturelle Unterschiede, die es uns heute noch schwerer machen, das *I Ching* richtig zu interpretieren. Wie können wir dieser Herausforderung gerecht werden?

Obwohl die Deutung des *I Ching* letzten Endes eine Sache der persönlichen symbolischen Assoziationen ist, ist es für uns zunächst hilfreich zu lernen, wie die Gelehrten in früheren Zeiten das *I Ching* interpretiert haben. Dank der großen Leistungen westlicher *I Ching*-Spezialisten verfügen wir heute auch in europäischen Sprachen über eine *I Ching*-Literatur von beträchtlichem Umfang. In der Literaturliste zum *I Ching* am Ende dieses Buches finden Sie eine Auswahl wichtiger Werke zu diesem Thema, so daß Sie so viel nachlesen können, wie Sie brauchen, um die symbolische Ausdrucksweise des *I Ching* besser zu verstehen.

Außerdem ist zu empfehlen, das *I Ching* regelmäßig zu jedem nur vorstellbaren Lebensproblem, in das man tiefere Einsichten gewinnen möchte, zu befragen. Jedesmal, wenn man ein Hexagramm erhält, sollte man darüber meditieren und in der vorhandenen *I Ching*-Literatur nachlesen. Und vergessen Sie nie, die

Ergebnisse der Befragung aufzuschreiben! Je länger man so praktiziert, desto tiefer wird das Verständnis für die Symbolik des *I Ching*, und dem sind keine Grenzen gesetzt.

Ferner ist es nützlich, einige Grundprinzipien der *I Ching*-Interpretation zu lernen. Auch wenn die Metaphorik des *I Ching* noch so vielschichtig sein mag, sind doch nur wenige Grundregeln zu befolgen, um zu einer befriedigenden Deutung zu gelangen. Dabei gilt besonders für die medizinische Befragung, deren Umfang und Ziele doch relativ genau definiert sind, daß diese Regeln in einfacher und systematischer Weise dargestellt werden können.

## Die Grundstruktur der medizinischen Deutung des *I Ching*

Wie im vorhergehenden Kapitel ausgeführt, ist es wichtig, keine verschachtelten Fragen zu stellen. Umfangreiche und vielschichtige Problemstellungen sollten in kleine, einfache Fragen zerlegt werden, damit man bei der Deutung nicht vor die gewaltige und eher verwirrende Aufgabe gestellt wird, die ganze Botschaft auf einmal zu entschlüsseln. So ist es zum Beispiel unklug, eine Frage wie die folgende zu stellen: «Was soll ich mit diesem Patienten machen?» Denn erstens ist diese Frage im Hinblick auf ihr Ziel extrem vage und unklar. Zweitens ist sie zu umfangreich, um auf einmal angegangen zu werden. Man kommt zu besseren Ergebnissen, wenn man diese große Frage in eine Reihe von kleineren Fragen aufteilt, von denen jede Einzelfrage einem bestimmten Aspekt des betreffenden Falls nachgeht. Daher sollte man spezielle Fragen formulieren, zu Diagnose, Ätiologie, Behandlungsplan, Prognose usw., und dann das *I Ching* zu jeder einzelnen befragen. Auf diese Weise gibt uns das Orakel die nötigen Auskünfte über einen Patienten, dessen Zustand so von verschiedenen Seiten beleuchtet wird. In der praktischen Arbeit mit dem *I Ching* wird man nach etwa einem Jahr erkennen, daß diese differenzierte Herangehensweise durchaus systematisch ist und sehr gut funktioniert.

Gleichzeitig ist es sehr wichtig, die Geschichte seines Patienten gut zu kennen, wenn man sich anschickt, seinen Fall in aller Tiefe zu deuten. Wie man im nächsten Kapitel bei den medizinischen Kommentaren zu den Hexagrammen sehen wird, sind die Hinweise für die Trigramme und Hexagramme vielfältig. Wenn man die Geschichte des Patienten nicht kennt, wird es einem schwerfallen, aus dem *I Ching* die richtigen Hinweise für den betrefffenden Fall auszuwählen.

Im wesentlichen unterscheidet man drei Stufen der Deutung, die man auch bei der medizinischen Befragung durchschreiten sollte: zuerst die Stufe der Hexagramme, zweitens die der Trigramme und drittens die der Wandellinien (und -hexagramme). Nachdem man seine Antwort auf jeder einzelnen dieser drei Stufen geprüft hat, lassen sich die verschiedenen Aspekte dieser stufenweisen symbolischen Deutung in einem kohärenten Gesamtverständnis des Problems integrieren, und dieses wird dann als Rat oder Urteil formuliert. Im allgemeinen führt uns jede dieser Stufen zu einem tieferen und genaueren Verständnis der Situation. Auf diese Weise geht man in diesen drei Deutungsschritten vom allgemeinen zum besonderen. Der Leser sollte sich jedoch darüber im klaren sein, daß eine solche Synthese nicht immer möglich ist, da manche der Fälle, mit denen man es zu tun hat, zu komplex sein können.

## Die Deutung des Hexagramms

Zuerst betrachtet man das Hexagramm als Ganzes, denn es stellt die Antwort auf die Frage in allgemeiner Form dar. Man sollte das ‹*Bild*› und das ‹*Urteil*› für das betreffende Hexagramm lesen und über seine Kernaussage nachdenken. Dies vermittelt ein Gefühl dafür, ob die Antwort insgesamt verheißungsvoll oder ungünstig ist. Im Text des 5. Kapitels werden die allgemeinen medizinischen Hinweise unter der Rubrik ‹*Allgemeine Indikationen*› am Anfang jedes Hexagramms zusammengefaßt.

Wenn man allmählich mit den Hexagrammen und ihrer

Struktur besser vertraut wird, kann man – wie in Kapitel 2 erläutert – in einem Hexagramm auch den Körper des Patienten symbolisch dargestellt sehen. Dadurch lassen sich, je nach Verteilung der Linien in korrekter oder inkorrekter Position oder im Verhältnis des Entsprechens oder des Zusammenhaltens, die relativen Harmonien und Disharmonien von *yin* und *yang* bei der Deutung berücksichtigen.

## Die Deutung der Trigramme

Nachdem man die symbolische Botschaft des ganzen Hexagramms erfaßt hat, geht man weiter zur nächsten Stufe der Deutung. Wie im 2. Kapitel ausgeführt, zerlegt man das Hexagramm zunächst in seine beiden Teiltrigramme, von denen jedes für sich betrachtet wird. Ein Hexagramm besteht aus einem oberen Teiltrigramm (Linien 4, 5 und 6) und einem unteren Trigramm (Linien 1, 2 und 3) sowie einem oberen Kerntrigramm (Linien 3, 4 und 5) und einem unteren Kerntrigramm (Linien 2, 3 und 4).

Dies geschieht in der Absicht, tiefere Schichten der Symbolik zu betrachten als auf der ersten Stufe der Deutung. Auf dieser Stufe kann man zum Beispiel erkennen, was unterhalb der oberflächlichen Symptomatik des Patienten abläuft, und man sieht, welche Kräfte da in welcher Weise wirksam sind. Da jedes Trigramm (in späterer Zeit) einer der Fünf Wandlungsphasen (‹Elemente›) zugeordnet wurde, läßt sich oft erkennen, wie die Wandlungsphase des unteren Trigramms diejenige des oberen Trigramms beeinflußt. Dadurch wird es möglich, den betreffenden Krankheitsverlauf auch nach der Lehre von den Fünf Wandlungsphasen zu deuten.

Die Untersuchung der Kerntrigramme vermittelt oft erstaunliche Einsichten in die innersten Wurzeln einer Erkrankung, über die der Patient während der Konsultation vielleicht nie gesprochen hat. Diese Stufe der Deutung befähigt den Heiler manchmal dazu, überraschend tiefe Einblicke in die verborgensten Lebensaspekte eines Patienten zu gewinnen und dabei Dinge zu entdecken, die nicht einmal dem Patienten selbst bewußt waren.

## Die Deutung der Wandellinien

Die dritte Stufe befaßt sich mit der Deutung der Wandellinien. Je nach der angewandten Befragungsmethode können in einem Hexagramm 0 bis 6 Wandellinien vorkommen. Wenn keine Linie sich wandelt, dann hat die Antwort des *I Ching* die Tendenz, recht präzise und genau zu sein, und die betreffende Situation ist eher unbeweglich. Was die medizinische Vorhersage angeht, so weisen die Wandellinien oft direkt auf pathologische Vorgänge an bestimmten Körperstellen hin. Je mehr bewegte Linien vorliegen, desto wandelbarer und fließender sind die Umstände. Mehrere bewegte Linien zeigen oft viele schnelle Veränderungen an vielerlei Stellen an. In einer solchen Situation empfiehlt es sich, das *I Ching* häufig zu befragen, um den Veränderungen im Zustand des Patienten zu folgen. Bei ganz akuten Krankheiten kann es manchmal vorkommen, daß man das Orakel mehrmals täglich befragen möchte. Wenn man es dagegen mit langsam verlaufenden, chronischen Krankheiten zu tun hat, kann eine Befragung pro Monat genügen. Es hängt vom Zustand des Patienten ab, wie oft man das *I Ching* um Rat bitten muß.

Nachdem man alle bewegten Linien im Hexagramm umgewandelt hat, geht man bei dem neuen Wandelhexagramm noch einmal von vorne durch die erste und zweite Stufe der Deutung. Dies sieht vielleicht nach harter Arbeit aus, aber je mehr man praktiziert, desto schneller geht es. Besondere Aufmerksamkeit sollte denjenigen Linien gelten, die gerade gewechselt haben. Das Wandelhexagramm liefert im wesentlichen Informationen über die zukünftigen Veränderungen im Krankheitsbild des Patienten, während die einzelnen Wandellinien erklären, in welcher Weise diese Veränderungen ablaufen werden.

## Anwendung in der klinischen Praxis

Die beste Erklärung, wie man die Antworten des *I Ching* in der klinischen Praxis anwenden kann, besteht darin, ein paar Beispiele zu geben. Diese sollen zeigen, wie die Deutung zustande kommt und welche Art von Information das *I Ching* dem Heilkundigen vermitteln kann.

Ich hatte einmal eine Krebspatientin, die bis zu ihrem Tod neun Jahre bei mir in Behandlung war. Es handelte sich um eine 52-jährige Frau, die mich ursprünglich 1984 aufsuchte, weil sie eine Akupunkturbehandlung gegen ihre Rückenschmerzen haben wollte. Bei der ersten Konsultation befragte ich sie ausführlich zu ihrer Krankengeschichte, bei der aber nichts auf schwere körperliche Erkrankungen in der Vergangenheit hinwies. Sie litt hauptsächlich unter einer tiefen Angstneurose und periodischen Depressionen. Außer Rückenschmerzen und einer gewissen Müdigkeit hatte sie keine anderen Beschwerden. Die Untersuchung ergab eine milde *yin*-Schwäche der Nieren mit leicht stagnierendem Leber-*ch'i [qi]*. Ihre Pulse waren etwas tief und drahtig, und ihr Gesicht war ein bißchen blaß und gerötet, aber diese Anzeichen bewegten sich im normalen Bereich. Ihr Unterleib zeigte eine leichte subkostale Verkrampfung, die durch den *ch'i*-Stau in der Leber in Verbindung mit einem gestauten Blut im Unteren Erwärmer verursacht wurde. Insgesamt schien die Frau gesund zu sein.

Nach der ersten Sitzung befragte ich das *I Ching* wegen ihrer Diagnose und erhielt Hexagramm 1, *ch'ien*, das Schöpferische, mit einer bewegten fünften Linie, die von *yang* nach *yin* umschlug und so in Hexagramm 14, *ta yu*, der Besitz von Großem, resultierte. Das folgende Diagramm zeigt die Antwort des Orakels:

**Grundhexagramm** **Wandelhexagramm**

1

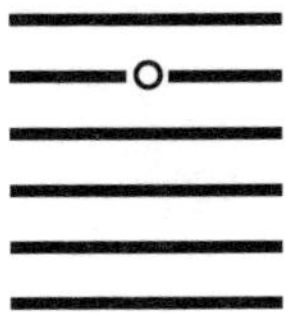

*ch'ien*

14

*ta yu*

Zunächst betrachtete ich Hexagramm 1 und Hexagramm 14 als Ganze. Wie in Kapitel 5 nachzulesen ist, weisen die ‹Allgemeinen Indikationen› für Hexagramm 1 gewöhnlich auf virulente Krankheiten mit ernsten Folgen hin, was bei dieser Patientin in völligem Gegensatz zu den bisherigen Untersuchungsergebnissen zu stehen schien. Außerdem wandelte sich Hexagramm 1 zu Hexagramm 14, welches ebenfalls eine schwere Krankheit mit *yang*-Überschuß und Hitze anzeigt. Zu diesem Zeitpunkt fand ich keinen Sinn in diesen Aussagen.

Von diesen Ergebnissen verblüfft, machte ich mich an die zweite Stufe der Deutung, die Analyse der Trigramme. Das Grundhexagramm 1 besteht aus zweimal demselben Trigramm *ch'ien* (das Schöpferische), und seine beiden Kerntrigramme sind ebenfalls *ch'ien.* Gewöhnlich steht dies für ernste Probleme im Nervensystem, einen extrem gefährlichen oder toxischen Zustand usw. Das neue Hexagramm 14 kann in folgende Trigrammpaare zerlegt werden: die beiden Teiltrigramme *li* (Feuer) und *ch'ien* sowie die beiden Kerntrigramme *tui* (das Heitere) und *ch'ien.* Das Trigramm *ch'ien* deutete nachdrücklich darauf hin, daß der Zustand der Patientin ernst war, während das Trigramm *tui* Beschwerden des Verdauungssystems, in den weiblichen Sexualorganen, durch Giftstoffe usw. anzeigt.

Obwohl diese Befunde mich noch mehr verwirrten, begann ich nun mit der dritten Stufe der Deutung, der Analyse der Wandellinien. In diesem besonderen Fall gab es nur eine Wandellinie in der fünften Position, die von *yang* zu *yin* wechselte. Dies bezeichnet im allgemeinen einen Wechsel des *yang* in der Brust, das sich in der Zukunft zu *yin* wandeln wird.

Nachdem ich all diese Einzelinformationen zusammengefaßt hatte, schien mir das *I Ching* mitzuteilen, daß diese scheinbar gesunde Patientin an einem verborgenen, ernsten Problem in der Brust litt. Es war mir auch nicht neu, daß sie nervöse Störungen hatte. Mir schien das Orakel darauf hinzudeuten, daß ihr Organismus vergiftet war und sie auch mit Beschwerden im Bereich der Verdauungs- und der Sexualorgane zu tun hatte.

Auf der Grundlage dieser Befunde überwies ich sie eine Woche nach der ersten Konsultation bei mir zur Untersuchung an einen befreundeten Arzt. Ich erzählte meiner Patientin nichts von der Befragung des *I Ching*, sondern erklärte ihr nur, daß ich schulmedizinische Klärung wünschte, da sie schon lange Zeit nicht mehr gründlich untersucht worden war. Widerwillig suchte die Patientin den Arzt auf, der zu meiner größten Überraschung eine Geschwulst in ihrer rechten Brust entdeckte. Die nachfolgende Biopsie bestätigte, daß es sich um eine bösartige Geschwulst handelte. Das war es also, was das *I Ching* gemeint hatte, dachte ich. Der Arzt schlug sofort eine totale Brustamputation vor, aber die Patientin reagierte mit panischem Schrecken darauf und verweigerte die Operation.

Nun konsultierte ich das *I Ching* von neuem mit der Frage: «Soll sie sich operieren lassen?». Ich erhielt Hexagramm 18, *ku*, die Arbeit am Verdorbenen, ohne bewegte Linie. Dieses Hexagramm ist ein Zeichen für chronische Krankheiten und die Wiederherstellung von Schäden. Mir schien, daß das *I Ching* der Operation eindeutig zustimmte, und deshalb riet ich meiner Patientin dazu. Nach langer Diskussion stimmte sie zögernd zu, und ich überwies an einen befreundeten Chirurgen. Die Brustamputation verlief ohne Komplikationen, aber der Arzt behauptete, daß sich schon in anderen Körperteilen Metastasen gebildet hätten und daß die Patientin selbst nach Behandlung mit Chemotherapie und Bestrahlung höchstens noch zwei Jahre zu leben hätte.

Die Patientin hatte solche Angst vor diesen schulmedizinischen Therapieformen, daß sie zur post-operativen Behandlung zu mir zurückkehrte. Ich kam mit ihr überein, daß ein befreundeter Onkologe und ich sie gemeinsam behandelten, unter der Voraussetzung, daß sie diesen Facharzt alle drei Monate konsultieren würde. Sie unterzeichnete auch eine eidliche Erklärung, in der sie bestätigte, daß ich mit ihrem Wissen und Einverständnis nicht ihren Krebs behandelte, sondern einfach dafür sorgte, daß ihr Immunsystem besser funktionierte. Der Onkologe teilte mir mit, daß er ihr vielleicht helfen könnte, aber nicht sicher sei, ob Chemotherapie in ihrem Fall wirklich von Nutzen wäre. Auf jeden Fall befragte ich wieder das *I Ching*, um mehr über ihr Krankheitsbild zu erfahren, und erhielt Hexagramm 22, *pi*, die Anmut, mit einer bewegten ersten und dritten Linie, woraus sich Hexagramm 23, *po*, die Zersplitterung, ergibt.

**Grundhexagramm** **Wandelhexagramm**

22 23

*pi* *po*

Dies war die Botschaft des *I Ching* zum Zustand der Patientin unmittelbar nach dem Eingriff. Hexagramm 22 weist im allgemeinen darauf hin, daß die oberflächlichen Symptome nicht unbedingt den inneren Zustand widerspiegelten. In der Tat sah die Patientin trotz der Belastung durch die Operation keineswegs krank aus. Das *I Ching* deutete jedoch an, daß es in ihrem Organismus zu Veränderungen kommen würde (Wandellinien), und Hexagramm 23 besagte auch, daß die Patientin unter einem chronischen Hitzezustand oder unter chronischen Milzbeschwerden litt. Dann zerlegte ich die Hexagramme in ihre unteren und oberen Teiltrigramme sowie in die Kerntrigramme und bildete dazu das Kernhexagramm. Heraus kam dabei das Folgende:

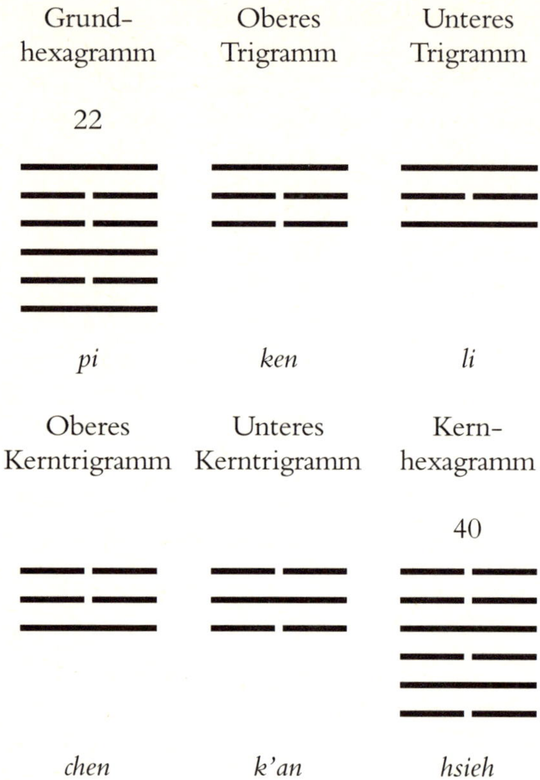


Nachdem ich das obere und das untere Teiltrigramm des Grundhexagramms analysiert hatte, erfuhr ich, daß der Oberkörper der Patientin (dargestellt durch das obere Trigramm) stabil war (*ken* = Berg, das Stillehalten), aber der Unterleib (unteres Trigramm) sich nach dem Umschlagen der ersten und dritten Linie von *li* (Feuer) zu *k'un* (Erde) wandelte. Dies bedeutete, daß ein Hitzezustand (Feuer) im Unterleib sich zu einem chronischen Zustand der Stauung (Erde) veränderte. Auf der Grundlage der Kerntrigramme konnte ich gleichzeitig schließen, daß die Patientin unter Schmerzen *(chen)* im Oberleib (oberes Kerntrigramm) und Vergiftung oder gestautem Blut (*k'an* als unteres Kerntrigramm) im Unterleib als tieferliegende Pathologie litt. Zuletzt betrachtete ich das Kernhexagramm 40, *hsieh*, die Befreiung. Dieses zeigte an, daß die Patientin eine Zerstreuung der inneren Giftstoffe und die Auflösung der Hindernisse oder Blockaden brauchte. Die Analyse der Kerntrigramme und des Kernhexagramms ergaben eine Fülle von Hinweisen darauf, wie die Patientin in Zukunft zu behandeln wäre.

Ich untersuchte auch das Wandelhexagramm 23, *po*, die Zersplitterung. Als Ganzes steht dieses Hexagramm für allgemeine Degeneration, Schwäche von *ch'i [qi]* und Blut und den möglichen Tod. Damit kündigte das *I Ching* für mich ganz klar an, daß die Patientin schließlich an Krebs sterben würde. Da die Wandellinien sich jedoch in Position 1 und 3 befanden, schloß ich, daß die Krankheit sich noch im Anfangsstadium befand.

Auf der Grundlage all dieser Informationen begann ich mit der Behandlung. Zuerst verordnete ich der Patientin eine Reinigung (wie vom *I Ching* angedeutet) mit verschiedenen Kräuterrezepten. Mit Hilfe des Würfelorakels befragte ich regelmäßig das *I Ching*, um die Behandlung mit Kräutern und Akupunktur jede Woche zu ändern. Dabei stellte ich auf der Grundlage dieser wöchentlichen Untersuchungen mehrere Kräuterrezepte zusammen und traf die Auswahl dann mit Hilfe des *I Ching*. Weil ich dieses Verfahren täglich bei vielen Patienten anwende, benutze ich dazu im allgemeinen das Würfelorakel.

Nach einem Monat mit Kräuter- und Akupunkturbehandlungen jeden zweiten Tag kam die Patientin sichtlich zu Kräften. Danach reduzierte ich die Zahl der Sitzungen auf zwei pro Woche und folgte diesem Behandlungsplan neun Jahre lang bis zu ihrem Tod. Obwohl sie im ganzen Körper Metastasen hatte, mußte sie bis einen Monat vor ihrem Tod nicht unter Schmerzen leiden. Dies ist nach meiner Ansicht darauf zurückzuführen, daß ich während dieser Zeit das *I Ching* jede Woche befragte und es mir so gelang, ihre Schmerzen unter Kontrolle zu halten.

Mit der Zeit stellte sich heraus, daß ich bei dieser Patientin immer wieder Hexagramm 23, *po*, die Zersptlitterung, erhielt. Erstaunlich war auch, daß die Wandellinien in den Hexagrammen im Lauf der Zeit zur obersten Linie aufrückten, je näher diese Frau ihrem Ende kam. Als ich schließlich dieses Hexagramm ohne Wandellinie erhielt, wußte ich, daß das *I Ching* mir definitiv ihren Tod verkündete. Ich traf alle notwendigen Vorkehrungen und brachte sie in einem Hospiz unter, wo sie dann tatsächlich einen Monat später friedlich verschied.

Wenn man so wie ich das *I Ching* jahrelang zu einem bestimmten Patienten befragt, dann gelangt man zu der Erkenntnis, daß es stets ein Hexagramm gibt (wie Hexagramm 23 im Fall dieser Krebspatientin), das immer wieder beim Orakel auftaucht. Ich nenne es das archetypische Hexagramm, das die Seele des betreffenden Menschen symbolisiert. Wenn man ein solches archetypisches Hexagramm findet, sollte man die ganze Symbolik dieses besonderen Hexagramms sehr gründlich studieren, weil man daraus eine Menge über diese Person erfahren kann. So habe ich zum Beispiel einen Patienten mit dem archetypischen Hexagramm 56, *lü*, der Wanderer. Es handelt sich um einen in Indien lebenden Amerikaner, einen Musiker und ewigen Reisenden. Während der letzten zehn Jahre hat er mich jedes Jahr einen Monat besucht.

Interessant in diesem Zusammenhang ist die Tatsache, daß Hexagramm 56 im allgemeinen ansteckende Krankheiten von wandernder Natur anzeigt und dieser Mann jedes Jahr wiederkam, um mich wegen irgendeiner Infektionskrankheit zu konsultieren.

## Besonderheiten bei der medizinischen Befragung

Bei der traditionellen medizinischen Befragung gibt es einige Lesarten von besonderer Bedeutung. Erstens spricht einiges für einen ernsten Zustand eines Patienten, wenn man bei der Diagnose oder Prognose ein Grund- oder ein Wandelhexagramm erhält, das sich aus zwei identischen Trigrammen zusammensetzt, wie zum Beispiel Hexagramm 29, *k'an*, das Abgründige. Wenn man eines dieser insgesamt acht Hexagramme erhält, sollte man den Zustand des Patienten gründlicher als sonst erforschen, auch wenn dieser ganz gesund aussehen mag. Ich persönlich habe solche Hexagramme bei einigen meiner Patienten erhalten, und es hat sich dann oft herausgestellt, daß der Patient zum Beispiel an einer versteckten bösartigen Krankheit litt.[1]

Traditionsgemäß gelten die folgenden Hexagramme als bedrohlich und unheilvoll, weil ihre Formen in der fernöstlichen Ikonographie wie Grabsteine aussehen: Hexagramm 7, *shih*, das Heer – Hexagramm 12, *p'i*, die Stockung – Hexagramm 16, *yü*, die Begeisterung – Hexagramm 45, *ts'ui*, die Sammlung – Hexagramm 62, *hsiao kuo*, des Kleinen Übergewicht. Besonders im Fall schwerkranker Patienten können diese Hexagramme andeuten, daß die Krankheit ihr Endstadium erreicht hat.

Eine andere Gruppe von Hexagrammen, die möglicherweise schlimme Folgen ankündigen, sind: Hexagramm 18, *ku*, die Arbeit am Verdorbenen – Hexagrammm 23, *po*, die Zersplitterung – Hexagramm 28, *ta kuo*, des Großen Übergewicht – Hexagramm 33, *tun*, der Rückzug – hexagramm 36, *ming i*, die Verfinsterung des Lichts – Hexagramm 38, *k'uei*, der Gegensatz – Hexagramm 43, *kuai*, der Durchbruch – Hexagramm 49, *ko*, die Umwälzung. Trotz verschiedener Indikationen für jedes dieser Hexagramme weisen sie doch alle auf eine mögliche Verschlimmerung der Krankheit hin. Trotzdem sollte man bei der Deutung dieser Hexagramme nicht zu rigide verfahren, sondern sich zum Wohle des Patienten eine gewisse Flexibilität erlauben und alle Faktoren in Betracht ziehen.

Bei manchen Hexagrammen spricht einiges für Geschlechtskrankheiten. Es handelt sich um Hexagramm 11, *t'ai*, der Friede – Hexagramm 18, *ku*, die Arbeit am Verdorbenen – Hexagramm 31, *hsien*, die Einwirkung – Hexagramm 54, *kuei mei*, das heiratende Mädchen. Patienten, bei denen man eines dieser Hexagramme erhält, neigen dazu, die Geschichte ihrer Geschlechtskrankheiten, wie zum Beispiel AIDS, zu verheimlichen. In

---

[1] Bei der Erklärung der Acht Trigramme in Kapitel 2 wurden diese acht ‹Doppeltrigramme›, die übrigens dieselben Bezeichnungen tragen wie ihr Ausgangstrigramm, am Schluß (in Klammern) angegeben. Es handelt sich um die folgenden Hexagramme: 1 und 2, 11 und 12, 51 und 52, 57 und 58.

solchen Fällen sollte man auch jenen Seiten ihrer Lebens- und Krankengeschichte seine Aufmerksamkeit schenken.

Vor etwa zehn Jahren hatte ich einmal eine 65jährige mexikanische Patientin, die mich wegen polyarthritischen Gelenkschmerzen mit unbekannter Ätiologie aufsuchte. Sie war schon bei vielen Ärzten gewesen, aber keiner konnte ihr wirklich helfen. Ich befragte das *I Ching* und erhielt Hexagrammm 31, *hsien*, die Einwirkung, mit einer bewegten vierten Linie. Da dies im allgemeinen für venerische Krankheiten steht, ließ ich ihr Blut untersuchen, und dabei ergab sich, daß sie unter Syphilis litt. Ich mußte diese Patientin zur Behandlung ans Kreisgesundheitsamt überweisen. Sie berichtete mir später, daß sie in ihrer Jugend vergewaltigt worden war. Das *I Ching* hatte mir also mitgeteilt, daß sie an tertiärer Syphilis litt. Dies ist nur ein erstaunliches Beispiel für die vielen Fälle von versteckten Geschlechtskrankheiten, die ich mit Hilfe des *I Ching* aufdecken konnte.

Diese wenigen Beispiele sollen dem Leser einen Hinweis darauf geben, wie ich das *I Ching* in meiner klinischen Praxis einsetze und wie Hexagramme gebildet und medizinisch interpretiert werden können.

# 5

# Die 64 Hexagramme mit ihren traditionellen und medizinischen Lesarten

# 1. *ch'ien* – Das Schöpferische

*Das Bild*[1]

*Des Himmels Bewegung ist kraftvoll.*
*So macht der Edle sich stark und unermüdlich.*

*Das Urteil*

*Das Schöpferische wirkt erhabenes Gelingen,*
*fördernd durch Beharrlichkeit.*

**Allgemeine Indikationen:** extreme *yang*-Zustände – sehr akute und bösartige Krankheiten – ernste Krankheitsbilder

**Spezifische Indikationen:** ansteckende fieberhafte Erkrankungen – extreme geistige Erschöpfung – Nervenzusammenbruch – unheilbare Krankheiten, einschließlich Krebs

---

[1] alle kursivgedruckten Texte in diesem Kapitel zitiert nach Richard Wilhelm, *I Ging – Das Buch der Wandlungen*. Mit freundlicher Genehmigung des Eugen Diederichs-Verlages, München. (Siehe auch die Verlagsanzeige am Schluß dieses Buches.)

## Die bewegten Linien

**Linie 1:** *Versteckter Drache. Handle nicht.*

ordentliche Prognose – Besserung nicht in Sicht – mögliche Verschlimmerung – starker Durchfall – Ausbruch von Grippe – Hirnschlag (Apoplexie) – Schlaganfall – spontane Fehlgeburt – Geschlechtskrankheiten

**Linie 2:** *Erscheinender Drache auf dem Feld.*
*Fördernd ist es, den großen Mann zu sehen.*

schlechte Prognose – möglicher Tod – ansteckende Krankheit mit hohem Fieber – heftige Unterleibsschmerzen

**Linie 3:** *Der Edle ist den ganzen Tag schöpferisch tätig.*
*Des Abends noch ist er voll innerer Sorge.*
*Gefahr. Kein Makel.*

ordentliche Prognose – Status quo – Medikamente ohne Wirkung – Krankheiten der Atemwege mit Kälteschauern, Schleim und Fieber – Rückenschmerzen mit Kälte

**Linie 4:** *Schwankender Aufschwung über die Tiefe. Kein Makel.*

ordentliche Prognose – wechselnde Symptome – langsame Genesung – Rückfall möglich – Brust- und Unterleibsschmerzen mit Fieber

**Linie 5:** *Fliegender Drache am Himmel.*
*Fördernd ist es, den großen Mann zu sehen.*

schlechte Prognose – Höhepunkt der Krankheit – Gefahr – starkes Fieber mit Durst, Kopfschmerzen oder Blutungen

**Linie 6:** *Hochmütiger Drache wird zu bereuen haben.*

extrem schlechte Prognose – sehr ernstes Krankheitsbild – Bewußtlosigkeit – starke Kopfschmerzen – äußerste Geistesverwirrung

# 2. *k'un* – Das Empfangende

### *Das Bild*

*Der Zustand der Erde ist die empfangende Hingebung.*
*So trägt der Edle weiträumigen Wesens die Außenwelt.*

### *Das Urteil*

*Das Empfangende wirkt erhabenes Gelingen,*
*fördernd durch die Beharrlichkeit einer Stute.*
*Hat der Edle etwas zu unternehmen und will voraus,*
*so geht er irre; doch folgt er nach, so findet er Leitung.*
*Fördernd ist es, im Westen und Süden Freunde zu finden,*
*im Osten und Norden der Freunde zu entraten.*
*Ruhige Beharrlichkeit bringt Heil.*

**Allgemeine Indikationen:** extreme *yin*-Zustände – Mangel an *yüan ch'i [yuan qi* = Ursprungs-*qi]* – schlechte Erholungsfähigkeit – langsame Entwicklung der Krankheit – ernstes Krankheitsbild

**Spezifische Indikationen:** Milz- und Magenstörungen, die geistige und körperliche Schwäche verursachen – Gliederschwäche – schlechte Verdauung – Durchfall – Erbrechen – kalte Konstitution

## Die bewegten Linien

**Linie 1:** *Tritt man auf Reif, so naht das feste Eis.*

gewöhnlich ordentliche Prognose – allmähliche Verschlimmerung – schnelle Behandlung unbedingt erforderlich, sonst schlechte Prognose – möglicher Rückfall – Verstopfung auf Grund von Milzmangel – Schwäche in den unteren Extremitäten – Mangel an *yüan ch'i*

**Linie 2:** *Gerade, rechtwinklig, groß.*
*Ohne Absicht bleibt doch nichts ungefördert.*

odentliche Prognose – langsame Genesung – mögliche Gefahr der Verschlimmerung – Unterleibsschmerzen – Blutstase im Unterleib – feuchte Hitze in der Milz – Frühgeburt

**Linie 3:** *Verborgene Linien; man vermag beharrlich zu bleiben.*
*Folgst du etwa eines Königs Diensten,*
*so suche nicht Werke, aber vollende!*

ordentliche Prognose – Beschwerden mit der Tendenz zur Chronizität – langsame Genesung – Kreuzschmerzen – stagnierende Nahrung im Unterleib – Mangel an Milz-*ch'i*

**Linie 4:** *Zugebundener Sack. Kein Makel, kein Lob.*

ordentliche Prognose – Gefahr – für lange Zeit ruhebedürftig – Unterleibsbeschwerden – schlechter Appetit – Verdauungsstörungen – Blutmangel, der geistige Schwäche verursacht

**Linie 5:** *Gelbes Untergewand bringt erhabenes Heil.*

schlechte Prognose – sofortige Pflege erforderlich – Thoraxbeschwerden – Tumor in der Brust und im Schulterbereich – Tuberkulose – Lungenentzündung

**Linie 6:** *Drachen kämpfen auf dem Anger.*
*Ihr Blut ist schwarz und gelb.*

ernste Prognose – möglicher Tod – Gehirntumor mit Schwindel – Lähmung durch Schlaganfall oder Wundstarrkrampf (Tetanus) – Geistesstörung

# 3. *chun* – Die Anfangsschwierigkeit

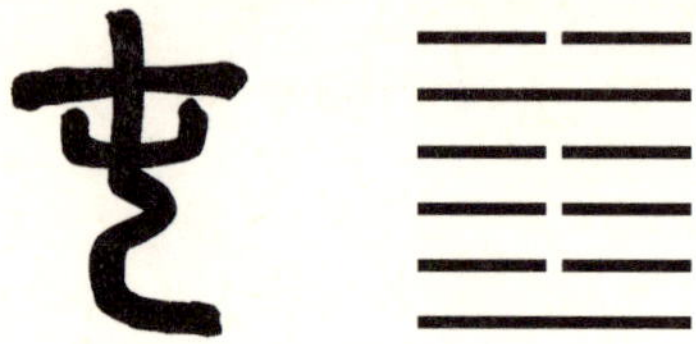

*Das Bild*

*Wolken und Donner: das Bild der Anfangsschwierigkeit.*
*So wirkt der Edle entwirrend und ordnend.*

*Das Urteil*

*Die Anfangsschwierigkeit wirkt erhabenes Gelingen.*
*Fördernd durch Beharrlichkeit.*
*Man soll nichts unternehmen.*
*Fördernd ist es, Gehilfen einzusetzen.*

**Allgemeine Indikationen:** Beginn einer Krankheit – unklare Prognose – ernste Symptome beim Ausbruch – Beschwerden mit der Tendenz zur Chronizität

**Spezifische Indikationen:** Kälte und Feuchtigkeit in der Milz – stagnierende Nahrung – Harnverhaltung – Muskelkrämpfe durch Windeinfluß

## Die bewegten Linien

**Linie 1:** *Fördernd ist es, beharrlich zu bleiben.*
*Fördernd ist es, Gehilfen einzusetzen.*

ordentliche Prognose, wenn konsequent behandelt – benötigt konservative Behandlung – drastische Maßnahmen vermeiden – kalte, feuchte Zustände – Kälte und Schwäche in den unteren Extremitäten – Disharmonie zwischen Milz und Magen

**Linie 2:** *Schwierigkeiten türmen sich.*
*Pferd und Wagen trennen sich.*
*Nicht Räuber er ist,*
*will freien zur Frist.*
*Das Mädchen ist keusch, verspricht sich nicht.*
*Zehn Jahre, dann verspricht sie sich.*

chronische Verdauungsbeschwerden auf Grund von Milzmangel – richtige Ernährung unbedingt erforderlich – sonst schlechte Prognose

**Linie 3:** *Wer den Hirsch jagt ohne Förster,*
*verirrt sich nur im Wald.*
*Der Edle versteht die Zeichen der Zeit*
*und steht lieber ab.*
*Weitermachen bringt Beschämung.*

langsame Genesung – Fehldiagnose, benötigt Gutachten eines zweiten Arztes – Fieber und Kälteschauer – Verstopfung wegen Hitze in den Eingeweiden – Muskelkrämpfe – innere Blutungen

**Linie 4:** *Pferd und Wagen trennen sich.*
*Suche nach Vereinigung.*
*Hingehen bringt Heil.*
*Alles wirkt fördernd.*

über den Höhepunkt der Krankheit hinaus – gute Genesung –

Leberwind drängt heftig nach oben – Ohrensausen – Zahnfleischbeschwerden – Krämpfe

**Linie 5:** *Schwierigkeiten im Segnen.*
*Kleine Beharrlichkeit bringt Heil,*
*große Beharrlichkeit bringt Unheil.*

zeitweilige Verschlechterung, aber gute Genesung – späterer Rückfall möglich – Unterernährung – nächtliches Schwitzen auf Grund von *yin*-Mangel – Blutstase in der Brust – Müdigkeit

**Linie 6:** *Pferd und Wagen trennen sich.*
*Blutige Tränen ergießen sich.*

Höhepunkt der Krankheit mit starken Schmerzen, aber plötzliche Besserung möglich – schwere Gehirnfunktionsstörungen – Kopfschmerzen – Seelenqualen – Augeninfektion

# 4. *meng* – Die Jugendtorheit

### *Das Bild*

*Unten am Berg kommt ein Quell hervor:*
*Das Bild der Jugend.*
*So nährt der Edle durch gründliches Handeln*
*seinen Charakter.*

### *Das Urteil*

*Jugendtorheit hat Gelingen.*
*Nicht ich suche den jungen Toren,*
*der junge Tor sucht mich.*
*Beim ersten Orakel gebe ich Auskunft.*
*Fragt er zwei-, dreimal, so ist das Belästigung.*
*Wenn er belästigt, so gebe ich keine Auskunft.*
*Fördernd ist Beharrlichkeit.*

**Allgemeine Indikationen:** Gefahr einer Fehldiagnose – vielleicht Zweitdiagnose notwendig – Medikamente möglicherweise unwirksam – Beschwerden mit der Tendenz zur Chronizität

**Spezifische Indikationen:** Milzmangel als Ursache für stagnierende Nahrung, Durchfall, Rückenschmerzen, Energieverlust, toxischen Allgemeinzustand – latente Hitze – Blutstauungen

## Die bewegten Linien

**Linie 1:** *Um den Toren zu entwickeln,*
*ist es fördernd, den Menschen in Zucht zu nehmen.*
*Man soll die Fesseln abnehmen.*
*So weitermachen bringt Beschämung.*

ordentliche Prognose – Beschwerden mit der Tendenz zur Chronizität – Fußschmerzen – Kälte in den unteren Extremitäten – Durchfall mit Blut und Eiter

**Linie 2:** *Die Toren ertragen in Milde, bringt Heil.*
*Die Frauen zu nehmen wissen, bringt Heil.*
*Der Sohn ist dem Hauswesen gewachsen.*

ordentliche Prognose, doch plötzliche Verschlimmerung möglich – Unterleibsbeschwerden mit Hitze und stagnierender Nahrung

**Linie 3:** *Nicht sollst du ein Mädchen nehmen,*
*das einen ehernen Mann sieht*
*und sich nicht im Besitz behält. Nichts ist fördernd.*

schlechte Prognose bei Beschwerden mit der Tendenz, chronisch zu werden – Mangel an *ching* [*jing* = Essenz] – Rückenschmerzen – Melancholie – Müdigkeit – Verstopfung – Fehl- oder Schwerharnen (Dysurie)

**Linie 4:** *Beschränkte Torheit bringt Beschämung.*

schlechte Prognose – Milzmangel als Ursache für emotionale Probleme – subkostale (Muskel-)Krämpfe mit Leberwind

**Linie 5:** *Kindliche Torheit bringt Heil.*

gute Genesung – konsultiere einen guten Arzt – Kälte in der Brust mit Fieber und Kälteschauern

**Linie 6:** *Beim Bestrafen der Torheit ist es nicht fördernd,*
*Übergriffe zu begehen.*
*Fördernd ist nur, Übergriffe abzuwehren.*

gute Prognose, wenn im Anfangsstadium behandelt – sonst schlechte Aussichten – Kopfschmerzen – generalisierte Ödeme – Furunkel am Kopf

# 5. *hsü* – Das Warten (Die Ernährung)

*Das Bild*

*Wolken steigen am Himmel auf: das Bild des Wartens.*
*So ißt und trinkt der Edle und ist heiter und guter Dinge.*

*Das Urteil*

*Wenn du wahrhaftig bist, so hast du Licht und Gelingen.*
*Beharrlichkeit bringt Heil.*
*Förderndist es, das große Wasser zu durchqueren.*

**Allgemeine Indikationen:** Krankheit nicht in Eile behandeln, sondern nach sorgfältiger Untersuchung und Diagnose, denn sonst könnte sie sich verschlimmern – abwarten und die Wurzeln der Krankheit behutsam erforschen – möglicherweise tödliches Syndrom

**Spezifische Indikationen:** stagnierender Schleim in verschiedenen Körperteilen verursacht Erbrechen, Verstopfung, Lungenkongestion, stagnierende Nahrung und allgemeine Intoxikation – Koma – Tod

## Die bewegten Linien

**Linie 1:** *Warten auf dem Anger.*
*Fördernd ist es, im Dauernden zu bleiben.*
*Kein Makel.*

Anfangsstadium einer Krankheit – langwierige Beschwerden, wenn jetzt nicht richtig behandelt – Gehstörungen (von Koordinationsstörungen bis zu leichter Lähmung) – Furunkel an den unteren Extremitäten – Krämpfe in den Beinen

**Linie 2:** *Warten auf dem Sand.*
*Es gibt ein wenig Gerede.*
*Das Ende bringt Heil.*

chronische Erkrankungen mit schlechter Prognose – äußere Kälte mit innerer Hitze – Blasenbeschwerden – aufsteigende Hitze mit Durstgefühl – übermäßige sexuelle Aktivität

**Linie 3:** *Warten im Schlamm*
*bewirkt das Kommen des Feindes.*

schlechte Prognose – Schleim in den Eingeweiden als Ursache für Überblähung des Unterleibs und subkostale Krämpfe – Knochenbrüche – Gelenkbeschwerden

**Linie 4:** *Warten im Blut.*
*Heraus aus dem Loch.*

ernstes Syndrom, aber gute Prognose bei radikaler Behandlung – verschiedenartige Thoraxbeschwerden – Schleimbildung auf Grund gestörter Milzfunktion mit Übelkeit und Erbrechen – akute fieberhafte Erkrankungen – Blutungskrankheiten

**Linie 5:** *Warten bei Wein und Speise.*
*Beharrlichkeit bringt Heil.*

gute Aussichten – Gefahr eines Rückfalls – Lungenschleim, der Enge und Druck in der Brust verursacht – Durchfall mit Blut und Eiter

**Linie 6:** *Man gerät in das Loch.*
*Da kommen ungebetener Gäste drei.*
*Ehre sie, so kommt am Ende Heil.*

ordentliche Prognose – chronische *ch'i[qi]*-Stagnation – Kongestion in der Brust mit Schleim – Depression und Melancholie – Monatsbeschwerden durch stagnierendes *ch'i*

# 6. *sung* – Der Streit

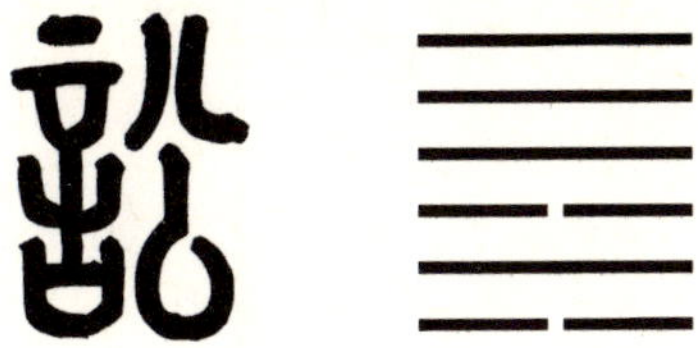

### *Das Bild*

*Himmel und Wasser gehen einander entgegengesetzt:*
*das Bild des Streites.*
*So überlegt der Edle bei allen Geschäften,*
*die er tut, den Anfang.*

### *Das Urteil*

*Der Streit: Du bist wahrhaftig und wirst gehemmt.*
*Sorgliches Innehalten auf halbem Weg bringt Heil.*
*Zu Ende führen bringt Unheil.*
*Fördernd ist es, den großen Mann zu sehen.*
*Nicht fördernd ist es, das große Wasser zu durchqueren.*

**Allgemeine Indikationen:** *yin/yang*-Disharmonie – widersprüchliche Symptome – Disharmonie von *ch'i [qi]* und Blut – Unausgewogenheit mit tödlichen Folgen

**Spezifische Indikationen:** schmerzhafte Krämpfe in Brust und Unterleib auf Grund von Disharmonien zwischen vielen Faktoren – Erschöpfung mit geistigen und emotionalen Konflikten – Giftstoffe, die Durchfall und Hämorrhoiden verursachen – abnorm starke Monatsblutung (Menorrhagie)

## Die bewegten Linien

**Linie 1:** *Wenn man die Sache nicht verewigt,*
*so gibt es eine kleine Kraft.*
*Am Ende kommt Heil.*

gute Prognose – Gelenkschmerzen in den Extremitäten durch Kältestagnation – Lähmung in den Beinen

**Linie 2:** *Man kann nicht streiten, kehrt heim und weicht aus.*
*Die Menschen seiner Stadt, dreihundert Häuser,*
*bleiben frei von Schuld.*

gute Genesung – Ansammlung von verschiedenen Giftstoffen im Unterleib, die Schäden im ganzen Organismus verursachen

**Linie 3:** *Von alter Tugend sich nähren, gibt Beharrlichkeit.*
*Gefahr, am Ende kommt Heil.*
*Folgst du etwa eines Königs Diensten,*
*so suche nicht Werke.*

gelegentliche Verschlimmerung, aber gute Prognose – Magen-Darm-Infektionen – Überblähung des Unterleibs durch Feuchtigkeit

**Linie 4:** *Man kann nicht streiten,*
*kehrt um und fügt sich dem Geschick,*
*ändert sich und findet Frieden in Beharrlichkeit.*
*Heil!*

ordentliche Prognose – braucht Ruhe, um Rückfall zu vermeiden – stagnierende Nahrung – Darmparasiten – gelinde Kälte – gemäßigte Windkrankheiten

**Linie 5:** *Streiten vor ihm bringt erhabenes Heil.*

ausgezeichnete Prognose – chronische Hitzestagnation – (von der Leber zum Kopf) aufsteigendes *ch'i [qi]* – hartnäckiges Fieber – Kopfschmerzen

**Linie 6:** *Wenn einem auch etwa ein Ledergürtel verliehen wird,*
*am Ende eines Morgens wird er ihm dreimal entrissen.*

leichte Besserung möglich, aber letztlich schlechte Prognose – Schleim in den Lungen – Geistesstörung – starker *ching[jing]*-Mangel – Nackenbeschwerden – Nachtschweiß – Nierenmangel bei älteren Menschen

# 7. *shih* – Das Heer

*Das Bild*

*Inmitten der Erde ist Wasser, das Bild des Heeres.*
*So mehrt der Edle durch Weitherzigkeit gegen das Volk seine Massen.*

*Das Urteil*

*Das Heer braucht Beharrlichkeit und einen starken Mann.*
*Heil ohne Makel.*

**Allgemeine Indikationen:** akute und bösartige Krankheiten, die sofortige Aufmerksamkeit erfordern – energische Behandlung nötig, um ernste Folgen zu vermeiden – Tod

**Spezifische Indikationen:** Krankheiten, die durch Milz- und Nierenmangel verursacht werden – stagnierende Nahrung als Ursache für schmerzhafte Vergiftungen – akute Nierenentzündung (Nephritis) – Bauchspeicheldrüsenentzündung (Pankreatitis) – Geschlechtskrankheiten – Monatsbeschwerden

## Die bewegten Linien

**Linie 1:** *Ein Heer muß ausziehen nach der Ordnung.*
*Ist die nicht gut, droht Unheil.*

gute Prognose, wenn sofort behandelt wird, sonst möglicherweise schlechtes Ende – schmerzhaft kalte untere Extremitäten – stagnierende Nahrung als Ursache für Verstopfung – ernsthafte Monatsbeschwerden (Dysmenorrhöe)

**Linie 2:** *Inmitten des Heeres!*
*Heil! Kein Makel!*
*Der König verleiht dreifache Auszeichnung.*

günstige Prognose – feuchte Hitze in der Milz – Lebensmittelvergiftung – ansteckende Unterleibsbeschwerden – abnorm starke Monatsblutungen

**Linie 3:** *Das Heer führt etwa im Wagen Leichen. Unheil!*

schlechte Prognose – möglicherweise tödlicher Ausgang – Blutungskrankheiten – starke Schmerzen und Schwellungen im unteren Rücken – Gestose (Schwangerschaftsintoxikation) – Steißgeburt

**Linie 4:** *Das Heer zieht sich zurück. Kein Makel!*

gute Prognose, wenn sofort behandelt – ansonsten schlechte Aussichten – obstruierende Nieren- oder Leberleiden (Nephropathie oder Hepatopathie) – beginnender Krebs – mögliche Fehlgeburt

**Linie 5:** *Im Feld ist ein Wild. Es ist fördernd, es zu fangen.*
*Ohne Makel.*
*Der Älteste führe das Heer.*
*Der Jüngere fährt Leichen,*
*da bringt Beharrlichkeit Unheil.*

schlechte Prognose – Lungenkrankheit – starker Durchfall mit Blut und Eiter – tiefer *yin*-Mangel mit starken Nachtschweißen

**Linie 6:** *Der große Fürst erläßt Befehle,*
*gründet Staaten, belehnt Familien.*
*Gemeine Menschen soll man nicht benützen.*

ordentliche Prognose – Schwindel – Kopfschmerzen – Ohrensausen – Mangel an Milz-*ch'i[qi]* – allgemeiner Vergiftungszustand (Intoxikation)

# 8. *pi* – Das Zusammenhalten

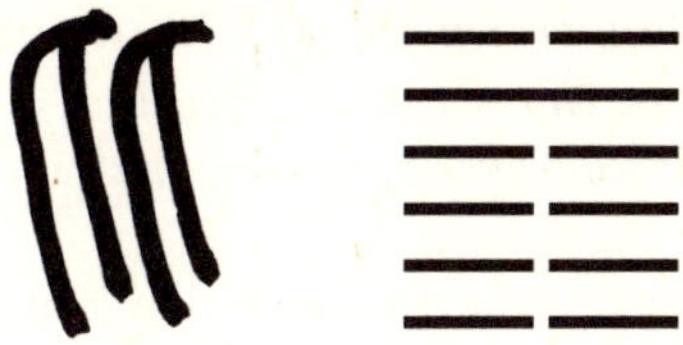

### *Das Bild*

*Auf der Erde ist Wasser: das Bild des Zusammenhaltens. So haben die Könige der Vorzeit die einzelnen Staaten als Lehen vergeben und mit den Lehensfürsten freundlichen Verkehr gepflegt.*

### *Das Urteil*

*Das Zusammenhalten bringt Heil.*
*Ergründe das Orakel nochmals,*
*ob du Erhabenheit, Dauer und Beharrlichkeit hast;*
*dann ist kein Makel da.*
*Die Unsicheren kommen allmählich herbei.*
*Wer zu spät kommt, hat Unheil.*

**Allgemeine Indikationen:** Nieren- und Milz-Mangel – schwache Konstitution – generelle Anfälligkeit für Krankheiten – chronische Tendenz – möglicher Tod

**Spezifische Indikationen:** Thoraxbeschwerden – schwacher Magen – Verdauungsstörungen – Durchfall – stagnierende Nahrung – Ohrenbeschwerden – Nierenkrankheiten

### Die bewegten Linien

**Linie 1:** *Halte wahr und treu zu ihm: das ist kein Makel.*
*Wahrheit ist eine volle Tonschüssel:*
*So kommt schließlich von außen her das Heil.*

ordentliche Prognose – die Beschwerden können sich zeitweilig bessern, aber später verschlimmern, wenn der Patient nicht genug Ruhe hat – Beschwerden in den unteren Extremitäten – Durchfall mit Schmerzen

**Linie 2:** *Halte zu ihm im Innern. Beharrlichkeit bringt Heil.*

ordentliche Prognose – Blutungen – Lebensmittelvergiftung – Nierenfunktionsstörungen – Kälteschauer

**Linie 3:** *Du hältst zusammen mit Menschen,*
*die nicht die rechten sind.*

schlechte Prognose – schmerzhafte Kongestion im Unterleib – Schmerzen im unteren Rücken, die zu Lähmungen führen

**Linie 4:** *Auch äußerlich halte zu ihm. Beharrlichkeit bringt Heil.*

ordentliche Prognose – den Arzt wechseln – Stagnation von Nahrung und Schleim – Toxine im Unterleib

**Linie 5:** *Offenbarung des Zusammenhaltens.*
*Der König läßt auf der Jagd nur von drei Seiten treiben*
*und verzichtet auf das Wild, das vorne abbiegt.*
*Die Bürger bedürfen nicht der Warnung. Heil!*

schlechte Prognose – ernste Thoraxbeschwerden mit Schmerzen – Erbrechen, das zu extremer *yin*-Erschöpfung führt

**Linie 6:** *Er findet zum Zusammenhalten kein Haupt. Unheil.*

schlechte Prognose – tiefe Erschöpfung – Funktionsstörungen des Gehirns

# 9. *hsiao ch'u* – Des Kleinen Zähmungskraft

*Das Bild*

*Der Wind fährt über den Himmel hin:*
*das Bild der Zähmungskraft des Kleinen.*
*So verfeinert der Edle die äußere Form seines Wesens.*

*Das Urteil*

*Des Kleinen Zähmungskraft hat Gelingen.*
*Dichte Wolken, kein Regen von unserm westlichen Gebiet.*

**Allgemeine Indikationen:** chronische Krankheiten mit Stagnationen in verschiedenen Systemen – Intoxikation – langsame Genesung – beginnender Krebs

**Spezifische Indikationen:** Stagnation von *ch'i [qi]* und Blut als Ursache von Erschöpfung und Depression – stagnierender Schleim, der innere Hitze und Lungenbeschwerden verursacht – stagnierende Nahrung als Ursache für Verstopfung und Tumore im Magen-Darm-Trakt

## Die bewegten Linien

**Linie 1:** *Wiederkehr auf den Weg. Wie wäre das ein Makel!*
*Heil!*

gute Prognose – schwache Stagnation von Kälte- und Feuchtigkeitstoxinen in den Beinen – Schwäche und Schwellungen in den unteren Extremitäten

**Linie 2:** *Läßt sich mitziehen zur Wiederkehr. Heil!*

gute Genesung – hohes Fieber, welches das Herz erschöpft – Hitze im Unterleib, die zu Verstopfung oder dunkelrotem Urin führt

**Linie 3:** *Dem Wagen springen die Speichen ab.*
*Mann und Frau verdrehen die Augen.*

gute Prognose, wenn von einem fähigen Arzt behandelt wird, sonst schlechter Heilungsverlauf – hartnäckige innere Hitze und oberflächliche Kälte, die Leber- und Nierenmangel verursachen – Kreuzschmerzen

**Linie 4:** *Bist du wahrhaftig, so schwindet Blut und weicht Angst.*
*Kein Makel.*

gute Prognose – Blutstase mit Toxinen – periodisches Fieber und Kälteschauer

**Linie 5:** *Bist du wahrhaftig und treu verbunden,*
*so bist du reich in deinem Nächsten.*

gute Prognose, aber langsame Genesung – Thoraxbeschwerden auf Grund verschiedenartiger Stagnationen – Krämpfe im oberen Rücken- und Schulterbereich

**Linie 6:** *Es kommt zum Regen, es kommt zur Ruhe.*
*Das ist der dauernden Wirkung des Charakters zu verdanken.*
*Die Frau kommt durch Beharrlichkeit in Gefahr.*
*Der Mond ist fast voll. Macht der Edle fort,*
*so kommt Unheil.*

langsamer Krankheitsverlauf, aber gute Prognose – Störungen des Gehirns und des Nervensystems durch stagnierende Hitze – Blutungen – Blutspucken

# 10. *lü* – Das Auftreten

*Das Bild*

*Oben der Himmel, unten der See: das Bild des Auftretens.*
*So unterscheidet der Edle hoch und niedrig*
*und festigt dadurch den Sinn des Volkes.*

*Das Urteil*

*Auftreten auf des Tigers Schwanz.*
*Er beißt den Menschen nicht. Gelingen.*

**Allgemeine Indikationen:** *ch'i[qi]*-Mangel – Krankheiten durch feuchte Hitze – plötzliche Veränderungen im Krankheitsverlauf – schnelle Heilung – plötzlicher Tod

**Spezifische Indikationen:** Erkrankungen der Atemwege durch *ch'i*-Mangel – geistige Depression auf Grund von stagnierendem *ch'i* – feuchte Hitze, die zu Vergiftungszuständen wie Verstopfung führt

## Die bewegten Linien

**Linie 1:** *Einfaches Auftreten. Fortschreiten ohne Makel.*

gute Prognose – schmerzhafte kalte Extremitäten – Fußbeschwerden – Durchfall – Halsentzündung – Ausbruch einer Erkältung

**Linie 2:** *Auftreten auf schlichter, ebener Bahn.*
*Eines dunklen Mannes Beharrlichkeit bringt Heil.*

gute Prognose – Brust- oder Unterleibsschmerzen mit Fieber und Leberwind – Herzklopfen mit innerer Hitze

**Linie 3:** *Ein Einäugiger kann sehen, ein Lahmer kann auftreten.*
*Er tritt auf des Tigers Schwanz. Der beißt den Menschen.*
*Unheil!*
*Ein Krieger handelt so für seinen großen Fürsten.*

gute Prognose – Blutstase im Unterleib – Kreuzschmerzen – Intoxikation durch stagnierendes Blut und Körpersäfte – Furunkel am ganzen Körper – Sprechstörungen (Aphasie) – Unfähigkeit zu essen – Schwellungen der Vulva – Blutgerinnsel (Koagula) in der Monatsblutung

**Linie 4:** *Er tritt auf des Tigers Schwanz.*
*Vorsicht und Behutsamkeit führt endlich zum Heil.*

ordentliche Prognose – Windbeschwerden in der Brust – langsame Besserung – virale Bronchitis – fieberhafte virale Lungenentzündung – Herzklopfen durch stagnierende Hitze – feuchte Hitze in der Milz

**Linie 5:** *Entschlossenes Auftreten.*
*Beharrlichkeit bei Bewußtsein der Gefahr.*

ordentliche Prognose – wiederkehrende Anfälle hohen Fiebers – Hitze in Brust und Unterleib – starke Thoraxschmerzen – Unfähigkeit zu essen – Disharmonie von *ch'i* und Blut – Schwellungen im Nacken – schlechte Sehkraft – möglicherweise Zweitdiagnose notwendig – Möglichkeit einer falschen Verordnung oder Behandlung

**Linie 6:** *Blicke auf dein Auftreten*
*und prüfe die günstigen Zeichen.*
*Ist alles vollkommen, so kommt erhabenes Heil.*

ordentliche Prognose – stagnierender Schleim in der Brust als Ursache für Atembeschwerden – Asthma – Schleim, der die Pforten des Herzens verstopft (und verschiedene Zustände emotionaler, mentaler und psychologischer Verwirrung und Desorientiertheit verursacht) – verwirrter Bewußtseinszustand – Lebensmittelvergiftung

# 11. *t'ai* – Der Friede

 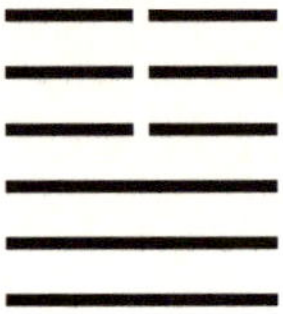

*Das Bild*

*Himmel und Erde vereinigen sich: das Bild des Friedens.*
*So teilt und vollendet der Herrscher*
*den Lauf von Himmel und Erde,*
*fördert und ordnet die Gaben von Himmel und Erde*
*und steht so dem Volke bei.*

*Das Urteil*

*Der Friede. Das Kleine geht hin, das Große kommt her.*
*Heil! Gelingen!*

**Allgemeine Indikationen:** Vereinigung von *yin* und *yang* – Zustand vollkommener Gesundheit – Wandellinien bedeuten Abweichungen vom gesunden Zustand

**Spezifische Indikationen:** Beschwerden sexuellen Ursprungs – Erbkrankheiten – ererbte Schwäche in der Familie – Unterleibstumor – Krätze am Kopf – Ausbleiben der Monatsblutung (Amenorrhöe)

## Die bewegten Linien

**Linie 1:** *Zieht man Bandgras aus, so geht der Rasen mit.*
*Jeder nach seiner Art. Unternehmungen bringen Heil.*

gute Prognose – Schmerzen und Krämpfe in den Beinen – aufsteigende Hitze – Erbrechen – Durchfall – Hysterie – Grippe

**Linie 2:** *Die Ungebildeten in Milde tragen,*
*entschlossen den Fluß durchschreiten,*
*die Ferne nicht vernachlässigen,*
*die Genossen nicht berücksichtigen:*
*so mag man es fertigbringen, in der Mitte zu wandeln.*

ordentliche Prognose – Fieber – blutiger Schleim – Vernarben von Wunden – Kreuzschmerzen mit Schwellungen – Sehstörungen

**Linie 3:** *Keine Ebene, auf die nicht ein Abhang folgt,*
*kein Hingang, auf den nicht die Wiederkehr folgt.*
*Ohne Makel ist, wer beharrlich bleibt in Gefahr.*
*Beklage dich nicht über diese Wahrheit,*
*genieße das Glück, das du noch hast.*

ordentliche Prognose – scharfe Schmerzen im unteren Rücken – emotionaler Streß für das Herz – starker Durchfall (Ruhr, Dysenterie) – Herzklopfen – Husten mit Auswurf – Rückenschmerzen durch Kälte – Syphilissymptome

**Linie 4:** *Es flattert hernieder, nicht pochend auf Reichtum,*
*zusammen mit seinem Nächsten, arglos und wahrhaftig.*

ordentliche Prognose – epileptische Anfälle durch Leberwind – Magen- und Uteruskrämpfe – Hysterie

**Linie 5:** *Der Herrscher I gibt seine Tochter in die Ehe.*
*Das bringt Segen und erhabenes Heil.*

ordentliche Prognose – Lebensmittelvergiftung mit Erbrechen und Durchfall – Blutungen mit Eiter – Kälte in den Eingeweiden

**Linie 6:** *Der Wall fällt wieder in den Graben.*
*Jetzt brauche keine Heere.*
*In der eigenen Stadt verkünde deine Befehle.*
*Beharrlichkeit bringt Beschämung.*

schlechte Prognose – Kopfschmerzen – Hirnstörungen – Appetitlosigkeit – Lähmung der Extremitäten

# 12. *p'i* – Die Stockung

### *Das Bild*

*Himmel und Erde vereinigen sich nicht:*
*das Bild der Stockung.*
*So zieht sich der Edle auf seinen inneren Wert zurück,*
*um den Schwierigkeiten zu entgehen.*
*Er läßt sich nicht durch Einkünfte ehren.*

### *Das Urteil*

*Die Stockung.*
*Schlechte Menschen sind nicht fördernd*
*für die Beharrlichkeit des Edlen.*
*Das Große geht hin, das Kleine kommt herbei.*

**Allgemeine Indikationen:** Stagnation von *ch'i [qi]* und Blut – Trennung von *yin* und *yang* – Disharmonien in *den tsang*- und *fu*-Organen [*zang*- und *fu*-Organe = Speicher- und Hohlorgane] – tiefe und chronische Krankheitsursachen – sehr langsame Genesung – Blockierung der inneren Organe

**Spezifische Indikationen:** schlechter Kreislauf – mentale und emotionale Depression – Verstopfung – stagnierende Nahrung – Erschöpfung – Kopfschmerzen – heftig aufsteigendes *ch'i* – Tumore der Eingeweide – ernsthafte Monatsbeschwerden

## Die bewegten Linien

**Linie 1:** *Zieht man Bandgras aus, so geht der Rasen mit.*
*Jeder nach seiner Art.*
*Beharrlichkeit bringt Heil und Gelingen.*

gute Prognose – langsame Genesung – Fußbeschwerden wegen Stagnation – kindliche Neurose

**Linie 2:** *Sie tragen und dulden,*
*das bedeutet für die Gemeinen Heil.*
*Dem großen Mann dient die Stockung zum Gelingen.*

ordentliche Prognose – Unterleibsschmerzen – Durchfall – feuchte Hitze in den Eingeweiden – innere Hitze ohne Kälteschauer

**Linie 3:** *Sie tragen Scham.*

ordentliche Prognose – chronische Beschwerden – Probleme in den Extremitäten – Schmerzen im unteren Rücken als Ursache für Schwierigkeiten beim Gehen – Hautinfektion mit Verhärtungen (Induration) – Lähmung bei älteren Menschen – Krankheiten, für die man sich schämt

**Linie 4:** *Wer auf Befehl des Höchsten wirkt, bleibt ohne Makel.*
*Die Gleichgesinnten genießen des Segens.*

ordentliche Prognose – stagnierendes *ch'i* in der Brust, das Schmerzen verursacht – Nasenbeschwerden – Knochenbruch – Arthritis – Atembeschwerden – schlechte Verdauung auf Grund von Schwäche und von Mangel in Milz und Magen – Gefahr eines Rückfalls

**Linie 5:** *Die Stockung läßt nach. Dem großen Manne Heil!*
*«Wenn es mißlänge, wenn es mißlänge!»*
*Dadurch bindet er es an ein Bündel von Maulbeerstauden.*

ordentliche Prognose – stagnierende Hitze in Lunge und Milz – Augenkrankheiten – heftig aufsteigendes *ch'i* – ansteckende Infektionen des Magen-Darm-Trakts – Gefahr eines Rückfalls

**Linie 6:** *Die Stockung hört auf.*
*Erst Stockung, dann Heil.*

gute Prognose – Kongestion im Kopf – Depression – Appetitlosigkeit auf Grund von *ch'i*-Mangel im Magen – stagnierende Nahrung, die zu Übelkeit und Erbrechen führt – Gefahr eines Rückfalls

# 13. *t'ung jen* – Gemeinschaft mit Menschen

*Das Bild*

*Himmel zusammen mit Feuer:*
*das Bild der Gemeinschaft mit Menschen.*
*So gliedert der Edle die Stämme und unterscheidet die Dinge.*

*Das Urteil*

*Gemeinschaft mit Menschen im Freien: Gelingen.*
*Fördernd ist es, das große Wasser zu durchqueren.*
*Fördernd ist des Edlen Beharrlichkeit.*

**Allgemeine Indikationen:** ansteckende Krankheiten – in der Familie vererbte Neigung zu bestimmten Krankheiten – durch Hitze verursachte Krankheiten – öffentliche Gesundheitsprobleme – Epidemien – schnelle Veränderungen der Krankheit – geistige Überaktivität – Tod

**Spezifische Indikationen:** Infektionskrankheiten mit Fieber – Augeninfektionen – geistige Erschöpfung durch Streß – Herzklopfen

## Die bewegten Linien

**Linie 1:** *Gemeinschaft mit Menschen im Tore. Kein Makel.*

ordentliche Prognose – ansteckende Krankheiten als Ursache für Lähmungen in den unteren Extremitäten – Polio (Kinderlähmung) – Unfähigkeit zu gehen – Arthritis in den Beinen – Grippe – Platzangst (Agoraphobie)

**Linie 2:** *Gemeinschaft mit Menschen im Clan: Beschämung.*

schlechte Prognose – möglicher Tod – Erbkrankheiten in der Familie – ansteckende Krankheiten der Atemwege mit Fieber – Verstopfung durch Hitze in den Eingeweiden

**Linie 3:** *Versteckt Waffen im Dickicht,*
*steigt auf den hohen Hügel davor.*
*Drei Jahre lang erhebt er sich nicht.*

ordentliche Prognose – ansteckende Krankheiten mit langer Inkubationszeit – Lähmung und Krämpfe im unteren Rücken – spastische Nackenschmerzen – hohes Fieber – aufsteigender Leberwind – Hysterie

**Linie 4:** *Er steigt auf seine Mauer, er kann nicht angreifen. Heil!*

gute Prognose – ansteckende Krankheit, die symptomatisch zu werden beginnt – feuchte Hitze in der Milz – Gelenkschmerzen durch stagnierende Hitze – unregelmäßige Monatsblutung durch Hitzeeinfluß

**Linie 5:** *Die gemeinsamen Menschen weinen erst und klagen,*
*aber nachher lachen sie.*
*Nach großen Kämpfen gelingt es ihnen, sich zu treffen.*

ordentliche Prognose – Ausbruch einer ansteckenden Krankheit – feuchter Hitzeschleim in den Lungen als Ursache für Atembeschwerden – Augeninfektionen – Herzbeschwerden durch Hitze – Krankheit wegen falscher Ernährung – Infektionen des Herzens

**Linie 6:** *Gemeinschaft mit Menschen auf dem Anger: keine Reue.*

ordentliche Prognose – Ende einer Infektionskrankheit – geistige Erschöpfung – Hirnhautentzündung (Meningitis) – Übelkeit – Erbrechen – Depression bei älteren Menschen

# 14. *ta yu* – Der Besitz von Großem

### *Das Bild*

*Das Feuer am Himmel oben:*
*das Bild des Besitzes von Großem.*
*So hemmt der Edle das Böse und fördert das Gute*
*und gehorcht so des Himmels gutem Willen.*

### *Das Urteil*

*Der Besitz von Großem: erhabenes Gelingen.*

**Allgemeine Indikationen:** stagnierende Hitze als Ursache von Fieber – *yang*-Fülle und *yin*-Mangel – Erschöpfung der Körpersäfte – schneller Wechsel im Krankheitsbild – zwei konkurrierende Pathologien – möglicher Tod

**Spezifische Indikationen:** Krankheiten mit hohem Fieber, die zu *yin*-Mangel führen – Krankheiten der Atemwege mit Fieber und Schleim – Verstopfung als Ursache für Intoxikation – Degenerationserscheinungen im Gehirn

### Die bewegten Linien

**Linie 1:** *Keine Beziehung zu Schädlichem, das ist nicht ein Makel.*
*Bleibt man der Schwierigkeiten bewußt,*
*so bleibt man ohne Makel.*

gute Prognose – die Krankheit kann zweites Gutachten erfordern – Arthritis in den Beinen – Ausbruch einer fieberhaften Erkältung – Durchfall – Intoxikation mit Hitzeansammlung im Inneren

**Linie 2:** *Ein großer Wagen zum Beladen.*
*Man mag etwas unternehmen. Kein Makel.*

gute Prognose – Infektionen mit hohem Fieber und Geistesverwirrung – Blutungen – Ruhr mit Fieber und Durchfall – durch Genußsucht verursachte Krankheiten

**Linie 3:** *Ein Fürst bringt ihn dem Sohn des Himmels dar.*
*Ein kleiner Mensch kann das nicht.*

ordentliche Prognose – Krankheiten der Atemwege mit Kälteschauern, Fieber und Schleim – Menstruationsbeschwerden durch Disharmonie von *ch'i* und Blut – Hautreizung – Kreuzschmerzen – Furunkel – sexuelle Funktionsstörungen

**Linie 4:** *Er macht einen Unterschied*
*zwischen sich und seinem Nächsten.*
*Kein Makel.*

ordentliche Prognose – fieberhafte Krankheiten der Atemwege – Thoraxschmerzen – Schmerzen im oberen Rücken – unregelmäßige Monatsblutungen durch Toxine – Vergiftung der Leber

**Linie 5:** *Wessen Wahrheit umgänglich ist und doch würdig,*
*der hat Heil.*

schlechte Prognose – extremer *yang*-Zustand – sehr virulente Erkrankungen – Krebs – Infektionen der Atemwege – starke Kopfschmerzen – Sehschwäche – möglicher Tod

**Linie 6:** *Vom Himmel her wird er gesegnet, Heil!*
*Nichts, das nicht fördernd ist.*

schlechte Prognose – sehr aktive, bösartige Krankheiten – Hirninfektionen – Geistesstörung – Erschöpfung

# 15. *ch'ien* – Die Bescheidenheit

*Das Bild*

*Inmitten der Erde ist ein Berg:*
*Das Bild der Bescheidenheit.*
*So verringert der Edle, was zu viel ist,*
*und vermehrt, was zu wenig ist.*
*Er wägt die Dinge und macht sie gleich.*

*Das Urteil*

*Bescheidenheit schafft Gelingen.*
*Der Edle bringt zu Ende.*

**Allgemeine Indikationen:** langsam fortschreitende chronische Krankheiten – Mangel oder Stagnation von *ch'i [qi]*, die zu emotionaler und geistiger Depression führen – Tod

**Spezifische Indikationen:** Erschöpfung des ganzen Körpers auf Grund von Milzmangel – Melancholie – stagnierende Nahrung und Verdauungsstörungen – Intoxikation – ständige Kreuzschmerzen – Lähmung – Krebs im Magen-Darm-Trakt – Geschlechtskrankheiten – verzögerte Monatsblutung

## Die bewegten Linien

**Linie 1:** *Ein bescheiden-bescheidener Edler*
*mag das große Wasser durchqueren. Heil!*

gute Prognose – wandernde Schmerzen in den Beinen auf Grund von Entzündungen – stagnierende Hitze in den unteren Extremitäten – fieberhafte Kinderkrankheiten – Mumps – lebensgefährliche Krämpfe – Gestose (Schwangerschaftsintoxikation)

**Linie 2:** *Sich äußernde Bescheidenheit. Beharrlichkeit bringt Heil!*

ordentliche Prognose – Schwindel mit aufsteigendem Leberwind – spastische Schmerzen in den unteren Extremitäten – Geschlechtskrankheiten – heftig aufsteigendes *ch'i*

**Linie 3:** *Ein verdienstvoll-bescheidener Edler bringt zu Ende.*
*Heil!*

ordentliche Prognose – Verdauungsbeschwerden – Geschlechtskrankheiten – Lebensmittelvergiftung – Krämpfe in der Rückenmuskulatur

**Linie 4:** *Nichts, das nicht fördernd wäre*
*für Bescheidenheit in der Bewegung.*

ordentliche Prognose – Lähmung im Rücken und in den Beinen – Gelenkschmerzen – streßbedingte geistige Erschöpfung – Zusammenbruch des *yin* durch Blutungen

**Linie 5:** *Nicht pochen auf Reichtum einem Nächsten gegenüber.*
*Fördernd ist es, mit Gewalt anzugreifen.*
*Nichts, das nicht fördernd wäre.*

schlechte Prognose – möglicherweise Operation erforderlich – Brustschmerzen – feuchte Hitze in Brust und Milz – Lähmung in den Beinen

**Linie 6:** *Sich äußernde Bescheidenheit.*
*Fördernd ist es, Heere marschieren zu lassen,*
*um die eigene Stadt und das eigene Land zu züchtigen.*

ordentliche Prognose – Geschlechtskrankheiten – hartnäckige Kopfschmerzen – heftig aufsteigendes *ch'i* – Gelenkentzündung – Hautausschläge – Lähmung der Gelenke

# 16. *yü* – Die Begeisterung

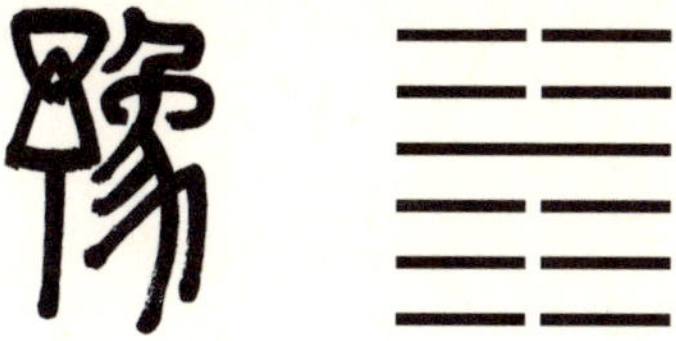

### *Das Bild*

*Der Donner kommt aus der Erde hervorgetönt:*
*das Bild der Begeisterung.*
*So machten die alten Könige Musik,*
*um die Verdienste zu ehren,*
*und brachten sie herrlich dem höchsten Gotte dar,*
*indem sie ihre Ahnen dazu einluden.*

### *Das Urteil*

*Die Begeisterung. Fördernd ist es,*
*Gehilfen einzusetzen und Heere marschieren zu lassen.*

**Allgemeine Indikationen:** relativ lange Inkubationszeit, bevor sich Symptome zeigen – rapider Symptomwechsel nach Krankheitsausbruch – wandernde Schmerzen

**Spezifische Indikationen:** Magen-Darm-Beschwerden – stagnierende Nahrung – Halsentzündung – *ching[ jing]*-Insuffizienz – Symptome von Herzfülle – Trauma – Geisteskrankheit

## Die bewegten Linien

**Linie 1:** *Begeisterung, die sich äußert, bringt Unheil.*

ordentliche Prognose – Lähmung in den Beinen – Durchfall – Epilepsie – Muskel- und Gelenkschmerzen

**Linie 2:** *Fest wie ein Stein. Kein ganzer Tag.*
*Beharrlichkeit bringt Heil.*

ordentliche Prognose – Unterleibsblutungen – Tumore im Beckenbereich

**Linie 3:** *Nach oben blickende Begeisterung schafft Reue.*
*Zögern bringt Reue.*

schlechte Prognose – Unterleibsabszesse – Bauchfellentzündung – Lebensmittelvergiftung mit Blutungen und Erbrechen – Erschöpfung

**Linie 4:** *Der Ursprung der Begeisterung. Er erreicht Großes.*
*Zweifle nicht.*
*Die Freunde scharen sich um dich*
*wie um eine Haarspange.*

ordentliche Prognose – starke Anhäufung von Toxinen – Milz- und Nierenmangel – Durchfall – Erschöpfung durch Überanstrengung

**Linie 5:** *Beharrlich krank und stirbt doch immer noch nicht.*

ordentliche Prognose – Ende einer chronischen Krankheit – Engegefühl in der Brust – stagnierende Nahrung – Erbrechen – Krankheit durch übermäßige sexuelle Aktivität – Mangel an Nieren-*yang* – Impotenz

**Linie 6:** *Verblendete Begeisterung.*
*Aber wenn man nach der Vollendung zur Änderung kommt, so ist das kein Makel.*

ordentliche Prognose – mögliche Verabreichung eines falschen Medikaments – den Arzt wechseln – Hitze im Kopf und Kälte in den Füßen – Kopfschmerzen mit Schwindel – übermäßige sexuelle Aktivität

## 17. *sui* – Die Nachfolge

*Das Bild*

*Inmitten des Sees ist der Donner: das Bild der Nachfolge.*
*So kehrt der Edle zur Zeit des Abenddunkels*
*zu Erholung und Ruhe ein.*

*Das Urteil*

*Die Nachfolge hat erhabenes Gelingen.*
*Fördernd ist Beharrlichkeit. Kein Makel.*

**Allgemeine Indikationen:** Beschwerden durch Feuchtigkeit – stagnierende Körpersäfte und Kälte – Geschlechtskrankheiten – starke Erschöpfung – Erkrankungen mit vielfachen Ursachen – Möglichkeit von Koma oder Tod

**Spezifische Indikationen:** stagnierende Nahrung – Intoxikation durch Blutstase – Erbrechen – geistige Stagnation – sexuelle Probleme

### Die bewegten Linien

**Linie 1:** *Das Maßgebende ändert sich. Beharrlichkeit bringt Heil.*
*Zur Tür hinausgehen im Verkehr schafft Werke.*

gute Prognose – Beinschmerzen – stagnierende Nahrung – Durchfall – Depression – günstige Wirkung von Spaziergängen in frischer Luft und Sonne

**Linie 2:** *Hängt man sich an den kleinen Knaben,*
*so verliert man den starken Mann.*

schlechte Prognose – den Arzt wechseln – Gefahr einer Fehldiagnose – Lebensgefahr – stagnierende Nahrung mit Erbrechen – kalte Extremitäten – Gelenkschmerzen – Epilepsie bei Kindern

**Linie 3:** *Hängt man dem starken Mann an,*
*so verliert man den kleinen Knaben.*
*Durch Nachfolge findet man, was man sucht.*
*fördernd ist es, beharrlich zu bleiben.*

ordentliche Prognose bei radikaler Behandlung – plötzliche Wechsel in der Symptomatik – Herzkrankheiten – Verstopfung – Erbrechen – ansteckende fieberhafte Krankheiten

**Linie 4:** *Die Nachfolge schafft Erfolg.*
*Beharrlichkeit bringt Unheil.*
*Mit Wahrhaftigkeit auf dem Wege zu wandeln*
*bringt Klarheit.*
*Wie könnte das ein Makel sein?*

ordentliche Prognose – möglicherweise von Nutzen, ein zweites Gutachten zu Rat zu ziehen – sofortige Behandlung notwendig – Brustschmerzen – Blutungen aus dem Mund – geistige Depression

**Linie 5:** *Wahrhaft im Guten. Heil!*

schlechte Prognose mit plötzlichem Symptomwechsel – möglicher Tod – Gehirnstörungen – Geisteskrankheit – Leber, welche die Milz überwältigt – Überempfindlichkeit des Nervensystems – Hysterie – heftig aufsteigendes *ch'i [qi]*

**Linie 6:** *Er findet feste Anhänglichkeit*
*und wird dazu noch gebunden.*
*Der König stellt ihn dem Westberg vor.*

schlechte Prognose – möglicher Tod – Gehirntumor – (psychisch bedingte) Eßstörungen (Anorexie) – Sprechstörungen

# 18. *ku* – Die Arbeit am Verdorbenen

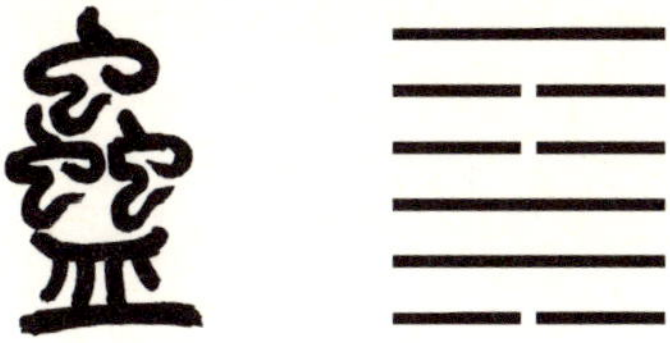

*Das Bild*

*Unten am Berg weht der Wind: das Bild des Verderbens.*
*So rüttelt der Edle die Leute auf und stärkt ihren Geist.*

*Das Urteil*

*Die Arbeit am Verdorbenen hat erhabenes Gelingen.*
*Fördernd ist es, das große Wasser zu durchqueren.*
*Vor dem Anfangspunkt drei Tage,*
*nach dem Anfangspunkt drei Tage.*

**Allgemeine Indikationen:** schwere chronische Krankheiten, die durch Dauerstreß, schlechte Ernährung, übermäßige sexuelle Aktivität und depressive Stimmung verursacht sind – radikale Behandlung wie zum Beispiel Operation erforderlich – möglicher Tod

**Spezifische Indikationen:** chronische Windkrankheiten – hartnäckige Geschlechtskrankheiten – Parasitenbefall (Parasitosen) – Speiseröhrenkrebs – Leber, welche die Milz erobert – Geistesstörung – Epilepsie bei Kindern

### Die bewegten Linien

**Linie 1:** *Zurechtbringen des vom Vater Verdorbenen.*
*Wenn ein Sohn da ist,*
*bleibt auf dem heimgegangenen Vater kein Makel.*
*Gefahr. Schließlich Heil!*

ordentliche Prognose – sofortige Pflege erforderlich – ererbte Probleme, besonders von väterlicher Seite – Schmerzen und Schwellungen in den unteren Extremitäten – Kopfschmerzen – Hämorrhoiden – plötzlicher Tod des Vaters

**Linie 2:** *Zurechtbringen des von der Mutter Verdorbenen.*
*Man darf nicht zu beharrlich sein.*

ordentliche Prognose – sehr langsamer, allmählicher Fortschritt – ererbte Schwäche, besonders von mütterlicher Seite – Verletzung an den Beinen – Lähmung der Extremitäten – Syphilis – Knochenkrankheiten – plötzlicher Tod der Mutter

**Linie 3:** *Zurechtbringen des vom Vater Verdorbenen.*
*Ein wenig wird es Reue geben. Kein großer Makel.*

schlechte Prognose – Erbkrankheiten, besonders von väterlicher Seite – Tumore im Beckenbereich – Geschlechtskrankheit – Lebensmittelvergiftung – Medikament kann zu alt sein, um noch zu wirken – Hämorrhoiden durch Toxine

**Linie 4:** *Dulden des vom Vater Verdorbenen.*
*Beim Fortmachen sieht man Beschämung.*

schlechte Prognose – Erbkrankheiten, die sich rasch verschlimmern – Windhitze in den Lungen – feuchte Hitze im Magen – chronische, durch Fieber ausgelöste Beschwerden – Magen-Darm-Infektionen – Syphilis im Endstadium

**Linie 5:** *Zurechtbringen des vom Vater Verdorbenen.*
*Man findet Lob.*

schlechte Prognose – schwere Windkrankheiten – bösartige ansteckende Krankheiten, die zu Lähmung oder Tod führen – Schlaganfall – schwerer ansteckender Durchfall (Dysenterie) – äußerste Erschöpfung

**Linie 6:** *Dient nicht Königen und Fürsten.*
*Steckt sich höhere Ziele.*

schlechte Prognose – unmittelbar bevorstehender Tod oder vollständiges Versagen der Körperfunktionen – Zusammenbruch von *yin* und *yang* – Gehirnschaden – extreme Abmagerung

# 19. *lin* – Die Annäherung

*Das Bild*

*Oberhalb des Sees ist die Erde: das Bild der Annäherung.*
*So ist der Edle in seiner Absicht zu lehren unerschöpflich*
*und im Ertragen und Schützen des Volkes ohne Grenzen.*

*Das Urteil*

*Die Annäherung hat erhabenes Gelingen.*
*Fördernd ist Beharrlichkeit.*
*Kommt der achte Monat, so gibt's Unheil.*

**Allgemeine Indikationen:** schwacher Allgemeinzustand – Erbkrankheiten – Krankheiten, die durch pränatalen Schock verursacht wurden – Leber/Milz-Disharmonie – systemische Intoxikation – Mangel an Geisteskraft – gleichzeitiges Auftreten zweier interagierender Krankheitsbilder

**Spezifische Indikationen:** Blutstase im Unterleib – Milzmangel – Verdauungsstörungen – Verstopfung – Lungenschwäche – Menstruationsbeschwerden

## Die bewegten Linien

**Linie 1:** *Gemeinsame Annäherung. Beharrlichkeit bringt Heil.*

ordentliche Prognose – Ödeme an den Füßen – schwerer Durchfall – plötzliche Ausscheidung von Toxinen – Störungen des Nervensystems – Magen-Darm-Infektionen

**Linie 2:** *Gemeinsame Annäherung. Heil! Alles ist fördernd.*

ordentliche Prognose – Verschlimmerung unmittelbar vor der Genesung – Erschöpfung des *ching [jing]* – Beinschmerzen durch Wind-*pi[bi]*-Syndrom (wanderndes, rheumatisches Syndrom) – starke Schmerzen in den unteren Extremitäten

**Linie 3:** *Behagliche Annäherung. Nichts, was fördernd wäre. Erreicht man Trauer darüber, so wird man ohne Makel.*

ordentliche Prognose – vollständige Wiederherstellung der Gesundheit bei leichter Erkrankung – schlechte Prognose bei chronischen, ernsten Beschwerden – Blutstase im Unterleib – starke Kreuzschmerzen – Verstopfung – generalisierte Ödeme – Intoxikation

**Linie 4:** *Vollkommene Annäherung. Kein Makel.*

ordentliche Prognose – Mundhöhlenaffektion durch Windhitze – Beschwerden sexuellen Ursprungs – starke subkostale Krämpfe – Unterleibsinfektionen – Gebärmutterkrämpfe

**Linie 5:** *Weise Annäherung. Das ist recht für einen großen Fürsten. Heil!*

schlechte Prognose – Hitze im Oberen Erwärmer – Intoxikation in Brust und Unterleib – Gelenkschmerzen – Erbrechen

**Linie 6:** *Großherzige Annäherung. Heil. Kein Makel.*

schlechte Prognose – starke Hitze im Oberen Erwärmer – zum Kopf aufsteigende Leberhitze – Hirnfunktionsstörungen – Epilepsie – Verstopfung – äußerste Erschöpfung

# 20. *kuan* – Die Betrachtung (Der Anblick)

### *Das Bild*

*Der Wind geht über die Erde hin:*
*das Bild der Betrachtung.*
*So besuchten die alten Könige die Weltgegenden,*
*betrachteten das Volk und spendeten Belehrung.*

### *Das Urteil*

*Die Waschung ist geschehen, aber noch nicht die Darbringung.*
*Vertrauensvoll blicken sie zu ihm auf.*

**Allgemeine Indikationen:** labiler Geisteszustand – Hirnstörungen – Verwirrung – Leberwind, der Schmerzen, Krämpfe und Lähmungen verursacht – Schwächezustand

**Spezifische Indikationen:** Kopfschmerzen – Hirnfunktionsstörungen – Neurasthenie – Schwindel – Wallungen – Schlaflosigkeit – Geistesstörung – Schulterkrämpfe – Lähmung des unteren Rückens und der Beine – Scheidenblutung

## Die bewegten Linien

**Linie 1:** *Knabenhaftes Betrachten.*
*Für einen geringen Menschen kein Makel.*
*Für einen Edlen beschämend.*

ordentliche Prognose – Verschlimmerung der Krankheit – *yang*-Fülle der Leber – Windlähmung in den Beinen – Epilepsie – starke spastische Schmerzen in den Beinen

**Linie 2:** *Betrachtung durch die Türspalte.*
*Fördernd für die Beharrlichkeit einer Frau.*

gute Prognose – sehr treffsichere Diagnose – Windfeuchtigkeit in den Beinen – Grippe – Lebensmittelvergiftung – Furunkel – Durchfall – Intoxikation des Unteren Erwärmers – Geistesverwirrung durch übermäßige sexuelle Aktivität

**Linie 3:** *Betrachtung meines Lebens*
*entscheidet über Fortschritt oder Rückzug.*

ordentliche Prognose – allmähliche Verschlimmerung – schwere Windkrankheiten – starke Rückenschmerzen – stagnierende Nahrung – Schlaganfall bei älteren Menschen

**Linie 4:** *Betrachtung des Lichtes des Reichs.*
*Fördernd ist es, als Gast eines Königs zu wirken.*

ordentliche Prognose – stagnierende Toxine im Mittleren Erwärmer – Magenschmerzen – schwere Grippe – *ch'i[qi]*-Mangel im Magen, die zu Appetitlosigkeit führt

**Linie 5:** *Betrachtung meines Lebens.*
*Der Edle ist ohne Makel.*

schlechte Aussichten – möglicher Tod – Zusammenbruch von *yin* und *yang* – Lähmung – schwere Depression

**Linie 6:** *Betrachtung seines Lebens.*
*Der Edle ist ohne Makel.*

schlechte Prognose – möglicher Tod – schwere Hirnkrankheiten – eitrige Furunkel am Kopf – ernste Augeninfektionen, die zur Erblindung führen

# 21. *shih ho* – Das Durchbeißen

*Das Bild*

*Donner und Blitz: Da Bild des Durchbeißens.*
*So festigten die früheren Könige*
*die Gesetze durch klarbestimmte Strafen.*

*Das Urteil*

*Das Durchbeißen hat Gelingen.*
*Fördernd ist es, Gericht walten zu lassen.*

**Allgemeine Indikationen:** chronische Erkrankungen, die schwer zu heilen sind – Leberfeuer, das zum Herzen steigt – Überfülle des Herzfeuers – Stauungen im Kreislauf, in den Nahrungs- und Luftwegen – Fieber, das sich sehr schnell verändert – hartnäckige Symptome

**Spezifische Indikationen:** Blockaden im Oberbauch (epigastrische Obstruktion) – stagnierende Nahrung – Verstopfung – Krämpfe in den Extremitäten – Unterleibsabszeß – Zahnschmerzen – Halsentzündung – Beschwerden im Mund – Heiserkeit

## Die bewegten Linien

**Linie 1:** *Steckt mit den Füßen im Block,*
*daß die Zehen verschwinden.*
*Kein Makel.*

ordentliche Prognose – Blutstase in den Beinen – schmerzhafte Erkrankungen der Extremitäten – Lebensmittelvergiftungen – Fieber

**Linie 2:** *Beißt durch weiches Fleisch, daß die Nase verschwindet.*
*Kein Makel.*

gute Prognose, wenn von einem guten Arzt sanft behandelt wird – Schleim in den Lungen – Hitze im Herzen, die zum Mund steigt – Husten – Intoxikation im Magen – Zahnschmerzen – Nasenkrankheiten

**Linie 3:** *Beißt auf altes Dörrfleisch und trifft auf Giftiges.*
*Kleine Beschämung. Kein Makel.*

ordentliche Prognose – extremer Hitzezustand – schwere Augenkrankheiten – Fülle des Herzfeuers – Lebensmittelvergiftung mit Erbrechen und Fieber – Verstopfung – dunkelroter Urin – Gebärmutterblutungen

**Linie 4:** *Beißt auf getrocknetes Knorpelfleisch.*
*Erhält Metallpfeile.*
*Fördernd ist es,*
*der Schwierigkeiten eingedenk und beharrlich zu sein.*
*Heil!*

ordentliche Prognose – radikale Behandlung notwendig – Verdauungsstörungen – Tumore im Magen-Darm-Trakt – innere Blutungen

**Linie 5:** *Beißt auf getrocknetes Muskelfleisch.*
*Erhält gelbes Gold.*
*Beharrlich der Gefahr bewußt sein. Kein Makel.*

schlechte Prognose – Lungen- und Herz-Mangel – Herzkrankheiten – Magen-Darm-Beschwerden – Ödeme – Blindheit

**Linie 6:** *Steckt mit dem Hals im hölzernen Kragen,*
*daß die Ohren verschwinden.*
*Unheil!*

schlechte Prognose – zum Kopf aufsteigendes Leber-*yang* – Nacken- und Schulterschmerzen – Epilepsie – Schlaganfall – Taubheit – Blindheit

# 22. *pi* – Die Anmut

### *Das Bild*

*Unten am Berg ist das Feuer: Das Bild der Anmut.*
*So verfährt der Edle bei der Klarstellung*
*der laufenden Angelegenheiten,*
*aber er wagt es nicht, danach Streitfragen zu entscheiden.*

### *Das Urteil*

*Anmut hat Gelingen.*
*Im Kleinen ist es fördernd, etwas zu unternehmen.*

**Allgemeine Indikationen:** chronische Herz- und Milzkrankheiten – oberflächliche Symptome, die nicht unbedingt die tieferen Ursachen widerspiegeln – innere Hitze – feuchte Hitze im Unteren Erwärmer – Tod

**Spezifische Indikationen:** koronare Herzkrankheiten – Milzmangel, der zu Verdauungsstörungen und Verstopfung führt – Furunkel durch Intoxikation – Verschlechterung der Sehkraft – kindliche Konvulsionen (epileptische Anfälle) – nachgeburtliche Probleme

## Die bewegten Linien

**Linie 1:** *Macht seine Zehen anmutig, verläßt den Wagen und geht.*

schlechte Prognose – Ansammlung von Hitze, die Krebs verursacht – Lähmung der Beine – Schwierigkeiten beim Gehen – Verdauungsstörungen – Krämpfe in Nacken und Schultern

**Linie 2:** *Macht seinen Kinnbart anmutig.*

ordentliche Prognose, wenn radikal behandelt – feuchte Hitze in den Beinen – Verstopfung – Fehlen der Harnabsonderung (Anurie) – Ödeme – Beinschmerzen – Halsschmerzen – starke Kopfschmerzen

**Linie 3:** *Anmutig und feucht.*
*Dauernde Beharrlichkeit bringt Heil.*

ordentliche Prognose – feuchte Hitze im Unteren Erwärmer – Verdauungsprobleme – Herzkrankheiten – Kreuzschmerzen

**Linie 4:** *Anmut oder Einfachheit?*
*Ein weißes Pferd kommt wie geflogen:*
*Nicht Räuber er ist,*
*will freien zur Frist.*

ordentliche Prognose – feuchte Hitze im Magen – Fieber – Geistesverwirrung – Krämpfe – ansteckende Krankheiten

**Linie 5:** *Anmut in Hügeln und Gärten.*
*Das Seidenbündel ist ärmlich und klein.*
*Beschämung, doch schließlich Heil.*

schlechte Prognose – Windhitze in den Lungen – Bronchitis – Lungenentzündung mit Fieber und Kälteschauern – Herzschmerzen – möglicher Tod

**Linie 6:** *Schlichte Anmut.*
*Kein Makel.*

schlechte Prognose – Windlähmungen – Schlaganfall – nicht operierbare Gehirntumore – Blutspucken

# 23. *po* – Die Zersplitterung

*Das Bild*

*Der Berg ruht auf der Erde: das Bild der Zersplitterung.*
*So können die Oberen nur durch reiches Spenden*
*an die Unteren ihre Stellung sichern.*

*Das Urteil*

*Die Zersplitterung. Nicht fördernd ist es, wohin zu gehen.*

**Allgemeine Indikationen:** allgemeine Degeneration – Mangelschwäche von *ch'i [qi]* und Blut – Erschöpfung von *yin* und *yang* – chronische degenerative Krankheiten, die zum Tode führen

**Spezifische Indikationen:** Schwächung aller *tsang*-und *fu*-Organe *[zang und fu]* – schlechte Verdauung und Assimilation der Nahrung – geistige Degeneration – Hirnsyphilis – Intoxikation des ganzen Körpers – ständige Blutungen – Lähmung von Schultern und Nacken

## Die bewegten Linien

**Linie 1:** *Das Bett wird zersplittert am Bein.*
*Die Beharrlichen werden vernichtet. Unheil.*

ordentliche Prognose – beginnende Degeneration von *yin* und *yang* – energische Behandlung erforderlich, um weitere Verschlechterung zu vermeiden – Lähmung in den Beinen – Leberwind, der im Körper schmerzhafte Krämpfe hervorruft – Durchfall mit unverdauter Nahrung auf Grund von Milzmangel – Fußinfektion durch Verletzung

**Linie 2:** *Das Bett wird zersplittert am Rand.*
*Die Beharrlichen werden vernichtet. Unheil.*

ordentliche Prognose – Gefahr einer Fehldiagnose – Mangel an Nieren-*ching[jing]* – Degeneration der Knochen – Harnverhaltung – Schwindel – stagnierende Nahrung – Übelkeit – Ohrensausen – Ausfluß von Blut und Eiter

**Linie 3:** *Er zersplittert mit ihnen. Kein Makel.*

schlechte Prognose – sehr langsamer Fortschritt ohne Operation – schwere Verletzung des Unterleibs – durch Intoxikation verursachte Furunkel – stagnierende Nahrung – hartnäckige Schmerzen in Schulter, Nacken und Extremitäten

**Linie 4:** *Das Bett wird zersplittert bis zur Haut. Unheil.*

schlechte Prognose – fortschreitende Degeneration – Geschlechtskrankheit – schmerzhafte subkostale Krämpfe – *yin*-Mangel-Hitze (‹falsche Hitze› durch *yin*-Mangel) – akute Magenbeschwerden

**Linie 5:** *Ein Zug Fische.*
*Durch die Palastdamen kommt Gunst.*
*Alles ist förderlich.*

schlechte Prognose – Perforation des Trommelfells – Drainage von Abszessen – Schußwunden – Operation oder Injektionen erforderlich – Grippe – Schwindel – Windkrämpfe in der Unterleibsmuskulatur – Schlaganfall

**Linie 6:** *Eine große Frucht ist noch ungegessen da.*
*Der Edle erhält einen Wagen.*
*Dem Gemeinen zersplittert sein Haus.*

schlechte Prognose – extreme Erschöpfung von *yin* und *yang* – tödliche Krankheiten – Krebs im Endstadium – Erbrechen und tödliche Blutungen – Schock – Selbstmord

# 24. *fu* – Die Wiederkehr (Die Wendezeit)

*Das Bild*

*Der Donner inmitten der Erde: das Bild der Wendezeit.*
*So schlossen die alten Könige zur Sommerzeit die Pässe.*
*Händler und Fremdlinge wanderten nicht,*
*und der Herrscher bereiste nicht die Gegenden.*

*Das Urteil*

*Die Wiederkehr. Gelingen.*
*Ausgang und Eingang ohne Fehl.*
*Freunde kommen ohne Makel.*
*Hin und her geht der Weg.*
*Am siebten Tag kommt die Wiederkehr.*
*Fördernd ist es, zu haben, wohin man geht.*

**Allgemeine Indikationen:** Anzeichen für Genesung – Wendepunkt einer Krankheit – Wiederauftreten einer Krankheit – eine Krankheit kann sich zeitweise verschlimmern, wird aber letztlich heilen

**Spezifische Indikationen:** geschwollene Füße – subkostale Krämpfe durch Leberwind – plötzliche Schmerzen – Epilepsie – Schwangerschaft

### Die bewegten Linien

**Linie 1:** *Wiederkehr aus geringer Entfernung.*
*Es bedarf keiner Reue.*
*Großes Heil!*

gute Prognose – Genesung von einer kurzen Krankheit – aufsteigender Leberwind – Fußschmerzen – plötzlicher Durchfall

**Linie 2:** *Ruhige Wiederkehr. Heil!*

gute Prognose – allmähliche Genesung – innere Hitze mit äußeren Kälteschauern – Unterleibsschmerzen – hartnäckiger Husten – Ödeme

**Linie 3:** *Mehrfache Wiederkehr. Gefahr. Kein Makel.*

ordentliche Prognose – die Krankheit kann oft wiederkehren – Verschlimmerung möglich, wenn nicht richtig behandelt – Kreuzschmerzen – schmerzhafte Überblähung des Unterleibs – Erschöpfung der Sehkraft – äußere Kälte und innere Hitze

**Linie 4:** *In der Mitte der andern wandelnd,*
*kehrt man allein wieder.*

gute Prognose – möglicher Rückfall – subkostale Krämpfe durch Leberwind – Magenstörungen – Erbrechen – Bauchwassersucht (Aszites)

**Linie 5:** *Großzügige Wiederkehr. Keine Reue.*

schlechte Prognose – ernster Rückfall – mächtiger Leberwind, der Schmerzen und Krämpfe verursacht – subkostale Krämpfe – Nachtschweiße – Depression durch geistige Anstrengung

**Linie 6:** *Verfehlung der Wiederkehr. Unheil.*
*Unglück von außen und innen.*
*Wenn man so Heere marschieren läßt,*
*wird man schließlich eine große Niederlage erleiden,*
*so daß es für den Landesherrn unheilvoll ist.*
*Zehn Jahre ist man nicht mehr imstande anzugreifen.*

gute Prognose – über den schlimmsten Teil der Krankheit hinaus – zum Kopf aufsteigender Leberwind – Kopfschmerzen – Appetitlosigkeit

# 25. *wu wang* – Die Unschuld (Das Unerwartete)

*Das Bild*

*Unter dem Himmel geht der Donner:*
*Alle Dinge erlangen den Naturzustand der Unschuld.*
*So pflegten und nährten die alten Könige,*
*reich an Tugend und entsprechend der Zeit, alle Wesen.*

*Das Urteil*

*Die Unschuld. Erhabenes Gelingen.*
*Fördernd ist Beharrlichkeit.*
*Wenn jemand nicht recht ist, so hat er Unglück,*
*und nicht fördernd ist es, irgend etwas zu unternehmen.*

**Allgemeine Indikationen:** plötzlicher Ausbruch mit schweren Symptomen, später aber gewöhnlich schnelle Besserung – Probleme durch Leberwind – Seelenqualen – starke Nebenwirkungen von Medikamenten

**Spezifische Indikationen:** Kopfschmerzen – subkostale Krämpfe – Schmerzen im Oberbauch – Ödeme – Appetitmangel – Depression

## Die bewegten Linien

**Linie 1:** *Unschuldiger Wandel bringt Heil!*

ordentliche Prognose, wenn natürliche Substanzen und Therapien benutzt werden – starke Fußschmerzen – Herzkrankheiten – geistige Depression – schwerer Durchfall

**Linie 2:** *Wenn man beim Pflügen nicht ans Ernten denkt*
*und beim Roden nicht an das Benützen des Feldes:*
*dann ist es fördernd, etwas zu unternehmen.*

gute Prognose trotz ernster Anfangssymptome – Beinschmerzen – schwerer Husten – Erbrechen – aufsteigendes *ch'i* – Ödeme – mentaler Streß

**Linie 3:** *Unverschuldetes Unglück:*
*Die Kuh, die von jemand angebunden war,*
*ist des Wanderers Gewinn, des Bürgers Verlust.*

ordentliche Prognose – plötzlicher Verlust der Gesundheit trotz der Beibehaltung guter Lebensgewohnheiten – plötzlicher Unfall – jahreszeitlich bedingte ansteckende Krankheiten – Unterleibsschmerzen – Sehschwäche – hohes Fieber – Verstopfung

**Linie 4:** *Wer vermag beharrlich zu sein, bleibt ohne Makel.*

ordentliche Prognose – langsame Genesung – spastisches Seitenstechen – Grippe – Furunkel

**Linie 5:** *Bei unverschuldeter Krankheit gebrauche keine Arznei.*
*Es wird schon von selber gut werden.*

gute Prognose – Gefahr der Fehldiagnose – keine Medikamente verschreiben – ansteckende Erkrankungen der Brust – Verdauungsstörung – latentes Fieber – subkostale Krämpfe und Schmerzen – Geistesverwirrung

**Linie 6:** *Unschuldiges Handeln bringt Unglück.*
*Nichts ist fördernd.*

schlechte Prognose – zum Kopf aufsteigender Leberwind – hartnäckiger Husten – starke Kopfschmerzen – Schmerzen in den oberen Atemwegen – Atembeschwerden – Erbrechen

# 26. *ta ch'u* –
# Des Großen Zähmungskraft

### *Das Bild*

*Der Himmel inmitten des Berges:*
*das Bild von des Großen Zähmungskraft.*
*So lernt der Edle viele Worte der Vorzeit*
*und Taten der Vergangenheit kennen,*
*um dadurch seinen Charakter zu festigen.*

### *Das Urteil*

*Des Großen Zähmungskraft. Fördernd ist Beharrlichkeit.*
*Nicht zu Hause essen bringt Heil.*
*Fördernd ist es, das große Wasser zu durchqueren.*

**Allgemeine Indikationen:** starke Anhäufung von Toxinen – Krankheiten auf Grund von chronischem Streß – Symptome bei Nacht schlimmer als bei Tag – überwältigende Symptomatik

**Spezifische Indikationen:** starke Kopfschmerzen – chronischer Husten – Tuberkulose – Depression – Krämpfe im ganzen Körper – Verstopfung mit Unterleibsschmerzen – Fehlen der Harnabsonderung – Furunkel

## Die bewegten Linien

**Linie 1:** *Es ist Gefahr da. Fördernd ist es, abzustehen.*

ordentliche Prognose – degenerative Windkrankheiten – Beinschmerzen mit Krämpfen – rasende Kopfschmerzen – hartnäckiger Durchfall – Atembeschwerden – Furunkel – kindliche Wutanfälle auf Grund von Leber-*yang*-Fülle

**Linie 2:** *Dem Wagen werden die Achsenlager abgenommen.*

schlechte Prognose – Hitze, die zum Oberen Erwärmer aufsteigt – hohes Fieber mit Verstopfung und Fehlen der Harnabsonderung – heftige Kopfschmerzen mit Unterleibsschmerzen – Blutspucken – rektale Blutungen – Hämorrhoiden – Lungenentzündung

**Linie 3:** *Ein gutes Pferd, das andern folgt.*
*Fördernd ist Bewußtsein der Gefahr und Beharrlichkeit.*
*Täglich übe dich im Wagenfahren und Waffenschutz.*
*Fördernd ist es, zu haben, wohin man geht.*

ordentliche Prognose – langsame Genesung – stagnierende Toxine im Unterleib – Gelenkschmerzen – Kreuzschmerzen – Erkrankungen des Mundes und des Halses

**Linie 4:** *Das Schutzbrett eines jungen Stieres.*
*Großes Heil!*

ordentliche Prognose – große Hitze in der Brust – starke subkostale Krämpfe – hohes Fieber – Verstopfung – Stupor (Teilnahmslosigkeit)

**Linie 5:** *Eines verschnittenen Ebers Zahn. Heil!*

ordentliche Prognose – langsame Genesung – Windverletzung der Brust – übermäßiger mentaler Streß – Überblähung des Unterleibs – Grippe mit Abneigung gegen Wärme

**Linie 6:** *Man erlangt den Himmelsweg. Gelingen.*

gute Prognose – Rückkehr zur Gesundheit – geringe Möglichkeit der Verschlimmerung – starke Kopfschmerzen

# 27. *i* – Die Mundwinkel (Die Ernährung)

*Das Bild*

*Unten am Berg ist der Donner: das Bild der Ernährung.*
*So hat der Edle acht auf seine Worte*
*und ist mäßig im Essen und Trinken.*

*Das Urteil*

*Die Mundwinkel. Beharrlichkeit bringt Heil.*
*Sieh auf die Ernährung und womit einer selbst sucht*
*seinen Mund zu füllen.*

**Allgemeine Indikationen:** Krankheiten mit tiefliegenden inneren Ursachen – Erkrankungen von Milz und Magen – Beschwerden der Zunge – langsame Genesung – Probleme mit der Ernährung – möglicher Tod

**Spezifische Indikationen:** stagnierende Nahrung – innerer Abszeß – Herzhitze, die im Mund erscheint – tiefsitzende Toxine – Erkrankungen der Mundhöhle – Mangelernährung

## Die bewegten Linien

**Linie 1:** *Du läßt Deine Zauberschildkröte fahren*
*und blickst nach mir mit herabhängenden Mundwinkeln.*
*Unheil!*

schlechte Prognose – Disharmonie von *ch'i [qi]* und Blut – Verdauungsstörungen – Lähmung der Extremitäten – Abmagerung durch Fieber – plötzlicher Tod

**Linie 2:** *Nach dem Gipfel sich wenden um Ernährung.*
*Vom Wege abweichen, um von dem Hügel*
*Ernährung zu suchen:*
*Wenn man so fortmacht, bringt es Unheil.*

ordentliche Prognose – Gefahr der Fehlbehandlung – extrem fehlernährter Zustand – Beinschmerzen – Gelenkprobleme – Husten – Zahnfleischprobleme

**Linie 3:** *Abweichen von der Ernährung.*
*Beharrlichkeit bringt Unheil.*
*Zehn Jahre handle nicht danach. Nichts ist fördernd.*

ordentliche Prognose – Langzeitbehandlung erforderlich – chronische Infektion der Geschlechtsorgane – Kopfschmerzen – Fieber – Verstopfung

**Linie 4:** *Nach dem Gipfel sich wenden um Ernährung bringt Heil.*
*Mit scharfen Augen wie ein Tiger umherspähen*
*in unersättlichem Begehren. Kein Makel.*

schlechte Prognose – feuchte Hitze im Unterleib – Herzhitze, die im Mund erscheint – starke Brustschmerzen – Fieber und Kälteschauer – Mundinfektionen – Verstopfung – Krebs im Frühstadium

**Linie 5:** *Abweichen vom Weg.*
*Bleiben in Beharrlichkeit bringt Heil.*
*Man sollte nicht das große Wasser durchqueren.*

ordentliche Prognose – langsame Genesung – Windkälte in der Brust – eine fiebrige ansteckende Krankheit – Enge in der Brust – Lungenentzündung

**Linie 6:** *Die Quelle der Ernährung.*
*Bewußtsein der Gefahr bringt Heil.*
*Fördernd ist es, das große Wasser zu durchqueren.*

ordentliche Prognose – starke Kopfschmerzen – starke feuchte Hitze im Oberen Erwärmer – Mangelernährung – Abmagerung

# 28. *ta kuo* – Des Großen Übergewicht

*Das Bild*

*Der See geht über die Bäume weg:*
*das Bild des Übergewichts im Großen.*
*So ist der Edle, wenn er allein steht, unbesorgt,*
*und wenn er auf die Welt verzichten muß, unverzagt.*

*Das Urteil*

*Des Großen Übergewicht. Der Firstbalken biegt sich durch.*
*Fördernd ist es, zu haben, wohin man geht.*
*Gelingen.*

**Allgemeine Indikationen:** überwältigende pathogene Faktoren, die *ch'i [qi]* und Blut schwächen – Syndrome der *yang*-Fülle und des *yin*-Mangels – übermäßig gestreßter und erschöpfter Organismus – gewöhnlich schlechte Prognose – möglicher Tod

**Spezifische Indikationen:** ständiges Erbrechen – Unterleibstumor – stagnierende Nahrung – Ödeme – Schlaganfall – Epilepsie – extreme Erschöpfung – Probleme auf Grund von maßlosem Essen und Trinken – Blutstase im Unterleib

## Die bewegten Linien

**Linie 1:** *Unterlegen mit weißem Schilfgras. Kein Makel.*

ordentliche Prognose – Windlähmung des Fußes – Ödeme in den Beinen – Atemnot (Dyspnoe) – Verstopfung – Erbrechen

**Linie 2:** *Ein trockener Pappelbaum treibt einen Wurzelsproß.*
*Ein älterer Mann bekommt eine junge Frau.*
*Alles ist fördernd.*

schlechte Prognose trotz vorübergehender Besserung – Rückkehr des *yang* – Milzmangel – *yang*-Mangel in den Nieren – Geschlechtskrankheiten – sexuelle Funktionsstörungen – Beinschmerzen – Lähmung des unteren Rückens – wiederholtes Erbrechen – subkostale Krämpfe

**Linie 3:** *Der Firstbalken biegt sich durch. Unheil.*

ordentliche Prognose – langsame Genesung – *ching[jing]*-Mangel – Kälte im unteren Rücken – Durchfall – rektale Blutung

**Linie 4:** *Der Firstbalken wird gestützt. Heil.*
*Sind Hintergedanken da, ist es beschämend.*

ordentliche Prognose – kalte Feuchtigkeit im Mittleren Erwärmer – schwerer Durchfall – *ch'i*-Mangel im Herzen – Vergiftung – Ohrenbeschwerden – Mundkrankheiten

**Linie 5:** *Eine dürre Pappel treibt Blüten.*
*Ein älteres Weib bekommt einen Mann.*
*Kein Makel. Kein Lob.*

ordentliche Prognose – plötzliche Genesung – Rückkehr des *yin* – sexuelle Störungen – Brustschmerzen – schmerzhaftes Magengeschwür – hartnäckiger Husten mit Atemnot

**Linie 6:** *Man muß durchs Wasser. Es geht über den Scheitel. Unheil. Kein Makel.*

schlechte Prognose – extremer *yang*-Mangel in den Nieren auf Grund von übermäßiger sexueller Aktivität – stagnierendes Wasser – starke Kopfschmerzen – Schlaganfall mit Sprechstörungen

# 29. *k'an – Das Abgründige*
# *(Das Wasser)*

*Das Bild*

*Das Wasser fließt ununterbrochen und kommt ans Ziel:*
*Das Bild des wiederholten Abgründigen.*
*So wandelt der Edle in dauernder Tugend*
*und übt das Geschäft des Lehrens.*

*Das Urteil*

*Das wiederholte Abgründige.*
*Wenn du wahrhaftig bist, so hast du im Herzen Gelingen,*
*und was du tust, hat Erfolg.*

**Allgemeine Indikationen:** generell gefährliche Situation – ernste Syndrome – Krankheiten durch fernliegende Ursachen – Kälte- und Feuchtigkeitskrankheiten – schwere Intoxikationen – Blutkrankheiten

**Spezifische Indikationen:** Mangel in Leber, Nieren und Milz – Durchfall – Harnverhaltung – nächtliches Schwitzen – Blutungen – Geschlechtskrankheiten – Ohrenbeschwerden – abnorm starke Monatsblutung – Nervenzusammenbruch

## Die bewegten Linien

**Linie 1:** *Wiederholung des Abgründigen.*
*Man gerät im Abgrund in ein Loch. Unheil.*

schlechte Prognose – Wasser- und Schleimstagnation – kalte Extremitäten – Eßstörungen – Lebensmittelvergiftung – Gelenkschmerzen

**Linie 2:** *Der Abgrund hat Gefahr.*
*Man soll nur Kleines zu erreichen streben.*

schlechte Prognose – großer Mangel in Nieren und Milz – Blutungen – Eiter – Lähmung der Gliedmaßen – Durchfall – nachgeburtliche Depression

**Linie 3:** *Vorwärts und rückwärts, Abgrund über Abgrund.*
*In solcher Gefahr halte zunächst inne,*
*sonst kommst du im Abgrund in ein Loch.*
*Handle nicht so.*

schlechte Prognose – feuchte Kälte im Unterleib – Erbrechen – schwerer Durchfall – Abszeß im unteren Rücken

**Linie 4:** *Ein Krug Wein, eine Reisschale als Zugabe, Tongeschirr,*
*einfach zum Fenster hineingereicht.*
*Das ist durchaus kein Makel.*

schlechte Prognose – Leberwind, der Schmerzen verursacht – Mangel an Nieren-*ching[jing]* – starke subkostale Krämpfe – Alkoholvergiftung – Unfähigkeit zu essen – Erbrechen – Unterleibsschmerzen

**Linie 5:** *Der Abgrund wird nicht überfüllt,*
*er wird nur bis zum Rand gefüllt.*
*Kein Makel.*

schlechte Prognose – starke Kälteschauer – Konvulsionen – Lähmung der Extremitäten – Krankheit auf Grund einer Abtreibung

**Linie 6:** *Mit Stricken und Tauen gebunden,*
*eingeschlossen zwischen dornumhegten Kerkermauern;*
*drei Jahre findet man sich nicht zurecht.*
*Unheil!*

schlechte Prognose – Schleim, der die Pforten des Herzens verstopft – Geistesstörung – Hysterie – Kopfschmerzen – Blindheit – schwere Erkältung – Eßstörungen

# 30. *li* – Das Haftende (Das Feuer)

### *Das Bild*

*Das Helle erhebt sich zweimal: das Bild des Feuers.*
*So erleuchtet der große Mann*
*durch Fortsetzung dieser Helle*
*die vier Weltgegenden.*

### *Das Urteil*

*Das Haftende. Fördernd ist Beharrlichkeit.*
*Sie bringt Gelingen. Pflege der Kuh bringt Heil.*

**Allgemeine Indikationen:** Hitzekrankheiten – Fieber – aggressive Erkrankungen – Herzkrankheiten – emotionale Ursachen der Krankheit – Entzündung – gewöhnlich schlechte Prognose

**Spezifische Indikationen:** Herz- und Gefäßkrankheiten – subkostaler Krampf – Hitze im Unteren Erwärmer – Unterleibstumor – Thoraxinfektion – Kopfschmerzen durch Hitze – Gefühlsausbrüche – Augeninfektionen – Heiserkeit

## Die bewegten Linien

**Linie 1:** *Die Fußspuren laufen kreuz und quer.*
*Wenn man ernst dabei ist: kein Makel.*

ordentliche Prognose – *t'ai yang*-Stadium (einer Krankheit) – akute fieberhafte Erkrankung – Hitzeschwellung in den Beinen – Lähmung der Gliedmaßen – Geistesverwirrung

**Linie 2:** *Gelber Schein. Erhabenes Heil!*

ordentliche Prognose mit plötzlichem Wechsel in der Symptomatik – *yang ming*-Stadium aggressiver, ansteckender Krankheiten – akute Magen-Darm-Entzündung (Gastroenteritis) – Hitzschlag – Verstopfung – Unterleibstumor – Ödeme in den Beinen

**Linie 3:** *Beim Schein der untergehenden Sonne*
*schlagen die Menschen entweder auf den Topf und singen,*
*oder sie seufzen laut über das nahende Greisenalter.*
*Unheil.*

schlechte Prognose – Wahnsinn auf Grund von *yang*-Fülle in der Leber – Mangel an *ch'i[qi]* und Blut – ständiges Erbrechen – ernste Seelenqualen

**Linie 4:** *Plötzlich ist sein Kommen;*
*es brennt auf, erstirbt, wird weggeworfen.*

sehr schlechte Prognose – großer Milzmangel – Herzstillstand – beidseitige Lähmung der Extremitäten (Paraplegie) – möglicher Tod

**Linie 5:** *Weinend in Strömen, seufzend und klagend. Heil!*

schlechte Prognose – Herzversagen – Atemnot – Schwindel – ansteckende fieberhafte Erkrankungen – Augeninfektionen

**Linie 6:** *Der König gebraucht ihn, auszuziehen und zu züchtigen.*
*Am besten ist es dann, die Häupter zu töten*
*und die Nachläufer gefangenzunehmen. Kein Makel.*

schlechte Prognose – Herzanfall – äußerst ernstes Krankheitsbild – Tod durch schwere fieberhafte Erkrankung – Kopfverletzung

# 31. *hsien* – Die Einwirkung (Die Werbung)

*Das Bild*

*Auf dem Berge ist ein See: das Bild der Einwirkung.*
*So läßt der Edle durch Aufnahmebereitschaft*
*die Menschen an sich herankommen.*

*Das Urteil*

*Die Einwirkung. Gelingen.*
*Fördernd ist Beharrlichkeit.*
*Ein Mädchen nehmen bringt Heil.*

**Allgemeine Indikationen:** Infektionskrankheiten – äußere Ursachen von Krankheiten – Geschlechtskrankheit – übermäßige sexuelle Aktivität – innere Hitze und äußere Kälte – Erbkrankheiten

**Spezifische Indikationen:** ansteckende Krankheiten – Geschlechtskrankheiten – Schmerzen im Beckenbereich – Gliederschwere – Kopfschmerzen – stagnierende Nahrung – Leberkrebs

### Die bewegten Linien

**Linie 1:** *Die Einwirkung äußert sich in der großen Zehe.*

ordentliche Prognose, wenn bei Ausbruch behandelt, sonst allmähliche Verschlimmerung – ansteckende Krankheit – latentes Fieber – Beschwerden der Mundhöhle – Verstopfung durch Hitze – Hysterie – Nasenbluten

**Linie 2:** *Die Einwirkung äußert sich in den Waden.*
*Unheil!*
*Verweilen bringt Heil.*

ordentliche Prognose – schmerzhafte Krämpfe in den Beinen – Depression auf Grund von geistigem Streß – Grippe

**Linie 3:** *Die Einwirkung äußert sich in den Schenkeln.*
*Hält sich an das, was ihm folgt.*
*Weitermachen ist beschämend.*

ordentliche Prognose – energische Behandlung zur Heilung erforderlich – stagnierende Nahrung – feuchte Hitze im Mittleren Erwärmer – starker Durchfall – Geschlechtskrankheit – Gelbsucht – Kreuzschmerzen – kindliche Neurose

**Linie 4:** *Beharrlichkeit bringt Heil. Die Reue schwindet.*
*Wenn man aufgeregt hin und her denkt,*
*so folgen nur die Freunde,*
*auf die man bewußte Gedanken richtet.*

ordentliche Prognose – Nierenmangel – Ängstlichkeit – Nervenzusammenbruch – übermäßige sexuelle Aktivität – Kreuzschmerzen – sexuelle Probleme

**Linie 5:** *Die Einwirkung äußert sich im Nacken.*
*Keine Reue.*

schlechte Prognose – Epilepsie – Hirnschlag – Asthma – Magen-Darm-Krebs – Tod

**Linie 6:** *Die Einwirkung äußert sich in Kinnladen, Wangen und Zunge.*

schlechte Prognose – Hirnstörungen – Hirnhautentzündung – generalisierte Ödeme – Tuberkulose

# 32. *heng* – Die Dauer

*Das Bild*

*Donner und Wind: das Bild der Dauer.*
*So steht der Edle fest und wandelt seine Richtung nicht.*

*Das Urteil*

*Gelingen. Kein Makel.*
*Fördernd ist Beharrlichkeit.*
*Fördernd ist, zu haben, wohin man geht.*

**Allgemeine Indikationen:** chronischer Krankheitszustand – durch Wind verursachte Schmerzen – chronische Krankheiten durch Dauerstreß, schlechte Ernährung und toxische Lebensweise – äußerst langsame Genesung

**Spezifische Indikationen:** chronische Magenbelastung durch schlechte Eßgewohnheiten – Erbrechen – Unterleibsschmerzen – Ödeme in den unteren Extremitäten – Nervenzusammenbruch auf Grund von chronischem Streß

### Die bewegten Linien

**Linie 1:** *Zu rasch Dauer wollen, bringt beharrlich Unheil.*
*Nichts, was fördernd wäre.*

ordentliche Prognose – Fußlähmung durch Windeinfluß – Unterleibsschmerzen – kindliche Hirnhautentzündung – Verschlimmerung der Erkältung – *ch'i [qi]*, das heftig zum Herzen aufsteigt – Krankheiten sexuellen Ursprungs

**Linie 2:** *Reue schwindet.*

ordentliche Prognose – chronischer Mangel an *ch'i* und Blut – Beinschmerzen – durch Windeinfluß verursachte Schmerzen und Krämpfe im Unterleib – Durchfall auf Grund von Kälte in der Milz

**Linie 3:** *Wer seinem Charakter nicht Dauer gibt,*
*dem bietet man Schande.*
*Beharrliche Beschämung.*

ordentliche Prognose – langsame Genesung – feuchte Kälte im Unteren Erwärmer – Durchfall – Unterleibstumor – Blutungen – Geschlechtskrankheiten – Halskrankheiten

**Linie 4:** *Im Feld ist kein Wild.*

ordentliche Prognose – ein neues Medikament probieren und die Ernährung ändern – Milz/Magen-Disharmonie – Unterleibsschmerzen durch Intoxikation

**Linie 5:** *Seinem Charakter Dauer geben durch Beharrlichkeit,*
*das ist für eine Frau von Heil, für einen Mann von Unheil.*

ordentliche Prognose – Besserung von Frauenbeschwerden – Verschlimmerung chronischer Krankheiten – Durchfall und Erbrechen – Krämpfe in Brust und Rücken – Atemnot – Unterleibstumor – Krankheiten der Mundhöhle

**Linie 6:** *Rastlosigkeit als dauernder Zustand bringt Unheil.*

schlechte Prognose – schwere Leberkrankheit – Zusammenbruch von *yin* und *yang* – Herzstillstand – extreme geistige Anspannung – Schwindel

# 33. *tun* – Der Rückzug

### *Das Bild*

*Unter dem Himmel ist der Berg:*
*das Bild des Rückzugs.*
*So hält der Edle den Gemeinen fern,*
*nicht zornig, sondern gemessen.*

### *Das Urteil*

*Der Rückzug. Gelingen.*
*Im Kleinen ist fördernd Beharrlichkeit.*

**Allgemeine Indikationen:** akute Krankheit tendiert zu schneller Besserung, aber chronische Bechwerden können ernste Folgen haben – plötzlicher Verlust von *ch'i [qi]* und *shen* (= Geist, spirituelle Energie) – stagnierendes Leber-*ch'i* – Krämpfe im Oberbauch durch Mangel an Herz-*ch'i* – Symptome von Nierenmangel im Unterleib

**Spezifische Indikationen:** plötzliche Erschöpfung – schwerer Durchfall – stagnierende Körpersäfte im Oberen Erwärmer – Ödeme – plötzlicher Tod – Selbstmord

## Die bewegten Linien

**Linie 1:** *Beim Rückzug am Schwanz: das ist gefährlich.*
*Man darf nicht etwas unternehmen wollen.*

ordentliche Prognose – Mangelhitze in Herz oder Milz – Lungenhitze – Fußverletzung

**Linie 2:** *Er hält ihn fest mit gelbem Ochsenleder.*
*Niemand vermag ihn loszureißen.*

ordentliche Prognose – Wind im Mittleren Erwärmer – Schlaganfall – Lähmung – Geschlechtskrankheiten – verletzungsbedingte Gelenkentzündung

**Linie 3:** *Aufgehaltener Rückzug ist peinlich und gefahrvoll.*
*Die Menschen als Knechte und Mägde zu halten, bringt Heil.*

ordentliche Prognose – Milz/Magen-Disharmonie – schmerzhafte Stagnation des Magen-*ch'i* – generell stagnierendes *ch'i* – Lähmung des ganzen Körpers – Ödeme durch stagnierende Körpersäfte – Depression – Erkrankungen durch Feuchtigkeit – morgendliche Übelkeit durch feuchte Magenhitze

**Linie 4:** *Freiwilliger Rückzug bringt dem Edlen Heil,*
*dem Gemeinen Niedergang.*

ordentliche Prognose – Milzmangel – stagnierende Nahrung im Mittleren Erwärmer – Unterleibsschmerzen – schmerzende Gliedmaßen – Windkrankheit im Inneren

**Linie 5:** *Freundlicher Rückzug. Beharrlichkeit bringt Heil.*

schlechte Prognose – Zusammenbruch des *shen* – schwere Stagnation von *ch'i* und Körpersäften – Nervenzusammenbruch – Brustschmerzen – wechselweise Kälteschauer und Fieber – Sehschwäche

**Linie 6:** *Heiterer Rückzug. Alles ist fördernd.*

ordentliche Prognose – ernste *ch'i*-Stagnation – Depression – Kopfschmerzen – stagnierender Schleim im Oberen Erwärmer – sexuelle Erschöpfung

# 34. *ta chuang* – Des Großen Macht

### *Das Bild*

*Der Donner ist am Himmel droben:*
*das Bild der Macht des Großen.*
*So tritt der Edle nicht auf Wege,*
*die nicht der Ordnung entsprechen.*

### *Das Urteil*

*Des Großen Macht. Fördernd ist Beharrlichkeit.*

**Allgemeine Indikationen:** äußerst aggressive Krankheiten – schwere fieberhafte Erkrankungen – Leberfülle

**Spezifische Indikationen:** starke Kopfschmerzen – Muskelkrämpfe – stagnierende Körpersäfte im Unteren Erwärmer – zum Herzen aufsteigender Leberwind – heftig zum Kopf aufsteigendes *ch'i [qi]* – Verstopfung – Stagnation von *ch'i* und Nahrung im Mittleren Erwärmer – durch übermäßiges Essen und Trinken verursachte Krankheiten – Erkrankungen der Nägel – Masern

## Die bewegten Linien

**Linie 1:** *Macht in den Zehen.*
*Fortmachen bringt Unheil.*
*Das ist gewißlich wahr.*

ordentliche Prognose – Beschwerden durch maßloses Essen – ernste *ch'i*-Stagnation in den unteren Extremitäten – starke Krämpfe im Fuß – ansteckende Krankheiten – gegenläufiges Magen-*ch'i*, das bis zum Kopf aufsteigt – hysterische Anfälle

**Linie 2:** *Beharrlichkeit bringt Heil.*

ordentliche Prognose – Hitze in Herz und Lungen – infektiöse fieberhafte Erkrankungen – starke Magenkrämpfe auf Grund von feuchter Hitze im Magen – Verstopfung

**Linie 3:** *Der Gemeine wirkt durch Macht, der Edle wirkt nicht so.*
*Fortmachen ist gefährlich.*
*Ein Ziegenbock stößt gegen eine Hecke*
*und verwickelt seine Hörner.*

ordentliche Prognose – stagnierender Schleim in den Lungen, der Husten verursacht – Mangel an Lungen-*ch'i* – Kreuzschmerzen durch Kälte – Herzmangel durch Hitze – Furunkel an den Extremitäten

**Linie 4:** *Beharrlichkeit bringt Heil.*
*Die Reue schwindet.*
*Die Hecke öffnet sich, es gibt keine Verwicklung.*
*Die Macht beruht auf der Achse eines großen Wagens.*

ordentliche Prognose – Unterleibsschmerzen durch stagnierendes *ch'i* – aufsteigendes Leber-*ch'i*, das Epilepsie verursacht

**Linie 5:** *Verliert den Bock in Leichtigkeit.*
*Keine Reue.*

schlechte Prognose – Zusammenbruch des *shen* – schwerer *ch'i*-Mangel in den Lungen – Stupor – Erbrechen – Erschöpfung – unwillkürlicher Samenerguß (Spermatorrhöe) – Verstopfung – Fehlen der Harnabsonderung – Augenschmerzen – Kältestagnation in den Extremitäten

**Linie 6:** *Ein Bock stößt gegen eine Hecke.*
*Er kann nicht zurück, er kann nicht voran.*
*Nichts ist fördernd.*
*Merkt man die Schwierigkeit, so bringt das Heil.*

ordentliche Prognose – zum Kopf aufsteigender Leberwind – Kopfschmerzen – Schwindel – hohes Fieber – extreme Sehschwäche

# 35. *chin* – Der Fortschritt

*Das Bild*

*Die Sonne steigt über die Erde empor:*
*das Bild des Fortschritts.*
*So macht der Edle selbst seine klaren Anlagen hell.*

*Das Urteil*

*Der Fortschritt:*
*Der starke Fürst wird geehrt durch Pferde in großer Menge.*
*An einem Tage wird er dreimal empfangen.*

**Allgemeine Indikationen:** fortschreitende Krankheiten – allmähliche Verschlimmerung mit tödlichen Folgen – aktiver Verlauf einer Krankheit

**Spezifische Indikationen:** Herzkrankheiten – ansteckende Krankheiten – Hitzschlag – Vergiftungszustand – rasende Kopfschmerzen – Oberer Erwärmer heiß und Unterer Erwärmer kalt – Furunkel am Fuß – trockene Kehle – Geistesstörung – Verlust des Geruchssinns

## Die bewegten Linien

**Linie 1:** *Fortschreitend, aber zurückgewiesen.*
*Beharrlichkeit bringt Heil.*
*Wenn man kein Vertrauen findet, so bleibe man gelassen.*
*Kein Fehler.*

ordentliche Prognose – heftig aufsteigendes *ch'i [qi]*, das Herzklopfen und Geistesverwirrung verursacht – Magenschmerzen durch feuchte Hitze – Milzmangel, der zu Durchfall führt – Schwellungen der Füße

**Linie 2:** *Fortschreitend, aber in Trauer.*
*Beharrlichkeit bringt Heil.*
*Man bekommt dann großes Glück von seiner Ahnfrau.*

ordentliche Prognose – Mangel an Nieren-*ching[jing]* – sexuelle Erschöpfung – kalte und feuchte Milz, die zu Durchfall führt – stagnierendes *ch'i* und Blut im Unterleib – Knieschmerzen durch Infektion

**Linie 3:** *Alle sind einverstanden. Die Reue schwindet.*

ordentliche Prognose – Krämpfe in den Unterleibsmuskeln durch stagnierende Kälte – Nachtschweiße durch *yin*-Mangel – Erschöpfung des Bluts – Schwächung von Augen und Ohren – Mangel an Nieren-*ching*

**Linie 4:** *Fortschritt wie ein Hamster.*
*Beharrlichkeit bringt Gefahr.*

ordentliche Prognose – Mangel an Magen-*ch'i* – Schmerzen in der Magengegend auf Grund von stagnierendem *ch'i* und Nahrung – Lebensmittelvergiftung – wechselweise Kälteschauer und Fieber

**Linie 5:** *Die Reue schwindet.*
*Gewinn und Verlust nimm nicht zu Herzen.*
*Unternehmungen bringen Heil.*
*Alles ist fördernd.*

schlechte Prognose – gelegentliche Heilung wie durch ein Wunder – chronischer Lungenmangel – stagnierendes *ch'i* in Brust und Unterleib, das Schmerzen verursacht – Sehschwäche – Kopfschmerzen – Ödeme durch stagnierende Körpersäfte – starkes Fieber durch äußeren Kälteeinfluß

**Linie 6:** *Fortschreiten mit den Hörnern darf man nur,*
*um sein eignes Gebiet zu strafen.*
*Bewußtsein der Gefahr bringt Heil.*
*Kein Makel.*
*Beharrlichkeit bringt Beschämung.*

ordentliche Prognose – subkostale Krämpfe und Kopfschmerzen durch Leberwind – hohes Fieber – Erbrechen infolge von Lebensmittelvergiftung – kindliche Hirnhautentzündung

# 36. *ming i* –
# Die Verfinsterung des Lichts

### *Das Bild*

*Das Licht ist in die Erde hineingesunken:*
*das Bild der Verfinsterung des Lichts.*
*So lebt der Edle mit der großen Menge:*
*er verhüllt seinen Schein und bleibt doch hell.*

### *Das Urteil*

*Die Verfinsterung des Lichts.*
*Fördernd ist es, in der Not beharrlich zu sein.*

**Allgemeine Indikationen:** verborgene Krankheitsursache erfordert weitere Untersuchung – Beschwerden mit unbekannten Ursachen – oftmals Fehldiagnose – Probleme im Mittleren Erwärmer – Verlust der Geistesklarheit – Tod

**Spezifische Indikationen:** Milz/Magen-Disharmonie – Krebs im Verdauungssystem – Stagnation der inneren Hitze – Verstopfung – Augenbeschwerden – Erschöpfung

## Die bewegten Linien

**Linie 1:** *Verfinsterung des Lichts im Fluge.*
*Er senkt seine Flügel.*
*Der Edle auf seiner Wanderschaft ißt drei Tage nichts.*
*Aber er hat, wohin er geht.*
*Der Wirt hat über ihn zu reden.*

ordentliche Prognose – Milzmangel – stagnierendes *ch'i [qi]* und Blut im Mittleren Erwärmer – Nierenmangel, der zu unruhigem *shen* führt – geistige Erschöpfung – Lähmung der Glieder – Wind-Schlaganfall bei älteren Menschen – Kältestagnation in den unteren Extremitäten

**Linie 2:** *Die Verfinsterung des Lichts verletzt ihn*
*am linken Schenkel.*
*Er wirkt mit Hilfe der Macht eines Pferdes. Heil.*

ordentliche Prognose – feuchte Hitze im Magen – Kopfschmerzen – Schwindel – Fußschmerzen – Ödeme durch stagnierende Körpersäfte

**Linie 3:** *Die Verfinsterung des Lichts auf der Jagd im Süden.*
*Man bekommt ein großes Haupt.*
*Man darf nicht zu eilig Beharrlichkeit erwarten.*

ordentliche Prognose – schmerzhafte Krämpfe im unteren Rücken und in den Beinen durch stagnierendes *ch'i* – heftig zum Kopf aufsteigendes *ch'i*, das Schwindel verursacht – Augenkrankheiten – kindliche Anfälle auf Grund von gegenläufigem Leber-*ch'i*, das bis zum Kopf aufsteigt

**Linie 4:** *Er dringt in die linke Bauchhöhle ein.*
*Man erhält das Herz der Verfinsterung des Lichts*
*und verläßt Tor und Hof.*

schlechte Prognose – erfordert vielleicht Operation – starke Unterleibsschmerzen durch stagnierendes *ch'i* – schmerzhafte Verstopfung im absteigenden Dickdarm

**Linie 5:** *Verfinsterung des Lichts wie beim Prinzen Gi.*
*Fördernd ist Beharrlichkeit.*

schlechte Prognose – Zusammenbruch des *shen* – schwerer *ching[jing]*-Mangel – wechselweise Kälteschauer und Fieber – Nervenzusammenbruch – starke Brustschmerzen – Ohrenbeschwerden

**Linie 6:** *Nicht Licht, sondern Dunkel.*
*Erst stieg er zum Himmel empor,*
*dann stürzte er in die Tiefen der Erde hinunter.*

ordentliche Prognose – Appetitlosigkeit durch Mangel an Magen-*ch'i* – Kopfschmerzen durch Leberwind – Furunkel im Gesicht – Ohreninfektionen

# 37. *chia jen* – Die Sippe

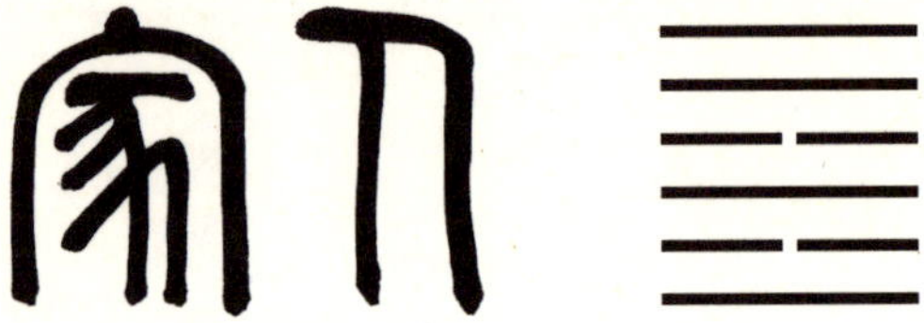

*Das Bild*

*Der Wind kommt aus dem Feuer hervor:*
*das Bild der Sippe.*
*So hat der Edle in seinen Worten die Sache*
*und in seinem Wandel die Dauer.*

*Das Urteil*

*Die Sippe. Fördernd ist die Beharrlichkeit der Frau.*

**Allgemeine Indikationen:** ansteckende Krankheiten – Erbkrankheiten in der Familie – ererbte Störungen – Krankheiten, die ihren Ursprung in Genußsucht haben – Herzkrankheiten, die durch emotionalen Streß verursacht sind – Stagnation der sieben Gefühle

**Spezifische Indikationen:** Erbkrankheiten – Milzmangel, der zu allgemeiner Schwäche führt – Grippe – Verstopfung mit Blähungen – *yang*-Mangel in den Nieren – sexuelle Schwäche durch Maßlosigkeit – wechselweise Kälteschauer und Fieber – Ödeme – Furunkel durch stagnierende Toxine – unregelmäßige Monatsblutung

## Die bewegten Linien

**Linie 1:** *Fester Abschluß innerhalb der Sippe. Reue verschwindet.*

gute Prognose – äußere Windeinflüsse beginnen einzudringen – Lähmung der unteren Extremitäten – stagnierende Hitze im Magen, die Depression verursacht

**Linie 2:** *Sie soll nicht ihrer Laune folgen.*
*Sie soll im Innern für Speise sorgen.*
*Beharrlichkeit bringt Heil.*

ordentliche Prognose – Depression durch stagnierendes *ch'i [qi]* – Ödeme in den Beinen – ansteckende fieberhafte Erkrankungen – Windauge (ansteckende Augeninfektionen) – Blutstase bei Frauen

**Linie 3:** *Wenn es in der Sippe hitzig zugeht,*
*so entsteht Reue über zu große Strenge.*
*Doch Heil!*
*Wenn Weib und Kind tändeln und lachen,*
*so führt das schließlich zur Beschämung.*

ordentliche Prognose mit langsamer Genesung – Mangel an Lungen-*ch'i* – *yang*-Fülle in der Leber – stagnierende Körpersäfte im Unterleib – Bauchwassersucht – Ohreninfektionen – unregelmäßige Monatsblutung – Fehlgeburt

**Linie 4:** *Sie ist der Reichtum des Hauses.*
*Großes Heil!*

ordentliche Prognose – chronische Lungenbeschwerden mit Dauerhusten – sommerlicher Hitzschlag – stagnierende Nahrung und Flüssigkeit im Mittleren Erwärmer

**Linie 5:** *Ein König naht er seiner Sippe, fürchtet euch nicht. Heil!*

ordentliche Prognose – kann von einer veränderten Medikation profitieren – gegenläufiges Leber-*ch'i*, das bis zum Kopf aufsteigt – wechselweise Kälteschauer und Fieber – Kopfschmerzen – Hysterie – Zusammenbruch des *shen* – Nervenzusammenbruch – halbseitige Lähmung durch Schlaganfall (Hemiplegie)

**Linie 6:** *Seine Arbeit ist ehrfurchtgebietend. Schließlich kommt Heil!*

ordentliche Prognose – Kälteschauer und Fieber – Kopfschmerzen – Schwächung von Augen und Ohren

# 38. *k'uei* – Der Gegensatz

*Das Bild*

*Oben das Feuer, unten der See:*
*das Bild des Gegensatzes.*
*So behält der Edle bei aller Gemeinschaft seine Besonderheit.*

*Das Urteil*

*Der Gegensatz. In kleinen Sachen Heil.*

**Allgemeine Indikationen:** plötzlicher Ausbruch und schneller Fortgang von Krankheiten, aber ordentliche Prognose für Genesung am Ende – widersprüchliche Symptome – grobe Nachlässigkeit in der ärztlichen Kunst möglich, wie falsche Diagnose oder Verschreibung

**Spezifische Indikationen:** Mangel an Nieren-*ching[jing]* – Lungenkrankheiten – ansteckende Krankheiten – Vergiftung durch stagnierende Nahrung – Geistesverwirrung – gegenläufiges Leber-*ch'i[qi]*, das bis zum Kopf aufsteigt – Hysterie – äußere Hitze und innere Kälte – halbseitige Lähmung – Furunkel – Blutstase nach Abort

## Die bewegten Linien

**Linie 1:** *Die Reue schwindet.*
*Wenn du dein Pferd verlierst, so lauf ihm nicht nach.*
*Es kommt von selber wieder.*
*Wenn du böse Menschen siehst, so hüte dich vor Fehlern.*

ordentliche Prognose – beginnende Grippe – wechselweise Kälteschauer und Fieber – Beinschmerzen durch stagnierende Kälte – Durchfall

**Linie 2:** *Man begegnet seinem Herrn in enger Gasse.*
*Kein Makel.*

ordentliche Prognose – Leberbeschwerden mit subkostalen Krämpfen – Lungenkrankheiten – Beinschmerzen – stagnierende Nahrung – Lebensmittelvergiftung

**Linie 3:** *Man sieht den Wagen nach hinten gezerrt,*
*die Rinder festgehalten,*
*dem Menschen Haare und Nase abgeschnitten.*
*Kein guter Anfang, aber ein gutes Ende.*

ordentliche Prognose – Stagnation von Nahrung und Körpersäften im Unterleib – Verstopfung – Ödeme – Milzmangel – Abmagerung mit Gliederschwäche – Atemnot – (Herz- oder Hirn-)Rhythmusstörungen

**Linie 4:** *Durch Gegensatz vereinsamt,*
*trifft man auf einen Gleichgesinnten,*
*mit dem man in Treuen verkehren kann.*
*Trotz der Gefahr kein Makel.*

ordentliche Prognose – Lebensmittelvergiftung mit starken Unterleibsschmerzen – Erschöpfung

**Linie 5:** *Die Reue schwindet.*
*Der Gefährte beißt sich durch die Hülle.*
*Wenn man hingeht zu ihm, wie wäre das ein Fehler?*

ordentliche Prognose – Hitze und *ch'i*, die heftig zum Oberen Erwärmer aufsteigen – Kältestagnation im Unteren Erwärmer – stagnierender Schleim – Gesichtsödeme – Sehschwäche – Pilzinfektion (Mykose) – Syphilis

**Linie 6:** *Durch Gegensatz vereinsamt, sieht man seinen Gefährten*
*wie ein schmutzbeladenes Schwein,*
*wie einen Wagen voll Teufel.*
*Erst spannt man den Bogen nach ihm,*
*dann legt man den Bogen weg.*
*Nicht Räuber er ist, will freien zur Frist.*
*Beim Hingehen fällt Regen, dann kommt Heil.*

schlechte Prognose – Bewußtlosigkeit – Geistesstörung – starke Kopfschmerzen mit Schwindel – hohes Fieber – Unterleibsschmerzen

# 39. *chien* – Das Hemmnis

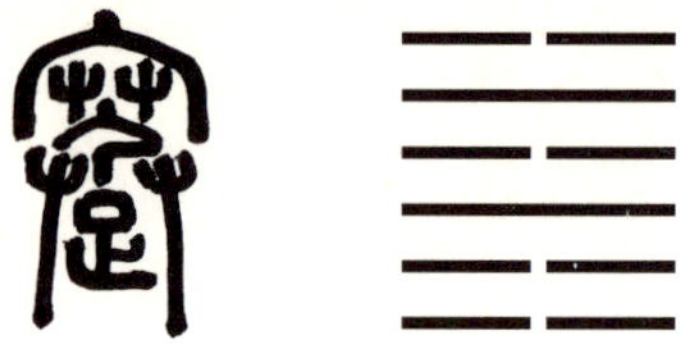

### *Das Bild*

*Auf dem Berg ist Wasser: das Bild des Hemmnisses.*
*So wendet sich der Edle seiner eigenen Person zu*
*und bildet seinen Charakter.*

### *Das Urteil*

*Das Hemmnis. Fördernd ist der Südwesten.*
*Nicht fördernd ist der Nordosten.*
*Fördernd ist es, den großen Mann zu sehen.*
*Beharrlichkeit ist von Heil.*

**Allgemeine Indikationen:** chronische Krankheiten mit extrem langsamer Genesung und Rastlosigkeit – schwierige und hartnäckige Beschwerden – Krankheiten, die durch die pathogenen Faktoren Feuchtigkeit und Kälte verursacht werden – obstruierende Beschwerden – extremer *ching[jing]*-Mangel in den Nieren

**Spezifische Indikationen:** generalisierte Lähmungen durch feuchte pathogene Faktoren – Unbeweglichkeit des unteren Rückens auf Grund von Schmerzen – Mangel an Nieren-*yang* durch übermäßige sexuelle Aktivität – äußere Kälte und innere Hitze – Erbrechen – Verdauungsstörungen – Tumore in den inneren Organen

## Die bewegten Linien

**Linie 1:** *Gehen führt in Hemmnis, Kommen findet Lob.*

ordentliche Prognose – stagnierendes *ch'i [qi]* und Blut im Unterleib – Magenbeschwerden – Durchfall – Blutungen – Nasenbluten – Fußschmerzen – Fieber

**Linie 2:** *Des Königs Diener ist in Hemmnis über Hemmnis.*
*Aber es ist nicht seine Schuld.*

ordentliche Prognose – spastische Schmerzen in den Beinen – Windkrankheiten – Grippe

**Linie 3:** *Gehen führt in Hemmnisse; da kommt er zurück.*

ordentliche Prognose – Unterleibsschmerzen – Nierenfunktionsstörungen – Mangel an Nieren-*ching* – sexuelle Schwäche – Kreuzschmerzen – schmerzhafte Stagnation von *ch'i* und Blut im Unterleib

**Linie 4:** *Gehen führt in Hemmnisse,*
*Kommen führt zur Vereinigung.*

schlechte Prognose – Lungenbeschwerden – Grippe – Mangel an Nieren-*ching* – sexuelle Schwäche – Samenausfluß – nervliche Übersensibilität

**Linie 5:** *Inmitten der größten Hemmnisse kommen Freunde.*

schlechte Prognose – Milz- und Nierenmangel – Blutstase – Schwindel – Gliederschwäche

**Linie 6:** *Gehen führt in Hemmnisse, Kommen führt zu großem Heil. Fördernd ist es, den großen Mann zu sehen.*

gute Prognose – Kopfschmerzen – Fieber

# 40. *hsieh* – Die Befreiung

### *Das Bild*

*Donner und Regen erheben sich:*
*das Bild der Befreiung.*
*So verzeiht der Edle Fehler und vergibt die Schuld.*

### *Das Urteil*

*Die Befreiung. Fördernd ist der Südwesten.*
*Wenn nichts mehr da ist,*
*wohin man zu gehen hätte,*
*ist das Wiederkommen von Heil.*
*Wenn es noch etwas gibt, wohin man gehen muß,*
*dann ist Raschheit von Heil.*

**Allgemeine Indikationen:** Befreiung von chronischen Krankheiten – Dispersion innerer Gifte zur Oberfläche hin – Lösung von Hemmnissen und Blockaden durch Operation

**Spezifische Indikationen:** Disharmonie zwischen *ch'i [qi]* und Blut – Halsentzündung durch übermäßigen Husten – Erbrechen – Hitze im Magen – stagnierende Nahrung – Unterleibsschmerzen – Schanker (entzündliche Hautveränderungen an den Geschlechtsorganen) – epileptische Anfälle – nachgeburtlicher Blutstau

## Die bewegten Linien

**Linie 1:** *Ohne Makel.*

ordentliche Prognose – Blutmangel – feuchte Hitze in der Blase – Blasenentzündung (Zystitis) mit Häufigkeit und Harndrang – Fehlen der Harnabsonderung – Geschlechtskrankheiten – Unterleibstumore – Gelenkschmerzen – kalte Gliedmaßen

**Linie 2:** *Auf dem Feld erlegt man drei Füchse*
*und bekommt einen gelben Pfeil.*
*Beharrlichkeit ist von Heil.*

ordentliche Prognose – *ch'i*-Mangel in Milz und Magen – Verdauungsstörungen – Mangel an Nieren-*ching[jing]* – schmerzhafter Stuhlgang – Nervenzusammenbruch

**Linie 3:** *Wenn einer eine Last auf dem Rücken trägt*
*und trotzdem auf dem Wagen fährt,*
*veranlaßt er dadurch die Räuber, herbeizukommen.*
*Beharrlichkeit führt zu Beschämung.*

ordentliche Prognose – Lebensmittelvergiftung – heftiges Erbrechen – Krämpfe im Oberbauch durch stagnierendes *ch'i* – Windverletzung – Kreuzschmerzen

**Linie 4:** *Befreie dich von deiner großen Zehe.*
*Dann kommt der Gefährte herbei,*
*und dem kannst du trauen.*

ordentliche Prognose – Nierenmangel – feuchte Hitze im Magen – Gelbsucht – Windverletzung – Lähmung durch Schlaganfall – Syphilis – schwerer Blutstau – Blutleere

**Linie 5:** *Wenn der Edle sich nur befreien kann, das bringt Heil.*
*Er zeigt so den Gemeinen, daß es ihm ernst ist.*

ordentliche Prognose – starke Kopfschmerzen – subkostale Schmerzen – Nervenzusammenbruch

**Linie 6:** *Der Fürst schießt nach einem Habicht auf hoher Mauer.*
*Er erlegt ihn. Alles ist fördernd.*

gute Prognose – Kälteschauer und Fieber – Kopfschmerzen – Schwindel

# 41. *sun* – Die Minderung

*Das Bild*

*Unten am Berg ist der See: das Bild der Minderung.*
*So bändigt der Edle seinen Zorn und hemmt seine Triebe.*

*Das Urteil*

*Minderung verbunden mit Wahrhaftigkeit*
*wirkt erhabenes Heil ohne Makel.*
*Man kann darin beharrlich sein.*
*Fördernd ist es, etwas zu unternehmen.*
*Wie übt man das aus?*
*Zwei kleine Schüsselchen mag man benutzen zum Opfer.*

**Allgemeine Indikationen:** geschwächter Gesundheitszustand – chronische Erschöpfung – geistige und emotionale Müdigkeit, die zu Pessimismus und Depression führt

**Spezifische Indikationen:** Müdigkeit durch übermäßigen Streß – Nervenzusammenbruch – Schwäche durch exzessive sexuelle Aktivität – Lungenkrankheiten – aufsteigendes *ch'i [qi]* – Appetitlosigkeit – unregelmäßige Monatsblutung – Blutmangel

### Die bewegten Linien

**Linie 1:** *Wenn die Geschäfte fertig sind, rasch hingehen*
*ist kein Makel.*
*Doch muß man überlegen,*
*wie weit man andere mindern darf.*

ordentliche Prognose – schwerer Durchfall – Blutungen – Nasenbluten – Furunkel – Fußschmerzen – Ohrenschmerzen – starke Unterleibsschmerzen

**Linie 2:** *Fördernd ist Beharrlichkeit.*
*Etwas zu unternehmen, ist von Unheil.*
*Ohne sich selbst zu mindern,*
*vermag man die anderen zu mehren.*

ordentliche Prognose – Kopfschmerzen mit Fieber – Übelkeit – Krämpfe im Oberbauch durch stagnierende Nahrung – Zahnfleischprobleme – Zahnweh – Krankheiten der Mundhöhle

**Linie 3:** *Wenn drei Menschen miteinander wandern,*
*so vermindern sie sich um einen Menschen.*
*Wenn ein Mensch wandert,*
*so findet er seinen Gefährten.*

ordentliche Prognose – Geschwulst im linken Unterleib – Kreuzschmerzen durch Kälte – stagnierende Nahrung – Ausbleiben der Monatsblutung mit Blutstase des Unterleibs

**Linie 4:** *Wenn man seine Mängel mindert,*
*macht man, daß der andere eilig kommt und Freude hat.*
*Kein Makel.*

ordentliche Prognose – Brustschmerzen durch Stagnation von Blut und Schleim – Fieber – Atembeschwerden

**Linie 5:** *Es mehrt ihn wohl jemand.*
*Zehn Paar Schildkröten können dem nicht widerstreben.*
*Erhabenes Heil!*

schlechte Prognose – Zusammenburch des *yin* mit hohem Fieber – starke Kopfschmerzen – (Herz- oder Hirn-)Rhythmusstörungen – starke Erschöpfung

**Linie 6:** *Wenn man ohne Minderung der anderen gemehrt wird,*
*so ist das kein Makel. Beharrlichkeit bringt Heil.*
*Fördernd ist es, etwas zu unternehmen.*
*Man bekommt Diener,*
*aber hat kein besonderes Heim mehr.*

ordentliche Prognose – *ch'i[qi]*-Mangel – geistiger Streß durch starken *ch'i*-Mangel – Kopfschmerzen

# 42. *i* – Die Mehrung

### *Das Bild*

*Wind und Donner: das Bild der Mehrung.*
*So der Edle: Sieht er Gutes, so ahmt er es nach,*
*hat er Fehler, so legt er sie ab.*

### *Das Urteil*

*Die Mehrung. Fördernd ist es, etwas zu unternehmen.*
*Fördernd ist es, das große Wasser zu durchqueren.*

**Allgemeine Indikationen:** Beschwerden auf Grund von Milzmangel und Leberwind – stagnierendes *ch'i [qi]* – Hirnfunktionsstörungen – Menstruationsbeschwerden

**Spezifische Indikationen:** *ch'i*, das heftig zum Herzen aufsteigt – Verdauungsstörungen – stagnierende Nahrung – ansteckende Viruskrankheiten – Nervenzusammenbruch – Gedächtnisverlust (Amnesie) – geistige Entwicklungshemmung – Hämorrhoiden – Scheidenausfluß (Fluor)

### Die bewegten Linien

**Linie 1:** *Fördernd ist es, große Taten zu vollbringen.*
*Erhabenes Heil! Kein Makel.*

ordentliche Prognose – gegenläufiges *ch'i*, das zum Kopf aufsteigt – Fieber – Schwindel – schwerer Durchfall mit Unterleibsschmerzen – Virusinfektionen – Atembeschwerden – allgemeine Gelenkschmerzen – Lähmung

**Linie 2:** *Es mehrt ihn wohl jemand.*
*Zehn Paar Schildkröten können dem nicht widerstreben.*
*Dauernde Beharrlichkeit bringt Heil.*
*Der König stellt ihn dar vor Gott. Heil!*

ordentliche Prognose – Fieberkrankheiten – Lungenbeschwerden – (Herz- oder Hirn-)Rhythmusstörungen – brennende Halsschmerzen – stagnierender Schleim in den Lungen – Beinschmerzen

**Linie 3:** *Man wird gemehrt durch unheilvolle Ereignisse.*
*Kein Makel, wenn du wahrhaftig bist*
*und in der Mitte wandelst*
*und dem Fürsten berichtest mit einem Siegel.*

ordentliche Prognose – subkostale Krämpfe durch Leberwind – Mangel an Magen-*ch'i* – Windauge (ansteckende Augeninfektionen) – Hirnhautentzündung – Eßstörungen – Verstopfung – Fehlen der Harnabsonderung – ernste fieberhafte Erkrankungen

**Linie 4:** *Wenn du in der Mitte wandelst*
*und dem Fürsten berichtest,*
*so wird er folgen.*
*Fördernd ist es, benützt zu werden*
*bei der Verlegung der Hauptstadt.*

ordentliche Prognose – Herzklopfen – stagnierendes *ch'i* im Oberbauch – spastische Kreuzschmerzen – geistige Depression

**Linie 5:** *Wenn du wahrhaftig ein gütiges Herz hast,*
*so frage nicht. Erhabenes Heil!*
*Wahrhaftig wird Güte als deine Tugend anerkannt werden.*

gute Prognose – Fieberkrankheiten – Verletzung durch Kälteeinfluß – Verdauungsstörungen – Lähmung

**Linie 6:** *Er gereicht niemand zur Mehrung.*
*Es schlägt ihn wohl gar jemand.*
*Er hält sein Herz nicht dauernd fest. Unheil!*

schlechte Prognose – wechselweise Fieber und Kälte – extreme Stagnation aller Säfte im ganzen Organismus – Ödeme – Kopfschmerzen – Verlust des Gehörs – Schwächung der Sehkraft

# 43. *kuai* – Der Durchbruch (Die Entschlossenheit)

*Das Bild*

*Der See ist an den Himmel emporgestiegen:*
*das Bild des Durchbruchs.*
*So spendet der Edle Reichtum nach unten hin*
*und scheut es, bei seiner Tugend zu verweilen.*

*Das Urteil*

*Der Durchbruch.*
*Entschlossen muß man am Hof des Königs*
*die Sache bekanntmachen.*
*Der Wahrheit gemäß muß sie verkündet werden. Gefahr!*
*Nicht fördernd ist es, zu den Waffen zu greifen.*
*Fördernd ist es, etwas zu unternehmen.*

**Allgemeine Indikationen:** ernste Krankheiten – Krankheiten der Atemwege – Hirnstörungen – geistige und emotionale Störungen – Hautprobleme – traumatisch bedingte Erkrankungen

**Spezifische Indikationen:** Schleim in den Lungen – subkostale Krämpfe durch stagnierendes Leber-*ch'i[qi]* – stagnierende Körpersäfte, die Ekzeme verursachen – Hautmykosen (Pilzinfektion) – geistige Depression und Verwirrung – Trauma am Kopf – gegenläufiges *ch'i*, welches das Herz angreift

## Die bewegten Linien

**Linie 1:** *Mächtig in den vorwärtsschreitenden Zehen.*
*Geht man hin und ist der Sache nicht gewachsen,*
*so macht man einen Fehler.*

schlechte Prognose – Zusammenbruch des *shen* – Geisteskrankheiten – Übelkeit und Erbrechen – Ödeme – Fußverletzung – Blutgerinnsel in der Monatsblutung

**Linie 2:** *Alarmruf. Abends und nachts Waffen. Fürchte nichts.*

ordentliche Prognose – jahreszeitlich bedingte Erkältung mit Fieber – Verstopfung – Fehlen der Harnabsonderung – Hitzeschleim in den Lungen – starke Kopfschmerzen

**Linie 3:** *Mächtig in den Backenknochen zu sein bringt Unheil.*
*Der Edle ist fest entschlossen.*
*Er wandelt einsam und kommt in den Regen.*
*Er wird bespritzt, und man murrt wider ihn.*
*Kein Makel.*

ordentliche Prognose – Mangel an Nieren-*ching[jing]* – Asthma mit Schleim – latentes Fieber – Epilepsie – Geistesstörung – Kreuzschmerzen – Probleme in der Mundhöhle

**Linie 4:** *An den Oberschenkeln ist keine Haut,*
*und das Gehen fällt schwer.*
*Ließe man sich führen wie ein Schaf,*
*so würde die Reue schwinden.*
*Wenn man aber diese Worte hört,*
*so wird man sie nicht glauben.*

ordentliche Prognose – durch Kälte und Feuchtigkeit verursachte Beschwerden – stagnierende Nahrung – Unterleibsschmerzen – Furunkel am Gesäß – Hämorrhoiden – Geschlechtskrankheiten – Tripper (Gonorrhöe)

**Linie 5:** *Dem Unkraut gegenüber braucht es feste Entschlossenheit. In der Mitte wandeln bleibt frei von Makel.*

ordentliche Prognose – gegenläufiger Leberwind, der zum Kopf aufsteigt – Geistesverwirrung – Brustschmerzen – Hysterie

**Linie 6:** *Kein Ruf! Schließlich kommt Unheil.*

schlechte Prognose – Zusammenbruch des *shen* – Geistesstörung – starke Kopfschmerzen – Gehirntumor mit Geistesverwirrung - generalisierte Ödeme – Unfähigkeit zu essen – Atemnot

# 44. *kou* – Das Entgegenkommen

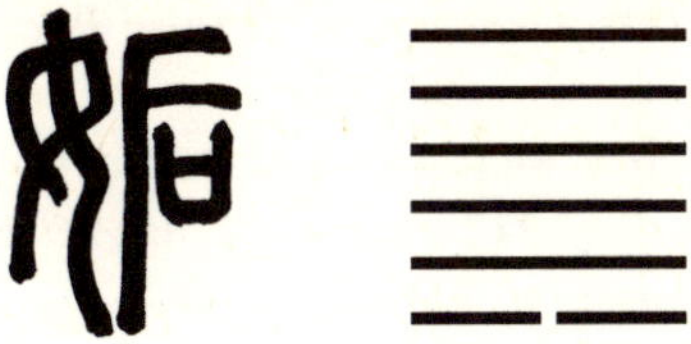

### *Das Bild*

*Unter dem Himmel der Wind:*
*das Bild des Entgegenkommens.*
*So macht es der Fürst beim Verbreiten seiner Befehle*
*und ihrer Verkündigung an die vier Himmelsgegenden.*

### *Das Urteil*

*Das Entgegenkommen. Das Mädchen ist mächtig.*
*Man soll ein solches Mädchen nicht heiraten.*

**Allgemeine Indikationen:** *yin*-Mangel und *yang*-Fülle – Mangelhitze, die in den Oberkörper hochsteigt – hormonales Ungleichgewicht – mentaler Streß – Verdauungsstörungen – langsamer Ausbruch einer Krankheit, aber später schnelle Veränderungen

**Spezifische Indikationen:** Erkältungen mit Fieber und Kopfschmerzen – Appetitlosigkeit mit stagnierender Nahrung – Gesichtsödem – Nervenzusammenbruch – Impotenz – Vorfall von Afterschleimhaut (Analprolaps) – nachgeburtliche Komplikationen – Gebärmutterbeschwerden

## Die bewegten Linien

**Linie 1:** *Man muß es hemmen mit ehernem Radschuh.*
*Beharrlichkeit ist von Heil.*
*Wenn man es hingehen läßt, so erfährt man Unheil.*
*Auch ein mageres Schwein hat die Anlage dazu, umherzutoben.*

ordentliche Prognose – Mangel an Nieren-*ching[jing]* – Erschöpfung – Verstopfung – Fehl- oder Schwerharnen – Fußschmerzen – Erkältung

**Linie 2:** *Im Behälter ist ein Fisch. Kein Makel!*
*Nicht fördernd für Gäste.*

ordentliche Prognose – Hämorrhoiden – Beinschmerzen – Durchfall mit feuchter Hitze in den Eingeweiden

**Linie 3:** *An den Oberschenkeln ist keine Haut,*
*und das Gehen fällt schwer.*
*Wenn man der Gefahr eingedenk ist,*
*macht man keinen großen Fehler.*

ordentliche Prognose – Blutungskrankheiten – Durchfall – Geschlechtskrankheiten – Kreuzschmerzen durch stagnierende Kälte – ausgeprägte Hämorrhoiden

**Linie 4:** *Im Behälter ist kein Fisch.*
*Daraus erhebt sich Unheil.*

schlechte Prognose – tiefer *yin*-Mangel – Mangel an Nieren-*ching* – Lähmung durch Windeinfluß – Auszehrung – Schlaganfall

**Linie 5:** *Mit Weidenblättern bedeckte Melone:*
*verborgene Linien.*
*Da fällt es einem vom Himmel herunter zu.*

ordentliche Prognose – *ch'i [qi]*, das heftig zum Kopf aufsteigt – Sehschwäche – Kopfschmerzen

**Linie 6:** *Er kommt mit seinen Hörnern entgegen.*
*Beschämung. Kein Makel.*

schlechte Prognose – starke Kopfschmerzen – Kongestion in der Brust mit Schleim – generalisierte Ödeme – Überblähung des Unterleibs durch Stagnation

# 45. *ts'ui* – Die Sammlung

### *Das Bild*

*Der See ist oberhalb der Erde:*
*das Bild der Sammlung.*
*So erneuert der Edle seine Waffen,*
*um Unvorhergesehenem zu begegnen.*

### *Das Urteil*

*Die Sammlung. Gelingen.*
*Der König naht sich seinem Tempel.*
*Fördernd ist es, den großen Mann zu sehen.*
*Das bringt Gelingen. Fördernd ist Beharrlichkeit.*
*Große Opfer zu bringen schafft Heil.*
*Fördernd ist es, etwas zu unternehmen.*

**Allgemeine Indikationen:** Ansammlung von Toxinen – durch stagnierende Nahrung überstrapaziertes Verdauungssystem – Mangel an *wei ch'i [wei qi* = Abwehr-*qi]* – Immunschwäche durch stagnierende Toxine – Feuchtigkeit, die den Organismus blockiert – zwei konkurrierende Pathologien (Doppelpathologie)

**Spezifische Indikationen:** Lebensmittelvergiftung – stagnierende Nahrung – Magen-Darm-Krebs – Lungenkongestion mit Husten – Erbrechen – Durchfall – Hysterie

## Die bewegten Linien

**Linie 1:** *Wenn du wahrhaftig bist, doch nicht bis zum Ende,*
*so gibt es bald Verwirrung, bald Sammlung.*
*Wenn du rufst, so kannst du*
*nach einem Griff wieder lachen.*
*Bedaure nichts. Hingehen ist ohne Makel.*

ordentliche Prognose – Milzmangel – heftig zum Kopf aufsteigendes Leber-*ch'i* – spastische Schmerzen in den unteren Extremitäten – Rhythmusstörungen

**Linie 2:** *Sich ziehen lassen bringt Heil und bleibt ohne Makel.*
*Wenn man wahrhaftig ist,*
*ist es auch fördernd, ein kleines Opfer zu bringen.*

ordentliche Prognose – *ch'i*-Mangel – Mangel an Nieren-*ching[jing]* – Impotenz – Geschlechtskrankheiten – Durchfall – Kreuzschmerzen durch stagnierende Kälte

**Linie 3:** *Sammlung unter Seufzen. Nichts, das fördernd wäre.*
*Hingehen ist ohne Makel. Kleine Beschämung.*

ordentliche Prognose – Depression wegen Liebesverlustes – Nervenzusammenbruch – Lungenkrankheiten – Verletzung durch Kälte

**Linie 4:** *Großes Heil! Kein Makel.*

ordentliche Prognose – Nieren- und Milzmangel – subkostale Schmerzen durch stagnierendes *ch'i* – endogen verursachte Krankheiten (Ungleichgewicht unter den sieben Gefühlen, schlechte Ernährung, übermäßige sexuelle Aktivität usw.)

**Linie 5:** *Wenn man beim Sammeln die Stellung hat,*
*so gibt das keinen Makel.*
*Wenn manche noch nicht wahrhaft dabei sind,*
*so bedarf es erhabener, dauernder Beharrlichkeit,*
*dann schwindet die Reue.*

schlechte Prognose – chronischer Milz- und Nierenmangel – Lebensmittelvergiftung – Magen-Darm-Krebs – Erbrechen

**Linie 6:** *Klagen und Seufzen. Tränen in Strömen.*
*Kein Makel.*

ordentliche Prognose – stagnierendes *ch'i* unter den Rippen – Kopfschmerzen – Schwindel – subkostale Schmerzen

# 46. *sheng* – Das Empordringen

*Das Bild*

*Inmitten der Erde wächst das Holz:*
*das Bild des Empordringens.*
*So häuft der Edle hingebenden Wesens Kleines,*
*um es zu Hohem und Großem zu bringen.*

*Das Urteil*

*Das Empordringen hat erhabenes Gelingen.*
*Man muß den großen Mann sehen.*
*Fürchte dich nicht!*
*Aufbruch nach Süden bringt Heil.*

**Allgemeine Indikationen:** Aufsteigen von *ch'i [qi]* und Blut zum Kopf, das Kongestion und Stagnation verursacht – Magen-Darm-Beschwerden – schneller Wechsel der Symptomatik

**Spezifische Indikationen:** epileptische Anfälle – Schwindel – Kopfschmerzen – Schlaganfall – Geistesstörung – Hirnhautentzündung – stagnierende Nahrung – Unterleibstumor – Erbrechen – Durchfall

## Die bewegten Linien

**Linie 1:** *Empordringen, das Zutrauen findet, bringt großes Heil.*

ordentliche Prognose – Milzmangel, der zu Verdauungsstörungen, Verstopfung, kalten Extremitäten und Müdigkeit führt – Mangel an Nieren-*ching[jing]* – Blutstase im Unterleib

**Linie 2:** *Wenn man wahrhaftig ist,*
*so ist es auch fördernd, ein kleines Opfer zu bringen.*
*Kein Makel.*

ordentliche Prognose – Beinschmerzen – allgemeine Lähmung – Erschöpfung – Mangel an Nieren-*ching* – Kreuzschmerzen

**Linie 3:** *Man dringt empor in eine leere Stadt.*

ordentliche Prognose – feuchte Hitze im Magen – Verstopfung – blutende Hämorrhoiden – Kreuzschmerzen – unregelmäßige Monatsblutung durch Blutmangel – Scheidenausfluß

**Linie 4:** *Der König bringt ihn dem Berg Ki dar. Heil.*
*Kein Makel.*

ordentliche Prognose – Unterleibsschmerzen mit Überblähung durch tiefe Stagnation von *ch'i* und Blut

**Linie 5:** *Beharrlichkeit bringt Heil. Man dringt empor auf Stufen.*

schlechte Prognose – Herzhitze – Brustschmerzen – Gehörverlust – Lungenkrankheiten – Nervenzusammenbruch

**Linie 6:** *Empordringen im Dunkeln.*
*Fördernd ist es, unablässig beharrlich zu sein.*

ordentliche Prognose – stagnierendes Wasser – Kopfschmerzen – steife Schultern – Furunkel – Ödeme – traumatische Verletzung

# 47. *k'un* – Die Bedrängnis (Die Erschöpfung)

*Das Bild*

*Im See ist kein Wasser: das Bild der Erschöpfung.*
*So setzt der Edle sein Leben daran,*
*um seinem Willen zu folgen.*

*Das Urteil*

*Die Bedrängnis. Gelingen. Beharrlichkeit.*
*Der große Mann wirkt Heil. Kein Makel.*
*Wenn man etwas zu sagen hat, wird es nicht geglaubt.*

**Allgemeine Indikationen:** Entkräftung durch *yin*- und *yang*-Mangel – langdauernde, schwierige Erkrankungen – Unfähigkeit, sich von einer Krankheit zu erholen – könnte Einlieferung ins Krankenhaus erfordern

**Spezifische Indikationen:** Milz- und Nierenmangel – Auszehrung – Schlaflosigkeit – Appetitlosigkeit – Erbrechen – Blutungen – unwillkürlicher Samenerguß – Hämorrhoiden – Geschlechtskrankheiten – Tod durch Ertrinken

## Die bewegten Linien

**Linie 1:** *Man sitzt bedrängt unter einem kahlen Baum*
*und gerät in ein finsteres Tal.*
*Drei Jahre lang sieht man nichts.*

ordentliche Prognose – Fehl- oder Schwerharnen – hartnäckiger Husten mit Schleim – Schmerzen im Gesäß – Fußschmerzen – Gelenkschmerzen – Furunkel an der Hüfte – Zahnschmerzen – Ohrenbeschwerden – Scheidenausfluß

**Linie 2:** *Man ist bedrängt bei Wein und Speisen.*
*Der Mann mit den scharlachroten Kniebinden kommt eben.*
*Fördernd ist es, Opfer darzubringen.*
*Aufbrechen ist von Unheil.*
*Kein Makel.*

ordentliche Prognose – Mangel an Milz-*ch'i[qi]* – Lebensmittelvergiftung – Unterleibsschmerzen – Beinschmerzen – Mangel an Nieren-*ching[jing]*

**Linie 3:** *Man läßt sich bedrängen durch Stein*
*und stützt sich auf Dornen und Disteln.*
*Man geht in sein Haus und sieht nicht seine Frau. Unheil!*

ordentliche Prognose – Unterleibstrauma – stagnierende Nahrung, die Überblähung des Unterleibs verursacht – Verstopfung – Ödeme an den Beinen – Verletzung durch Kälteeinfluß – Augenkrankheiten – Ohreninfektionen

**Linie 4:** *Er kommt ganz sachte, bedrängt in einem goldenen Wagen.*
*Beschämung, aber man kommt zu Ende.*

schlechte Prognose – Herzbeschwerden – Nierenversagen – schwerer Durchfall mit Blutungen – Nervenzusammenbruch – Blutspucken – schwere Geschlechtskrankheiten

**Linie 5:** *Es werden ihm Nase und Füße abgeschnitten.*
*Man ist bedrängt von den in purpurnen Kniebinden.*
*Sachte kommt die Freude.*
*Fördernd ist es, Opfer und Spenden zu bringen.*

ordentliche Prognose – Leberwind, der zum Kopf steigt – Asthma – Müdigkeit – Epilepsie – steife Schultern

**Linie 6:** *Er ist bedrängt von Ranken.*
*Er bewegt sich unsicher und spricht:*
*«Bewegung schafft Reue.»*
*Wenn man darüber Reue empfindet und sich aufmacht,*
*so hat man Heil.*

ordentliche Prognose – steife Schultern – Furunkel – Ödeme

# 48. *ching* – Der Brunnen

*Das Bild*

*Über dem Holz ist Wasser: das Bild des Brunnens.*
*So ermuntert der Edle das Volk bei der Arbeit*
*und ermahnt es, einander zu helfen.*

*Das Urteil*

*Der Brunnen. Man mag die Stadt wechseln,*
*aber kann nicht den Brunnen wechseln.*
*Er nimmt nicht ab und nimmt nicht zu.*
*Sie kommen und gehen und schöpfen aus dem Brunnen.*
*Wenn man beinahe das Brunnenwasser erreicht hat,*
*aber noch nicht mit dem Seil drunten ist*
*oder seinen Krug zerbricht,*
*so bringt das Unheil.*

**Allgemeine Indikationen:** Mangel an *yüan ch'i [yuan qi]* – entkräftende Geisteskrankheiten – Kälte- und Feuchtigkeitskrankheiten – Intoxikation

**Spezifische Indikationen:** Lungenerkrankungen – Furunkel – Gelenkschmerzen – Brustschmerzen – Durchfall – Ohreninfektion – Scheidenausfluß

### Die bewegten Linien

**Linie 1:** *Der Schlamm des Brunnens wird nicht getrunken.*
*Zu einem alten Brunnen kommen keine Tiere.*

ordentliche Prognose – stagnierende Nahrung – Schlaflosigkeit – Kropf – Diabetes – Arthritis – Vorfall von Darmschleimhaut aus dem After – Geschlechtskrankheiten – Ödeme – Beinschmerzen – Tetanus

**Linie 2:** *Am Brunnenloch schießt man Fische.*
*Der Krug ist zerbrochen und rinnt.*

ordentliche Prognose – subkostale Schmerzen – Leber-*ch'i*, das zum Kopf hochsteigt – Hysterie – Muskelkrämpfe in den Schultern – Kreuzschmerzen – Geschlechtskrankheiten – Tetanus – Bewegungsunfähigkeit

**Linie 3:** *Der Brunnen ist gereinigt, aber man trinkt nicht daraus.*
*Das ist meines Herzens Leid;*
*denn man könnte daraus schöpfen.*
*Wäre der König klar,*
*so genösse man gemeinsam das Glück.*

ordentliche Prognose – Durchfall – Furunkel – geistige Depression – Krankheiten auf Grund von Feuchtigkeit – Ödeme

**Linie 4:** *Der Brunnen wird ausgemauert, kein Makel.*

ordentliche Prognose – Atemnot – Asthma durch stagnierenden Schleim – Bauchwassersucht – starkes Erbrechen und Durchfall – Blutgerinnsel in der Monatsblutung – Magenhitze – Leberwind, der zum Herzen aufsteigt

**Linie 5:** *Im Brunnen ist ein klarer, kühler Quell,*
*den man trinken kann.*

schlechte Prognose – starke Verschlechterung der Sehkraft – Ohrensausen – Kopfschmerzen mit Schwindel – Lähmung – ererbte Syphilis

**Linie 6:** *Man schöpft aus dem Brunnen ohne Hinderung.*
*Er ist zuverlässig. Erhabenes Heil!*

ordentliche Prognose – Erkältung oder Grippe mit Komplikationen – Rhythmusstörungen – Kopfschmerzen – allgemeine Erschöpfung

# 49. *ko* – Die Umwälzung
# (Die Mauserung)

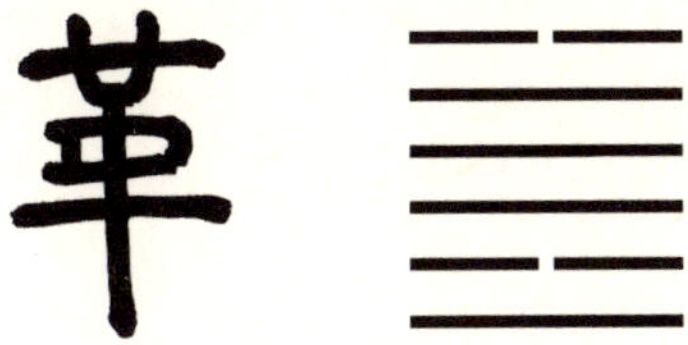

*Das Bild*

*Im See ist Feuer: das Bild der Umwälzung.*
*So ordnet der Edle die Zeitrechnung*
*und macht die Zeiten klar.*

*Das Urteil*

*Die Umwälzung.*
*Am eigenen Tag, da findest du Glauben.*
*Erhabenes Gelingen, fördernd durch Beharrlichkeit.*
*Die Reue schwindet.*

**Allgemeine Indikationen:** plötzliche und vollständige Veränderung der Symptomatik – aggressive und wechselhafte Krankheiten – fieberhafte Erkrankungen – Erkrankungen mit *yin/yang*-Disharmonie – Blutmangel – ansteckende Krankheiten – ungewöhnliche Krankheiten – plötzlicher Tod

**Spezifische Indikationen:** Lungenbeschwerden mit Fieber und Schleim – Blutungskrankheiten – Grippe und Erkältungen – Verstopfung durch Hitze in den Eingeweiden – Heiserkeit

## Die bewegten Linien

**Linie 1:** *Man wird eingewickelt in das Fell einer gelben Kuh.*

ordentliche Prognose – feuchte Hitze – Abszesse an inneren Organen – Mangel an Nieren-*ching[jing]* – Verletzungen durch Kälteeinfluß – Grippe – Gelbsucht – schmerzhafte Lähmung der Gliedmaßen

**Linie 2:** *Am eigenen Tage, da mag man umwälzen.*
*Aufbruch bringt Heil. Kein Makel.*

ordentliche Prognose – Überblähung des Unterleibs durch stagnierende Hitze – Leber-*ch'i[qi]*, das zum Kopf steigt – Verstopfung – Husten mit Schleim – schwerer Durchfall (Dysenterie)

**Linie 3:** *Aufbruch bringt Unheil. Beharrlichkeit bringt Gefahr.*
*Wenn die Rede von der Umwälzung dreimal ergangen ist, dann mag man sich ihm zuwenden und wird Glauben finden.*

ordentliche Prognose – Schmerzen durch stagnierende Nahrung – Erbrechen – Geistesverwirrung – Geschlechtskrankheiten

**Linie 4:** *Die Reue schwindet. Man findet Glauben.*
*Die Staatsordnung zu wechseln bringt Heil.*

ordentliche Prognose – schwerer Mangel an Blut und *ch'i* – stechende subkostale Schmerzen durch Leberwind – Lungenfunktionsstörung – Unterleibsschmerzen – Furunkel

**Linie 5:** *Der große Mann ändert wie ein Tiger.*
*Noch ehe er das Orakel fragt, findet er Glauben.*

ordentliche Prognose – hohes Fieber – *ch'i*-Mangel – Brustschmerzen – Rückenschmerzen

**Linie 6:** *Der Edle ändert wie ein Panther.*
*Der Geringe mausert sich im Gesicht.*
*Aufbruch bringt Unheil.*
*In Beharrlichkeit weilen bringt Heil.*

ordentliche Prognose – schwere Kopfschmerzen mit Fieber – jahreszeitlich bedingte Erkältung und Grippe

# 50. *ting* – Der Tiegel

*Das Bild*

*Über dem Holz ist Feuer: das Bild des Tiegels.*
*So festigt der Edle*
*durch Richtigmachung der Stellung das Schicksal.*

*Das Urteil*

*Der Tiegel. Erhabenes Heil. Gelingen.*

**Allgemeine Indikationen:** Erkrankungen auf Grund von maßlosem Essen, emotionaler Schwelgerei und übermäßiger sexueller Aktivität – energische und bösartige Krankheiten – Leber-*yang*-Fülle – Infektionen durch Nahrung

**Spezifische Indikationen:** ansteckende fieberhafte Erkrankungen – Hirnfunktionsstörung – Furunkel – Lungenkrankheiten – generalisierte Ödeme – Blasenentzündung – Verstopfung – Schwangerschaft

## Die bewegten Linien

**Linie 1:** *Ein Tiegel mit umgekippten Beinen.*
*Fördernd zur Entfernung des Stockenden.*
*Man nimmt eine Nebenfrau um ihres Sohns willen.*
*Kein Makel.*

ordentliche Prognose – subkostale Schmerzen durch Leberwind – Erbrechen und Überblähung des Unterleibs infolge von Völlerei – Verstopfung – Ödeme – Gehstörungen

**Linie 2:** *Im Tiegel ist Nahrung.*
*Meine Genossen haben Neid,*
*aber sie können mir nichts anhaben.*
*Heil!*

schlechte Prognose – Schleim, der die Pforten des Herzens verstopft – Gliederschwere – schlechte Ausscheidung – Lähmung der Beine

**Linie 3:** *Der Henkel des Tiegels ist verändert.*
*Man ist behindert in seinem Wandel.*
*Das Fett des Fasans wird nicht gegessen.*
*Wenn erst der Regen fällt, dann erschöpft sich die Reue.*
*Endlich kommt Heil.*

günstige Prognose – feuchte Hitze in der Blase – schwerer Durchfall – Kreuzschmerzen – Hämorrhoiden – Geschlechtskrankheiten

**Linie 4:** *Der Tiegel bricht die Beine.*
*Das Mahl des Fürsten wird verschüttet,*
*und die Gestalt wird befleckt.*
*Unheil!*

schlechte Prognose – heftige epileptische Anfälle – Herzanfall – heftig gegenläufiges Leber-*ch'i[qi]*

**Linie 5:** *Der Tiegel hat gelbe Henkel, goldne Tragringe.*
*Fördernd ist Beharrlichkeit.*

ordentliche Prognose – subkostale Schmerzen durch stagnierendes Leber-*ch'i* – Husten – Ödeme – hohes Fieber – Sehschwächung – Ohrensausen

**Linie 6:** *Der Tiegel hat Nephritringe. Großes Heil!*
*Nichts, das nicht fördernd wäre.*

gute Prognose – epileptische Anfälle – Kopfschmerzen – stagnierendes Leber-*ch'i* – Sehstörungen

# 51. *chen* – Das Erregende (Das Erschüttern, Der Donner)

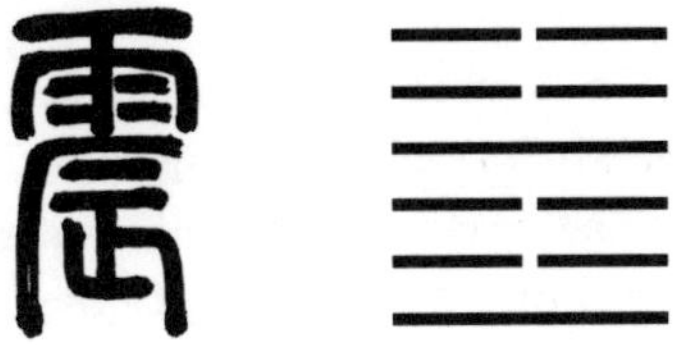

### *Das Bild*

*Fortgesetzter Donner: das Bild des Erschütterns.*
*So macht der Edle unter Furcht und Zittern sein Leben recht*
*und erforscht sich selbst.*

### *Das Urteil*

*Das Erschüttern bringt Gelingen.*
*Das Erschüttern kommt: Hu, hu!*
*Lachende Worte: Ha, ha!*
*Das Erschüttern erschreckt hundert Meilen,*
*und er läßt nicht Opferlöffel und Kelch fallen.*

**Allgemeine Indikationen:** Krankheit mit plötzlichem Ausbruch – aggressive Krankheiten – starke Schmerzen – ständig wechselnde Symptome – Leber, die die Milz erobert – Anfälle verschiedener Art – Krämpfe

**Spezifische Indikationen:** epileptische Anfälle – Geisteskrankheiten – besessener Geisteszustand – Schwindel – Ohrenbeschwerden – Schlaflosigkeit – Muskelverstauchung – Wechselfieber – Hysterie – Zwillingsgeburt

## Die bewegten Linien

**Linie 1:** *Das Erschüttern kommt: Hu, hu!*
*Darauf folgen lachende Worte: Ha, ha!*
*Heil!*

ordentliche Prognose – akute Unterleibsschmerzen – gegenläufiges Leber-*ch'i[qi]*, das zum Herzen aufsteigt – Schlaganfall – schmerzhafte Lähmung der unteren Beine

**Linie 2:** *Das Erschüttern kommt mit Gefahr.*
*Hunderttausendfach verlierst du deine Schätze*
*und mußt auf die neun Hügel steigen.*

ordentliche Prognose – Brustschmerzen mit Husten – Unterleibsschmerzen – Leber-*ch'i*, das zum Herzen aufsteigt – kalte Beine – Gelenkschmerzen – Schlaganfall – geistige Depression

**Linie 3:** *Das Erschüttern kommt und macht fassungslos.*
*Wenn man infolge des Erschütterns handelt,*
*so bleibt man frei von Unglück.*

ordentliche Prognose – akutes hohes Fieber – manischer Zustand – akute Geschlechtskrankheiten – Blutgerinnsel in der Monatsblutung

**Linie 4:** *Das Erschüttern gerät in Schlamm.*

ordentliche Prognose – tiefe Stagnation von *ch'i* und Blut – heftige subkostale Schmerzen – schmerzhafte Krämpfe in den Gliedmaßen – Mangel an *ching[jing]* – Erschöpfung – intermittierende Unterleibsschmerzen

**Linie 5:** *Das Erschüttern geht hin und her: Gefahr.*
*Aber man verliert durchaus nichts,*
*nur gibt es Geschäfte.*

ordentliche Prognose – Atemnot mit starken Brustschmerzen – Erbrechen – Angina pectoris

**Linie 6:** *Das Erschüttern bringt Verfall*
*und ängstliches Umherblicken:*
*Vorangehen bringt Unheil.*
*Wenn es noch nicht den eigenen Leib erreicht,*
*sondern erst den Nachbarn erreicht hat,*
*so ist kein Makel.*
*Die Genossen haben zu reden.*

schlechte Prognose – Koma – Herzanfall – geistiger Wahn – Kopfschmerzen – Sehschwäche – heftige Zahnschmerzen

# 52. *ken* – Das Stillehalten
# (Der Berg)

*Das Bild*

*Zusammenstehende Berge: das Bild des Stillehaltens.*
*So geht der Edle mit seinen Gedanken*
*nicht über seine Lage hinaus.*

*Das Urteil*

*Stillehalten seines Rückens,*
*so daß er seinen Leib nicht mehr empfindet.*
*Er geht in seinen Hof und sieht nicht seine Menschen.*
*Kein Makel.*

**Allgemeine Indikationen:** chronischer Krankheitszustand – unveränderliche Symptomatik – Schwellungen durch stagnierende Körpersäfte – Stauungszustand – Trauma – Lähmung

**Spezifische Indikationen:** schlechter Kreislauf – Nervenzusammenbruch – Milzmangel, der stagnierende Nahrung und Durchfall verursacht – hartnäckige Gelenkschmerzen – Schlaganfall – Furunkel – Blutstase bei der Monatsblutung

## Die bewegten Linien

**Linie 1:** *Stillehalten seiner Zehen.*
*Kein Makel.*
*Fördernd ist dauernde Beharrlichkeit.*

ordentliche Prognose bei sofortiger Behandlung – Fieber – aufsteigendes Leber-*yang* – Milz/Magen-Disharmonie – Durchfall – Blutungskrankheiten – Kongestion im Kopf – Ödeme

**Linie 2:** *Stillehalten seiner Waden.*
*Er kann den nicht retten, dem er folgt.*
*Sein Herz ist nicht froh.*

ordentliche Prognose – Arthritis in den Beinen – Herzschmerzen – Furunkel durch Intoxikation – Lähmung der unteren Beine – kindliche Anfälle

**Linie 3:** *Stillehalten seiner Hüften.*
*Steifmachen seines Kreuzbeins.*
*Gefährlich. Das Herz erstickt.*

ordentliche Prognose – Nierenmangel – Kreuzschmerzen – Geschlechtskrankheiten – Herzkrankheiten – Gehschwierigkeiten durch Lähmung in den Beinen – Unfähigkeit zu essen

**Linie 4:** *Stillehalten seines Rumpfes.*
*Kein Makel.*

ordentliche Prognose – Brustschmerzen – hartnäckige, latente Fieber – heftig aufsteigendes *ch'i [qi]* – emotionale Depression – anhaltender subkostaler Schmerz

**Linie 5:** *Stillehalten seiner Kinnladen.*
*Die Worte haben Ordnung.*
*Die Reue schwindet.*

schlechte Prognose – Atemnot – schmerzhafte Krämpfe in den Gliedmaßen – Lähmung – schmerzhafte *ch'i*-Stagnation

**Linie 6:** *Großzügiges Stillehalten.*
*Heil!*

schlechte Prognose – schwerer Nieren- und Milzmangel – Disharmonie von *ch'i* und Blut – Schulterschmerzen – Lähmung – Furunkel

# 53. *chien* – Die Entwicklung (Allmählicher Fortschritt)

*Das Bild*

*Auf dem Berge ist ein Baum: das Bild der Entwicklung.*
*So weilt der Edle in würdiger Tugend,*
*um die Sitten zu bessern.*

*Das Urteil*

*Die Entwicklung. Das Mädchen wird verheiratet. Heil!*
*Fördernd ist Beharrlichkeit.*

**Allgemeine Indikationen:** allmählich fortschreitende Krankheiten mit langsamem Ausbruch – ständige Wechsel der Symptomatik – Tod

**Spezifische Indikationen:** zunehmende Depression – fortschreitende Erkältung – Lebensmittelvergiftung – Magenschmerzen mit subkostaler *ch'i[qi]*-Stagnation

## Die bewegten Linien

**Linie 1:** *Die Wildgans zieht allmählich dem Ufer zu.*
*Der junge Sohn ist in Gefahr.*
*Es gibt Gerede. Kein Makel.*

ordentliche Prognose – Beinschmerzen – Verletzung durch Kälteeinfluß – Depression – Verstopfung

**Linie 2:** *Die Wildgans zieht allmählich dem Felsen zu.*
*Essen und Trinken in Frieden und Eintracht. Heil!*

ordentliche Prognose – schwere Erkältung – Fußschmerzen – stagnierende Körpersäfte – Ödeme

**Linie 3:** *Die Wildgans zieht allmählich der Hochebene zu.*
*Der Mann zieht aus und kehrt nicht wieder.*
*Die Frau trägt ein Kind, aber bringt es nicht zur Welt.*
*Unheil!*
*Fördernd ist es, Räuber abzuwehren.*

ordentliche Prognose – Disharmonie von *ch'i* und Blut – Leber-*ch'i*, das zum Kopf aufsteigt – Schwindel – Kopfschmerzen – Leber, welche die Milz erobert – Lähmung

**Linie 4:** *Die Wildgans zieht allmählich dem Baume zu.*
*Vielleicht bekommt sie einen flachen Ast. Kein Makel.*

gute Prognose – Überblähung des Unterleibs durch Lebensmittelvergiftung – Depression – Verletzung durch Kälteeinfluß – subkostale Krämpfe durch stagnierendes Leber-*ch'i*

**Linie 5:** *Die Wildgans zieht allmählich dem Gipfel zu.*
*Die Frau bekommt drei Jahre lang kein Kind.*
*Endlich kann sie nichts verhindern. Heil!*

ordentliche Prognose – stagnierendes Blut – Brustschmerzen – Brustkrebs – kindliche Magenbeschwerden – Ausbleiben der Monatsblutung – Furunkel am Rücken

**Linie 6:** *Die Wildgans zieht allmählich den Wolkenhöhen zu.*
*Ihre Federn können zum heiligen Tanz verwendet werden.*
*Heil!*

ordentliche Prognose – Erbrechen – Unterleibsabszesse – schwere Verdauungsstörungen – Augenkrankheiten – Ohreninfektionen – Schulter- und Nackenschmerzen – Furunkel

# 54. *kuei mei* –
# Das heiratende Mädchen

*Das Bild*

*Oberhalb des Sees ist der Donner:*
*das Bild des heiratenden Mädchens.*
*So erkennt der Edle durch die Ewigkeit des Endes*
*das Vergängliche.*

*Das Urteil*

*Das heiratende Mädchen.*
*Unternehmungen bringen Unheil.*
*Nichts, das nicht fördernd wäre.*

**Allgemeine Indikationen:** Krankheiten durch Maßlosigkeit in den Emotionen, im Sexualleben und in der Ernährung – Leber-*yang*-Fülle – extreme geistige Belastung – Medikamenten-/Drogenmißbrauch – Tod

**spezifische Indikationen:** emotionaler Zusammenbruch – übermäßige sexuelle Aktivität – Eßzwang – übermäßiger Ärger – Hysterie – Atemnot mit Schleim – Geschlechtskrankheiten – Ödeme an den Beinen – Medikamentenallergie

## Die bewegten Linien

**Linie 1:** *Das heiratende Mädchen als Nebenfrau.*
*Ein Lahmer, der auftreten kann.*
*Unternehmungen bringen Heil.*

gute Prognose – Schmerzen in den unteren Extremitäten durch stagnierende Kälte – Furunkel – Durchfall – Blutungen – Halsentzündung

**Linie 2:** *Ein Einäugiger, der sehen kann.*
*Fördernd ist die Beharrlichkeit eines einsamen Menschen.*

ordentliche Prognose – starke Leberwind-Fülle – aufsteigendes *ch'i [qi]* – Beinkrämpfe – paranoide Angst – Krankheiten der Mundhöhle – kindliche Hirnhautentzündung – Phobien

**Linie 3:** *Das heiratende Mädchen als Sklavin.*
*Sie heiratet als Nebenfrau.*

ordentliche Prognose – Beinschmerzen durch Kälte – Leberwind-Fülle – akute ansteckende Krankheiten – Ödeme – allgemeine Muskelkrämpfe – übermäßige sexuelle Aktivität – Eßzwang – Geschlechtskrankheiten

**Linie 4:** *Das heiratende Mädchen verzögert die Frist.*
*Eine späte Heirat kommt zu ihrer Zeit.*

ordentliche Prognose – Mangel an *ching [jing]* – schmerzhafte Lähmung der Fußes durch Kälteeinfluß – Nervenzusammenbruch

**Linie 5:** *Da waren die gestickten Kleider der Fürstin*
*nicht so prächtig wie die der Dienerin.*
*Der Mond, der fast voll ist, bringt Heil.*

ordentliche Prognose – Brustschmerzen mit Schleim – Atemnot – subkostale Krämpfe

**Linie 6:** *Die Frau hält den Korb, aber es sind keine Früchte darin.*
*Der Mann sticht das Schaf, aber es fließt kein Blut.*
*Nichts, das fördernd wäre.*

ordentliche Prognose – hohes Fieber – Kopfschmerzen – Herzklopfen – Hitzebläschen im Mund – Verstopfung

# 55. *feng* – Die Fülle

### *Das Bild*

*Donner und Blitz kommen beide: das Bild der Fülle.*
*So entscheidet der Edle die Prozesse*
*und führt die Strafen aus.*

### *Das Urteil*

*Die Fülle hat Gelingen.*
*Der König erreicht sie.*
*Sei nicht traurig; du mußt sein wie die Sonne am Mittag.*

**Allgemeine Indikationen:** akute fieberhafte Erkrankungen – dynamische Symptomveränderungen mit Schmerzen – Leber-*yang*-Fülle – exzessives Sexualleben – Augenkrankheiten – Schwangerschaft

**Spezifische Indikationen:** Grippe und Erkältung mit hohem Fieber – Leber-*yang*, welches das Herz stört – Mangel an Nieren-*yang* – Tuberkulose bei Jugendlichen – senile Demenz

## Die bewegten Linien

**Linie 1:** *Wenn man seinem bestimmten Herrn begegnet,*
*so mag man zehn Tage beisammen sein,*
*und es ist kein Fehler.*
*Hingehen findet Anerkennung.*

ordentliche Prognose – Blutstase – Herzstörung – schlechter Kreislauf – Fußschmerzen – Lähmung in den Beinen

**Linie 2:** *Der Vorhang ist von solcher Fülle,*
*daß man am Mittag die Polsterne sieht.*
*Durch Hingehen erreicht man Mißtrauen und Haß.*
*Wenn man durch Wahrheit ihn erweckt, kommt Heil.*

ordentliche Prognose – Augenkrankheiten – Schwindel – Geistesverwirrung – Furunkel – Lungenkrankheiten – Überblähung des Unterleibs – Ödeme in den unteren Extremitäten – Gelenkschmerzen

**Linie 3:** *Das Gestrüpp ist von solcher Fülle,*
*daß man am Mittag die kleinen Sterne sieht.*
*Er bricht seinen rechten Arm. Kein Makel.*

ordentliche Prognose – Mangel an *ching [jing]* – akute ansteckende Krankheiten – Leber-*yang*-Fülle – Kreuzschmerzen – Blähungen – Knochenbruch

**Linie 4:** *Der Vorhang ist von solcher Fülle,*
*daß man am Mittag die Polsterne sieht.*
*Er begegnet seinem gleichen Herrn. Heil!*

schlechte Prognose – Herzstillstand – Geistesstörung – Schmerzen durch feuchte Hitze im Magen – Gelbsucht – bösartige Hauttumore – Lähmung – Blindheit

**Linie 5:** *Es kommen Linien, es naht Segen und Ruhm. Heil!*

ordentliche Prognose – Mangel an Lungen-*ch'i[qi]* – Atemnot – subkostale Schmerzen – abnorm starke Verschleimung

**Linie 6:** *Sein Haus ist in Fülle.*
*Er verdeckt seine Sippe.*
*Er späht durch das Tor und merkt niemand mehr.*
*Drei Jahre lang sieht er nichts. Unheil!*

schlechte Prognose – Koma – Rhythmusstörungen – hohes Fieber – Kopfschmerzen – Bewußtlosigkeit – Tod

# 56. *lü* – Der Wanderer

### *Das Bild*

*Auf dem Berg ist Feuer: das Bild des Wanderers.*
*So ist der Edle klar und vorsichtig in der Anwendung*
*von Strafen und verschleppt keine Streitigkeiten.*

### *Das Urteil*

*Der Wanderer. Durch Kleinheit Gelingen.*
*Dem Wanderer ist Beharrlichkeit von Heil.*

**Allgemeine Indikationen:** Krankheiten von rheumatischer Natur – ansteckende Krankheiten, die man sich auf Reisen zuzieht – emotionale Belastungen

**Spezifische Indikationen:** Lebensmittelvergiftung – Ruhr – geistige Depression – Leber-*yang*-Fülle – Schlaganfall – Blutstase – beeinträchtigte Sehkraft – unregelmäßige Monatsblutung – nachgeburtliche Blutarmut (Anämie)

## Die bewegten Linien

**Linie 1:** *Wenn der Wanderer sich mit kleinlichen Dingen abgibt,*
*so zieht er sich dadurch Unglück zu.*

ordentliche Prognose – feuchte Hitze – schwerer Durchfall (Dysenterie) – Lebensmittelvergiftung – Blasenentzündung – Nierenentzündung – starke Fußschmerzen – Ödeme

**Linie 2:** *Der Wanderer kommt zur Herberge.*
*Er hat seinen Besitz bei sich.*
*Er erlangt eines jungen Dieners Beharrlichkeit.*

günstige Prognose – gegenläufiger Leberwind – Verletzung durch Kälteeinfluß mit Fieber und Kopfschmerzen – stagnierende Nahrung – Fußschmerzen – Ödeme

**Linie 3:** *Dem Wanderer verbrennt seine Herberge.*
*Er verliert die Beharrlichkeit seines jungen Dieners.*
*Gefahr.*

schlechte Prognose – Leber-*yang*-Fülle – schwerer Durchfall (Dysenterie) – Geistesstörung – Augenbeschwerden – Furunkel – starker Blutmangel

**Linie 4:** *Der Wanderer ruht an einem Unterkunftsort.*
*Er erlangt seinen Besitz und eine Axt.*
*Mein Herz ist nicht froh.*

ordentliche Prognose – schwerer emotionaler und mentaler Streß – stagnierende Nahrung – Brustschmerzen – Kreuzschmerzen – Lähmung

**Linie 5:** *Er schießt einen Fasan; auf den ersten Pfeil fällt er.*
*Schließlich kommt dadurch Lob und Amt.*

ordentliche Prognose – Lungenkongestion mit Schleim – Kopfschmerzen – schwere Augenkrankheit – Gelenkschmerzen

**Linie 6:** *Dem Vogel verbrennt sein Nest.*
*Der Wanderer lacht zuerst,*
*dann muß er klagen und weinen.*
*Er verliert die Kuh im Leichtsinn. Unheil!*

ordentliche Prognose – stagnierendes *ch'i [qi]* – Leberkrankheiten – Kopfschmerzen – Lebensmittelvergiftung

# 57. *sun* – Das Sanfte (Das Eindringliche, Der Wind)

*Das Bild*

*Einander folgende Winde:*
*das Bild des Sanft-Eindringenden.*
*So verbreitet der Edle seine Gebote*
*und wirkt seine Geschäfte.*

*Das Urteil*

*Das Sanfte. Durch Kleines Gelingen.*
*Fördernd ist es, zu haben, wohin man geht.*
*Fördernd ist es, den großen Mann zu sehen.*

**Allgemeine Indikationen:** chronische gemäßigte Beschwerden mit subtiler Symptomatik – Beschwerden durch pathogenen Wind-Faktor – ansteckende Krankheiten – akute Schmerzen rheumatischer Natur

**Spezifische Indikationen:** Lungenkrankheiten – Depression auf Grund von *ch'i[qi]*-Mangel – Verletzungen durch Kälteeinfluß – Grippe – Schlaganfall – Krankheiten des Mastdarms – Furunkel – Gelenkschmerzen – Beschwerden an den Geschlechtsorganen – Virusinfektionen

## Die bewegten Linien

**Linie 1:** *Beim Vorgehen und Rückweichen*
*ist fördernd die Beharrlichkeit eines Kriegers*

ordentliche Prognose – alternierende Symptome – Husten mit Schleim – schmerzhafte Lähmung der unteren Extremitäten – stagnierende Körpersäfte in den unteren Extremitäten

**Linie 2:** *Eindringen unter das Bett.*
*Man benützt Priester und Magier in großer Zahl.*
*Heil! Kein Makel.*

ordentliche Prognose – Lungenkrankheiten durch Windverletzung – Virusinfektionen – Depression durch stagnierendes *ch'i* – Gelenkschmerzen – Beschwerden der Geschlechtsorgane

**Linie 3:** *Wiederholtes Eindringen. Beschämung.*

ordentliche Prognose – Kreuzschmerzen auf Grund von stagnierender Kälte und Wind – Durchfall – Geschlechtskrankheiten – übermäßige sexuelle Aktivität – unregelmäßige Monatsblutung

**Linie 4:** *Reue schwindet.*
*Auf der Jagd fängt man drei Arten von Wild.*

ordentliche Prognose – stagnierende Nahrung – schwerer Durchfall (Dysenterie) – Krämpfe in den Unterleibsmuskeln – Brustschwellungen – Bronchitis

**Linie 5:** *Beharrlichkeit bringt Heil. Reue schwindet.*
*Nichts, das nicht fördernd ist.*
*Kein Anfang, aber ein Ende.*
*Vor der Änderung drei Tage, nach der Änderung drei Tage.*
*Heil!*

ordentliche Prognose – Lebensmittelvergiftung – stagnierende Nahrung – Furunkel – Parasitosen

**Linie 6:** *Eindringen unter das Bett.*
*Er verliert seinen Besitz und seine Axt.*
*Beharrlichkeit bringt Unheil.*

schlechte Prognose – Blutspucken – Schlaganfall – Tuberkulose – Hirntumor

# 58. *tui* – Das Heitere (Der See)

*Das Bild*

*Aufeinander beruhende Seen: das Bild des Heiteren.*
*So tut sich der Edle mit seinen Freunden zusammen*
*zur Besprechung und Einübung.*

*Das Urteil*

*Das Heitere. Gelingen. Günstig ist Beharrlichkeit.*

**Allgemeine Indikationen:** chronische, langsame Krankheiten – Vergiftungszustände – Lungenkrankheiten – sexuelle Überreizung – Geschlechtskrankheiten – Verdauungsstörungen

**Spezifische Indikationen:** Mangel an Nieren-*yang* – stagnierende Nahrung – Tuberkulose – Asthma – Schmerzen im Mund – Epilepsie – Scheidenentzündung (Vaginitis) – unregelmäßige Monatsblutung

## Die bewegten Linien

**Linie 1:** *Zufriedene Heiterkeit. Heil!*

ordentliche Prognose – Milzmangel – Durchfall – Lungenkongestion – übermäßige sexuelle Aktivität

**Linie 2:** *Wahrhaftige Heiterkeit. Heil! Die Reue schwindet.*

ordentliche Prognose – stagnierender Schleim – Überblähung des Unterleibs und Muskelkrämpfe – Harnverhaltung

**Linie 3:** *Kommende Heiterkeit. Unheil!*

schlechte Prognose – Nierenversagen – Schwindel – Atemnot – Kreuzschmerzen – nachgeburtliche Gebärmutterentzündung

**Linie 4:** *Überlegte Heiterkeit ist nicht beruhigt.*
*Nach Abtun der Fehler hat man Freunde.*

ordentliche Prognose – Verletzung durch Kälteeinfluß – Blutspucken – Magenbeschwerden – Gelenkschmerzen

**Linie 5:** *Wahrhaftigkeit gegen das Zersetzende ist gefährlich.*

ordentliche Prognose – Leber-*yang*-Fülle – Magenhitze – stagnierende Nahrung – Brustschmerzen mit Herzklopfen

**Linie 6:** *Verführende Heiterkeit.*

ordentliche Prognose – Schwellung des Mundes – Kopfschmerzen – Verletzung durch Kälteeinfluß

# 59. *huan* – Die Auflösung

*Das Bild*

*Der Wind fährt über das Wasser: das Bild der Auflösung.*
*So opferten die alten Könige dem Herrn und bauten Tempel.*

*Das Urteil*

*Die Auflösung. Gelingen.*
*Der König naht seinem Tempel.*
*Fördernd ist es, das große Wasser zu durchqueren.*
*Fördernd ist Beharrlichkeit.*

**Allgemeine Indikationen:** Verschwinden der Symptome – Erkrankungen auf Grund der pathogenen Faktoren Kälte und Feuchtigkeit – plötzlicher Tod

**Spezifische Indikationen:** Magenschmerzen – Lebensmittelvergiftung – Durchfall – Nierenbeschwerden – Arthritis – Kreuzschmerzen – Hämorrhoiden – Geschlechtskrankheiten – Beschwerden an den Geschlechtsorganen – Fehlgeburt

## Die bewegten Linien

**Linie 1:** *Er bringt Hilfe mit der Macht eines Pferdes.*

ordentliche Prognose – wechselweise Fieber und Kälteschauer – Halsentzündung – Brustschmerzen – Fußschmerzen durch Kälte – Verstopfung nach Durchfall – Ödeme

**Linie 2:** *Bei der Auflösung läuft er seiner Stütze zu.*
*Die Reue schwindet.*

ordentliche Prognose – Milzmangel – gegenläufig aufsteigendes Leber-*ch'i[qi]* – Hysterie – Lähmung der Beine

**Linie 3:** *Er löst sein Ich auf. Keine Reue.*

ordentliche Prognose – Verletzung durch kalten Wind – Virusinfektionen – Durchfall – Gelenkschmerzen – Geschlechtskrankheiten

**Linie 4:** *Er löst sich von seiner Schar. Erhabenes Heil!*
*Durch Auflösung folgt Anhäufung.*
*Das ist etwas, an das Gewöhnliche nicht denken.*

ordentliche Prognose – Kopfschmerzen – Atemnot – kalte Gliedmaßen

**Linie 5:** *Auflösend wie Schweiß sind seine lauten Rufe.*
*Auflösung! Ein König weilt ohne Makel.*

ordentliche Prognose – Virusinfektion – Sehschwäche – Ohrensausen – Furunkel – Geschlechtskrankheiten

**Linie 6:** *Er löst sein Blut auf.*
*Weggehen, Sichfernhalten, Hinausgehen ist ohne Makel.*

ordentliche Prognose – Erkältung mit starken Kopfschmerzen – Durchfall – Geschlechtskrankheiten – allgemeine Schmerzen – Depression – Ohrenbeschwerden – Augenkrankheiten

# 60. *chieh* – Die Beschränkung

### *Das Bild*

*Oberhalb des Sees ist Wasser:*
*das Bild der Beschränkung.*
*So schafft der Edle Zahl und Maß und untersucht,*
*was Tugend und rechter Wandel ist.*

### *Das Urteil*

*Beschränkung. Gelingen.*
*Bittere Beschränkung darf man nicht beharrlich üben.*

**Allgemeine Indikationen:** chronische Krankheiten mit Stagnation der pathogenen Faktoren Feuchtigkeit und Kälte – Intoxikation – stagnierende Nahrung – schlechter Kreislauf

**Spezifische Indikationen:** Gelenkarthritis – stagnierender Schleim – Erbrechen – Erkrankungen der Mundhöhle – stagnierende Nahrung – Blutstase – schlechter Kreislauf – Verstopfung – Furunkel – halbseitige Lähmung nach Schlaganfall – Tuberkulose bei Jugendlichen

## Die bewegten Linien

**Linie 1:** *Nicht zu Tür und Hof hinausgehen ist kein Makel.*

ordentliche Prognose – Arthritis auf Grund kalter und feuchter Bedingungen – Vergiftungszustand – Durchfall – Blutvergiftung

**Linie 2:** *Nicht zu Tor und Hof hinausgehen bringt Unheil.*

ordentliche Prognose – feuchte Hitze in Magen und Blase – akute Magenentzündung (Gastritis) – Blasenentzündung – stagnierendes Leber-*ch'i[qi]*, das subkostale Schmerzen verursacht – spastische Beinschmerzen

**Linie 3:** *Wer keine Beschränkung kennt, wird zu klagen haben.*
*Kein Makel.*

ordentliche Prognose – langsame Heilung – Erkältung ohne Fieber – Furunkel – Beinschmerzen durch Kälte – Gelenkschmerzen mit Ödemen

**Linie 4:** *Zufriedene Beschränkung. Gelingen.*

ordentliche Prognose – hochgradige Intoxikation – starke Stagnation von Schleim, die Atemnot verursacht

**Linie 5:** *Süße Beschränkung bringt Heil.*
*Hingehen bringt Achtung.*

ordentliche Prognose – extremer *yin*-Mangel – Depression – Lähmung – chronische Verdauungsstörungen

**Linie 6:** *Bittere Beschränkung: Beharrlichkeit bringt Unheil.*
*Reue schwindet.*

ordentliche Prognose – allgemeiner *ch'i*-Mangel – hohes Fieber – starke Kopfschmerzen – Ödeme

# 61. *chung fu* – Innere Wahrheit

### *Das Bild*

*Über dem See ist der Wind:*
*das Bild der inneren Wahrheit.*
*So bespricht der Edle die Strafsachen,*
*um Hinrichtungen aufzuhalten.*

### *Das Urteil*

*Innere Wahrheit. Schweine und Fische. Heil!*
*Fördernd ist es, das große Wasser zu durchqueren.*
*Fördernd ist Beharrlichkeit.*

**Allgemeine Indikationen:** Mangel an *yin* und *yang* – chronische Krankheiten der *tsang[zang]*-Organe – Erschöpfung – Herzmangel – möglicher Tod

**Spezifische Indikationen:** stagnierende Nahrung – Viruserkrankungen – Krankheiten durch Leber-*yang*-Fülle – Furunkel – Blutgerinnsel in der Monatsblutung

## Die bewegten Linien

**Linie 1:** *Bereitsein bringt Heil.*
*Sind Hintergedanken da, so ist das beunruhigend.*

ordentliche Prognose – latente Fieber – stagnierender Schleim – Nachtschweiße – Durchfall – Fußschmerzen

**Linie 2:** *Ein rufender Kranich im Schatten.*
*Sein Junges antwortet ihm.*
*Ich habe einen guten Becher.*
*Ich will ihn mit dir teilen.*

ordentliche Prognose – Gelenkschmerzen durch Leberwind – Alkoholvergiftung – Thoraxkrankheiten – Depression

**Linie 3:** *Er findet einen Genossen.*
*Bald trommelt er, bald hört er auf.*
*Bald schluchzt er, bald singt er.*

ordentliche Prognose – Fieber – stagnierende Nahrung – Kreuzschmerzen durch Kälte – Verstopfung – Ödeme – Lungenmangel -Geistesverwirrung – Hysterie

**Linie 4:** *Der Mond, der beinahe voll ist.*
*Das Gespannpferd geht verloren.*
*Kein Makel.*

ordentliche Prognose – Mangel an Magen-*ch'i[qi]* – Appetitlosigkeit – subkostale Krämpfe – Lungenentzündung – Verstopfung auf Grund von Hitze im Dickdarm – Ödeme – Blutstase im Unterleib

**Linie 5:** *Er besitzt Wahrheit, die verkettet.*
*Kein Makel.*

ordentliche Prognose – Übelkeit und Erbrechen – sommerlicher Hitzschlag – Schwächung der Sehkraft – Kopfschmerzen – Brust- und Rückenschmerzen

**Linie 6:** *Hahnenruf, der zum Himmel dringt.*
*Beharrlichkeit bringt Unheil.*

ordentliche Prognose – jahreszeitlich bedingte Kälte/Erkältung – Gelenkschmerzen – schwerer Husten

## 62. *hsiao kuo* –
## Des Kleinen Übergewicht

*Das Bild*

*Auf dem Berg ist der Donner:*
*das Bild von des Kleinen Übergewicht.*
*So legt der Edle im Wandel*
*das Übergewicht auf die Ehrerbietung.*
*Bei Trauerfällen legt er das Übergewicht auf die Trauer.*
*Bei seinen Ausgaben legt er*
*das Übergewicht auf die Sparsamkeit.*

*Das Urteil*

*Des Kleinen Übergewicht. Gelingen.*
*Fördernd ist Beharrlichkeit.*
*Man mag kleine Dinge tun,*
*man soll nicht große Dinge tun.*
*Der fliegende Vogel bringt die Botschaft:*
*Es ist nicht gut, nach oben zu streben,*
*es ist gut, unten zu bleiben. Großes Heil!*

**Allgemeine Indikationen:** Syndrom innerer Hitze und äußerer Kälte – Tumore in Magen und Darm – Hirnfunktionsstörung – Nierenmangel – allgemeine Intoxikation – Tod

**Spezifische Indikationen:** Krebs im Verdauungssystem – Lähmung nach Schlaganfall – geistiger Zusammenbruch – urogenitale Beschwerden – Geschlechtskrankheiten

## Die bewegten Linien

**Linie 1:** *Der Vogel kommt durch Fliegen ins Unheil.*

ordentliche Prognose – Fieber – Appetitlosigkeit – feuchte Hitze in der Blase – Erschöpfung der Sehkraft

**Linie 2:** *Sie geht an ihrem Ahnherrn vorbei und trifft die Ahnfrau.*
*Er erreicht nicht seinen Fürsten und trifft den Beamten.*
*Kein Makel.*

ordentliche Prognose – Krankheit mit Tendenz zur Chronizität – Verletzung durch Kälteeinfluß – Unterleibskrämpfe – Überblähung des Unterleibs – Arthritis durch Windfeuchtigkeit

**Linie 3:** *Wenn man sich nicht außerordentlich vorsieht,*
*so kommt etwa einer von hinten und schlägt einen.*
*Unheil!*

ordentliche Prognose – Kopfschmerzen mit Wechselfieber – Milzmangel – Leber-*yang*-Fülle – Arthritis durch Windfeuchtigkeit

**Linie 4:** *Kein Makel. Ohne vorbeizugehen, trifft er ihn.*
*Hingehen bringt Gefahr. Man muß sich hüten.*
*Handle nicht. Sei dauernd beharrlich.*

schlechte Prognose – schwerer *ch'i[qi]*-Mangel – Lebensmittelvergiftung – Unterleibsabszeß – Lähmung nach Schlaganfall

**Linie 5:** *Dichte Wolken,*
*kein Regen von unserm westlichen Gebiet.*
*Der Fürst schießt und trifft jenen in der Höhle.*

ordentliche Prognose – *ching[jing]*-Mangel – Brustschmerzen mit Schleim – Halsbeschwerden – Depression – Geschlechtskrankheiten

**Linie 6:** *Ohne ihn zu treffen, geht er an ihm vorbei.*
*Der fliegende Vogel verläßt ihn. Unheil!*
*Das bedeutet Unglück und Schaden.*

schlechte Prognose – zum Kopf aufsteigendes Leber-*ch'i* – Kopfschmerzen – Hysterie – Herzklopfen – plötzlicher Tod

# 63. *chi chi* – Nach der Vollendung

### *Das Bild*

*Das Wasser ist oberhalb des Feuers:*
*das Bild des Zustands nach der Vollendung.*
*So bedenkt der Edle das Unglück*
*und rüstet sich im voraus dagegen.*

### *Das Urteil*

*Gelingen im Kleinen. Fördernd ist Beharrlichkeit.*
*Im Anfang Heil, am Ende Wirren.*

**Allgemeine Indikationen:** Mangel an *yin* und *yang* – Krankheiten auf Grund äußerer Kälte und innerer feuchter Hitze – Erkrankungen durch übermäßigen Streß und Genußsucht – erschöpfter Organismus

**Spezifische Indikationen:** Herz- und Nierenmangel – Erschöpfung durch übermäßige sexuelle Aktivität – stagnierende Nahrung – Blutmangel – Verstopfung – Erkältung und Grippe

## Die bewegten Linien

**Linie 1:** *Er hemmt seine Räder.*
*Er kommt mit seinem Schwanz ins Wasser.*
*Kein Makel.*

ordentliche Prognose – Milz- und Nierenmangel – Kreuzschmerzen durch Kälte – Blutstase

**Linie 2:** *Die Frau verliert ihren Wagenvorhang.*
*Lauf ihm nicht nach, am siebten Tage bekommst du es.*

ordentliche Prognose – Mangel an Nieren-*yang* – Schleim in den Lungen – Ödeme – Verstopfung – Herzklopfen

**Linie 3:** *Der hohe Ahn züchtigt das Teufelsland.*
*Nach drei Jahren überwindet er es.*
*Gemeine darf man nicht verwenden.*

ordentliche Prognose – Blutstase – Depression – Kreuzschmerzen – chronische Lungenkrankheiten

**Linie 4:** *Die schönsten Kleider geben Lumpen.*
*Den ganzen Tag sei vorsichtig.*

gute Prognose – möglicherweise Arztwechsel erforderlich – Asthma durch starke Verschleimung – Atemnot – Erschöpfung der Sehkraft

**Linie 5:** *Der Nachbar im Osten, der einen Ochsen schlachtet,*
*bekommt nicht soviel wirkliches Glück*
*wie der Nachbar im Westen mit seinen kleinen Opfern.*

schlechte Prognose – feuchte Hitze im Magen – Furunkel – generalisierte Lähmung

**Linie 6:** *Er kommt mit dem Haupt ins Wasser. Gefahr.*

ordentliche Prognose – zum Kopf aufsteigendes Leber-*ch'i[qi]* – starke Kopfschmerzen – Hysterie – Herzklopfen – Erschöpfung

# 64. *wei chi* – Vor der Vollendung

*Das Bild*

*Das Feuer ist oberhalb des Wassers:*
*das Bild des Zustands vor dem Übergang.*
*So ist der Edle vorsichtig in der Unterscheidung der Dinge,*
*damit jedes auf seinen Platz kommt.*

*Das Urteil*

*Vor der Vollendung. Gelingen.*
*Wenn aber der kleine Fuchs,*
*wenn er beinahe den Übergang vollendet hat,*
*mit dem Schwanz ins Wasser kommt,*
*dann ist nichts, das fördernd wäre.*

**Allgemeine Indikationen:** Krankheiten auf Grund äußerer Hitze und innerer Kälte – Symptome von Mangelhitze – Krankheit im mittleren Stadium

**Spezifische Indikationen:** Blutstase – subkostale Schmerzen – Schmerzen im Beckenbereich – Hysterie – Blutungen – Durchfall – Herz- und Nierenmangel

## Die bewegten Linien

**Linie 1:** *Er kommt mit dem Schwanz ins Wasser.*
*Beschämend.*

ordentliche Prognose – Atemstörungen mit Schleim – Herzklopfen – Blutstase – Erbrechen durch Lebensmittelvergiftung – Fußschmerzen durch Kälte – kindliche Hirnhautentzündung

**Linie 2:** *Er hemmt seine Räder.*
*Beharrlichkeit bringt Heil.*

ordentliche Prognose – Nierenkrankheiten – Erkältung mit Fieber – Furunkel – Fußlähmung – Blutstase

**Linie 3:** *Vor der Vollendung bringt Angriff Unheil.*
*Fördernd ist es, das große Wasser zu durchqueren.*

ordentliche Prognose – schwerer Kälte-/Erkältungsanfall – schwerer Durchfall (Dysenterie) – Knieschmerzen – Müdigkeit

**Linie 4:** *Beharrlichkeit bringt Heil. Reue schwindet.*
*Erschütterung, um das Teufelsland zu züchtigen.*
*Drei Jahre gibt es Belohnungen mit großen Reichen.*

gute Prognose – Erkrankungen durch feuchte Kälte – Sehstörungen – Ohrenbeschwerden – Furunkel

**Linie 5:** *Beharrlichkeit bringt Heil. Keine Reue.*
*Das Licht des Edlen ist wahrhaftig.*
*Heil!*

gute Prognose – wechselweise Fieber und Kälteschauer – subkostale Schmerzen durch Schleim – Kopfschmerzen – steife Schultern – Ödeme

**Linie 6:** *Im wahren Vertrauen trinkt man Wein.*
*Kein Makel. Wenn man aber sein Haupt naß macht,*
*so verliert man das in Wahrheit.*

gute Prognose – stagnierendes Leber-*ch'i[qi]* – Kopfschmerzen – Gelenkschmerzen – Erschöpfung – epileptische Anfälle bei Kindern

# 6

# Fallgeschichten aus der klassischen *I Ching*-Literatur

Eine der besten Methoden, um die Interpretation des *I Ching* zu erlernen, besteht darin, bei jeder Befragung des Orakels so viele Beispiele von früheren Meistern wie möglich nachzulesen. Aber wie bereits in der Einleitung erwähnt, sind solche Studienfälle im Bereich der medizinischen Befragung auf Grund ihrer vertraulichen Natur in der vorhandenen *I Ching*-Literatur ziemlich selten. Zum Glück hat sich Kato Daigaku, einer der größten modernen *I Ching*-Meister in Japan, ernsthaft mit der medizinischen Befragung beschäftigt und eine kleine Sammlung von Fallgeschichten früherer *I Ching*-Meister veröffentlicht.[1] Offenbar war es wegen ihrer Seltenheit für ihn schon schwierig genug, etwa 60 Beispiele für medizinische Befragungen zu sammeln. Die meisten davon sind wirklich lehrreich und inspirierend. Wegen ihres knappen und rätselhaften besonderen Stils sind diese Berichte schwer zu deuten und zu verstehen und schon gar nicht wörtlich zu übersetzen. In den meisten Fällen wird nur überliefert, welche Hexagramme die Meister erhielten und wie sie diese deuteten, so daß es dem Leser überlassen bleibt, sich den Rest auszudenken. Anstatt eine Anzahl dieser Beispiele textgetreu zu übertragen, habe ich es deshalb vorgezogen, einige Fälle aus Meister Katos Sammlung in eigenen Worten wiederzugeben, in der Hoffnung, daß so mehr Licht auf die Kunst der *I Ching*-Deutung geworfen wird.

---

1 Kato, Daigaku: Ekigaku byosen (‹Studien zur medizinischen Befragung mit dem I Ching›), Tokyo, 1974

# Fall 1

Matsui Rashu, ein berühmter japanischer *I Ching*-Gelehrter der Tokugawa-Zeit (1608–1867), wurde einst von einer älteren Frau darum gebeten, das *I Ching* zu befragen. Sie erzählte ihm, daß sie zeitlebens gesund gewesen sei, aber in jüngster Zeit unter Kreuzschmerzen und allgemeinem Unwohlsein zu leiden begonnen habe. Der Meister nahm das Orakel und erhielt folgende Hexagramme:

**Grundhexagramm**
2

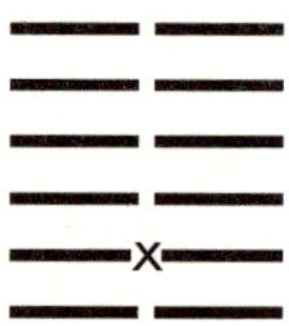

*k'un*

**Wandelhexagramm**
7

*shih*

Der Meister sah, daß die Frau im Grunde immer noch gesund war, weil Hexagramm 2, *k'un*, das Empfangende, bei Frauen generell einen guten Gesundheitszustand anzeigt. Jedoch weist die bewegte zweite Linie, die das untere Trigramm *k'un* zu *k'an* wandelt, auf stagnierende Kälte und Giftstoffe im Unteren Erwärmer hin. Deshalb gab der Meister dieser Frau den Rat, sich ein Kräutertonikum verschreiben zu lassen, um den Unteren Erwärmer aufzuheizen und die Giftstoffe zu zerstreuen. Leider ist das betreffende Rezept nicht überliefert. Nachdem diese Frau die Kräutermedizin für kurze Zeit eingenommen hatte, wurde sie wieder geheilt.

Dieser Fall eignet sich gut für eine genauere Analyse. Meister Matsui schien sein Augenmerk hauptsächlich auf Hexagramm 2 und die Wandellinie gerichtet zu haben, aber wenn man diesen Fall etwas genauer untersucht, läßt sich noch mehr herausfinden.

An erster Stelle ist zu sagen, daß Hexagramm 2, *k'un*, das

Empfangende, den stärksten *yin*-Charakter von allen 64 Hexagrammen aufweist und weibliche Energie in heilsamer Form repräsentiert. Wenn jedoch wie in diesem Fall eine Wandellinie auftritt, wird die gesunde Integrität dieses Hexagramms gestört. Besonders wenn man dann die beiden Kerntrigramme und das Kernhexagramm des Wandelhexagramms 7, *shih*, die Armee, betrachtet, kann man erkennen, welche Art von Kräften hier unter der Oberfläche wirksam sind.

| **Oberes Kerntrigramm** | **Unteres Kerntrigramm** | **Kernhexagramm** |
| --- | --- | --- |
| | | 24 |
|  |  |  |
| *k'un* | *chen* | *fu* |

Daraus kann man ersehen, daß in dieser Frau wiederherstellende Kräfte, die durch das Kernhexagramm 24, *fu*, die Wiederkehr, versinnbildlicht werden, am Werk sind. *Yang*-Energie, die sich in der ersten Linie zeigt, kommt zurück zu Hexagramm 2, *k'un*, um die Heilung zu fördern. Gleichzeitig deutet *fu*, die Wiederkehr, auch auf die mögliche Wiederkehr desselben Problems in der Zukunft hin. Man kann auch die Kreuzschmerzen erkennen, die durch das untere Kerntrigramm *chen*, das Erregende, bezeichnet werden, denn es bedeutet akute Schmerzen mit der Tendenz, schnell zu kommen und zu gehen. Deshalb können wir vermuten, daß diese Frau es nicht nur mit kalten Giftstoffen (*k'an*, das Abgründige, im unteren Teiltrigramm des Wandelhexagramms) zu tun hatte, sondern auch mit innerem Leberwind (*chen*, das Erregende), der ebenfalls behandelt werden mußte.[2]

---

[2] a.a.O., S. 112

# Fall 2

Unter den verschiedenen traditionellen *I Ching*-Schulen in Japan ist die Takashima-Schule die größte Organisation professioneller *I Ching*-Meister. In dieser Schule legt man bei der Deutung des Orakels den Schwerpunkt auf ein genaues Verständnis der Hexagramm-Texte und ihrer symbolischen Assoziationen, während der systematischen Analyse von Hexagrammen, Trigrammen und Linien weniger Bedeutung zukommt.

Im Dezember 1890 bat ein gewisser Jinbo Chobei den Großmeister der Takashima-Schule, Takashima Donsho, das *I Ching* wegen einer Prognose für seine Frau zu befragen. Sie litt unter Magenkrebs. Nach der Befragung erhielt der Meister folgende Antwort:

**Grundhexagramm**

5

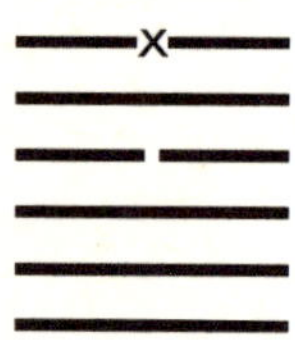

*hsü*

**Wandelhexagramm**

9

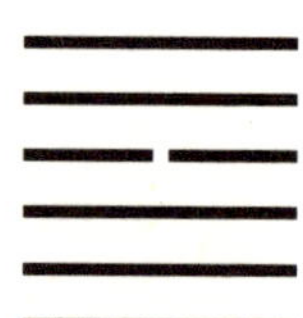

*hsiao ch'u*

Für den Meister wollte das Orakel damit zum Ausdruck bringen, daß die Frau zwar noch eine Zeitlang am Leben bleiben würde (Hexagramm 5, *hsü*, das Warten), obwohl feststand, daß sie an dieser Krankheit sterben mußte. Er sagte zu Herrn Jinbo, daß die Prognose äußerst schlecht wäre, da Hexagramm 5 zu den *yu hun*-Hexagrammen[3] (Wanderseelen-Hexagrammen) gehörte. Gleichzeitig steht im Kommentar für die oberste Linie dieses Hexagramms:

[3] siehe Kap. 2, letzter Abschnitt

*Man gerät in ein Loch.*
*Da kommen ungebetener Gäste drei.*
*Ehre sie, so kommt am Ende Heil.*

Nach Ansicht des Meisters verkündeten auch diese Sätze Unheil, denn das Loch steht für das Grab und die drei ungebetenen Gäste sind die Priester bei der Beerdigung, und *»Ehre sie, so kommt am Ende Heil»* weist auf den Tod hin. Es stellte sich danach heraus, daß diese Frau ein paar Tage später friedlich verschied, so wie der Meister es vorhergesagt hatte.

In diesem Bericht bleiben im Zusammenhang mit dieser Deutung zwei wichtige Dinge unerwähnt: zum einen die oberste Linie von Hexagramm 5, *hsü*, das Warten, und zum andern die Symbolik des Wandelhexagramms 9, *hsiao ch'u*, des Kleinen Zähmungskraft. Obwohl klar war, daß die Krankheit dieser Frau zum Tode führte, kann man ebenfalls erkennen, daß sie sich im Endstadium befand, denn die oberste Linie ihres Grundhexagramms ist eine Wandellinie. Wie von zahlreichen Meistern der medizinischen Befragung häufig beobachtet, bezeichnet eine Wandellinie an oberster Stelle im allgemeinen das Endstadium einer Krankheit.

Hexagramm 9, *hsiao ch'u*, deutet jedoch auch an, daß der Frau bis zu ihrem drohenden Tod noch etwas Zeit blieb, denn das wesentliche Kennzeichen dieses Hexagramms ist ‹kleine Anhäufung›. Das bedeutet, daß ihr noch etwas *ch'i [qi]* geblieben war, um eine kurze Zeit weiterzuleben. In einem gewissen Sinn war diese Antwort des *I Ching* redundant, und das scheint bei vielen Antworten des Orakels vorzukommen. Das *I Ching* verhält sich offensichtlich wie ein alter Weiser, der denselben Ratschlag in verschiedener Form wiederholt, bis der Zuhörer endlich begreift, worauf es ankommt.[4]

---

[4] a.a.O., S. 122

# Fall 3

Meister Nishio Yuken wurde von einem seiner Freunde, der eine Prognose für einen alten Verwandten haben wollte, gebeten, das *I Ching* zu befragen. Leider wissen wir aus den Aufzeichnungen nichts Näheres über diesen Verwandten. Auf die Befragung hin erhielt der Meister folgende Antwort:

**Grundhexagramm**
8

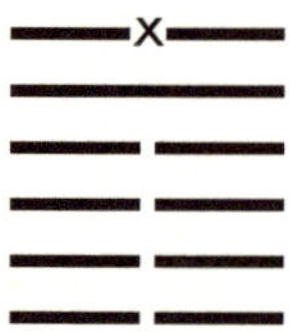

*pi*

**Wandelhexagramm**
20

*kuan*

Der Meister erklärte seinem Freund, daß das untere Teiltrigramm *k'un* Milz und Magen repräsentiert und das obere Trigramm *k'an* stagnierende giftige Nahrung bedeutet. Die Wandellinie weist ferner darauf hin, daß im ganzen Organismus Stagnation herrscht, die zum Zusammenbruch führen kann. Deshalb war die Prognose sehr schlecht. Später berichtete der Fragesteller dem Meister, daß jene Person an extremer Abmagerung, verursacht durch Unfähigkeit zur Nahrungsaufnahme, gestorben war.

Außer den Aussagen dieses Berichts können wir in diesem besonderen Fall erkennen, daß das ganze Hexagramm 8, *pi*, die Anmut, auf Stagnation hinweist. Ferner läßt sich beobachten, daß die Wandellinie an oberster Stelle das Endstadium einer Krankheit anzeigt. Und wenn wir schließlich das Kernhexagramm von *pi* betrachten, lassen sich sogar die unter der Oberfläche dieses besonderen Falls wirksamen Kräfte herausarbeiten:

**Grundhexagramm**
8

*pi*

**Kernhexagramm**
23

*po*

Wie unschwer zu sehen, zeigt Hexagramm 23, *po*, die Zersplitterung, an, daß die Lebensenergie dieses Patienten wirklich aufgezehrt war. Im Text dieses Hexagramms lesen wir zu den ‹Allgemeinen Indikationen›:

> «Allgemeine Degeneration – Mangelschwäche von Blut und *ch'i [qi]* – Erschöpfung von *yin* und *yang* – chronische degenerative Krankheiten, die zum Tode führen.»

Daraus können wir klar erkennen, daß diese Person nicht nur unter Stagnation, sondern auch unter starker Erschöpfung von Blut und *ch'i* gelitten hatte. Deshalb war ihr Zustand auch so ernst und der Tod so nahe.[5]

## Fall 4

Im Herbst 1933 wurde Meister Kato Daigaku von seiner Schwester gebeten, das *I Ching* wegen ihrer Augenbeschwerden zu befragen. Er führte eine diagnostische Befragung durch und erhielt Hexagramm 13, *t'ung jen*, Gemeinschaft mit Menschen, mit einer bewegten fünften Linie, aus der sich das Wandelhexagramm 30, *li*, das Haftende (das Feuer), ergab.

---

[5] a.a.O., S. 133

**Grundhexagramm**
13

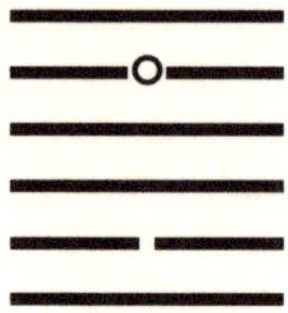

*t'ung jen*

**Wandelhexagramm**
30

*li*

Der Meister erklärte ihr, daß es sich bei ihren Augenbeschwerden um eine ansteckende Krankheit handeln müsse, da Hexagramm 13 ansteckende Krankheiten bedeute. Er sagte ihr ferner, daß diese Infektion bösartig sei, weil das Wandelhexagramm *li* einen aggressiven Hitzezustand beschreibe. Was die Prognose anging, so erschien sie ihm gut: Nur das rechte Auge wäre betroffen, aber nicht das linke, denn das obere Teiltrigramm *ch'ien* (das Schöpferische) des Grundhexagramms mit seiner Wandellinie stellt die rechte Körperseite dar. Die Frau suchte einen Augenarzt auf, und, genauso wie das *I Ching* angekündigt hatte, besserte sich die Infektion rasch, und das linke Auge blieb unbeschädigt.

In der Symbolik des *I Ching* bezeichnet *yang* die rechte Körperhälfte und *yin* die linke. So heißt es zum Beispiel im Text zur zweiten Linie von Hexagramm 36, *ming i*, die Verfinsterung des Lichts:

> *Die Verfinsterung des Lichts verletzt ihn am linken Schenkel.*
> *Er wirkt mit Hilfe der Macht eines Pferdes. Heil!*

Und der Kommentar zur vierten Linie desselben Hexagramms lautet:

> *Er dringt in die linke Bauchhöhle ein.*
> *Man erhält das Herz der Verfinsterung des Lichts*
> *und verläßt Tor und Hof.*

Die Texte zu diesen beiden Linien erwähnen die linke Körperseite, weil in diesem besonderen Hexagramm die bewegten zweiten und vierten Linien *yin*-Linien sind. Im Gegensatz dazu steht im Urteil zur dritten Linie von Hexagramm 55, *feng*, die Fülle:

> *Das Gestrüpp ist von solcher Fülle,*
> *daß man am Mittag die kleinen Sterne sieht.*
> *Er bricht seinen rechten Arm. Kein Makel.*

In diesem Text wird der rechte Arm erwähnt, denn die dritte Linie dieses Hexagramms ist eine *yang*-Linie. Wenn man die Körperseite bestimmen muß, sollte man daher herausfinden, ob die Wandellinien *yin* oder *yang* sind.[6]

## Fall 5

Tanaka Kokusui, ein Schüler des *I Ching*-Meisters Shaku Bendo, wurde einst von einem Bauern gebeten, das *I Ching* über den Zustand seiner kranken Kuh zu befragen. Tanakas Befragung ergab Hexagramm 15, *ch'ien*, die Bescheidenheit, mit einer bewegten fünften Linie, aus der sich das Wandelhexagramm 39, *chien*, das Hemmnis, ergab.

**Grundhexagramm**
15

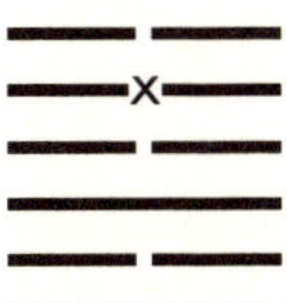

*ch'ien*

**Wandelhexagramm**
39

*chien*

---

[6] a.a.O., S. 150

Tanaka erklärte dem Bauern, daß die Kuh von der schweren Arbeit erschöpft sei, denn *ch'ien*, die Bescheidenheit, beinhaltet im allgemeinen Müdigkeit des ganzen Körpers. Da das Wandelhexagramm *chien*, das Hemmnis, gewöhnlich mit Lähmungen in Verbindung gebracht wird, wies Tanaka den Bauern ferner darauf hin, daß die Kuh auf Grund von Blut- und Kältestagnation an nervlichen Störungen in den Beinen leiden könnte. Auf der Grundlage dieser Hinweise wurde die Kuh anschließend mit Aderlaß und Akupunktur behandelt, und sie war darauf bald wieder in guter Verfassung.

Tanakas Deutung läßt sich durch weitere Beobachtungen ergänzen. Zuerst wollen wir das Kernhexagramm von *ch'ien* betrachten:

**Grundhexagramm**
15

*ch'ien*

**Kernhexagramm**
40

*hsieh*

Durch Analyse des im Grundhexagramm verborgenen Kernhexagramms kann man die Mechanismen erkennen, welcher der Symptomatik dieser Kuh zugrunde liegen. Ganz offensichtlich zeigt Hexagramm 40, *hsieh*, die Befreiung, an, daß Giftstoffe aus dem Körperinnern an die Oberfläche gelangt waren und eine Disharmonie von Blut und *ch'i [qi]* bestand. Im Hinblick auf die Behandlung spricht Hexagramm 40, die Befreiung, ganz klar dafür, daß der Körper durch Ausleitung der Giftstoffe gereinigt werden muß. Zur Entgiftung sind Verfahren wie Aderlaß, reinigende Kräuter oder Akupunktur geeignet. Auf diese Weise kann die Analyse der Kernhexagramme auch Hinweise auf verschiedenartige Behandlungsmethoden geben. Es ist von größter Wichtigkeit, so zu verfahren, wenn man die Beschwerden seiner

Patienten nicht nur symptomatisch, sondern auch ursächlich behandeln möchte. Was die Wandellinie in der fünften Position angeht, so könnte man vermuten, daß das Tier vielleicht eine Operation gebraucht hätte und unter feuchter Hitze in Brust und Milz gelitten hatte.[7]

## Fall 6

Im März 1934 erhielt Dr. Tashiro Jukaku, ein ernsthafter Schüler von Meister Kato, einen Anruf von einem Arztkollegen, der ihm einen Patienten zur Konsultation überweisen wollte. Aus Neugier befragte Dr. Tashiro das *I Ching* vor der Ankunft des Patienten und erhielt Hexagramm 16, *yü*, die Begeisterung:

16

*yü*

Dr. Tashiro vermutete, daß der Patient unter einer schweren Stagnation des Leber-*ch'i [qi]* litt (das obere Teiltrigramm ist *chen*, das Erregende), welche sich auf Magen und Milz ausdehnte und tiefe Schmerzen im Unterleib hervorrief. Zusätzlich war damit zu rechnen, daß der Patient unter stagnierender Nahrung (die einzige *yang*-Linie an vierter Stelle) und Schmerzen durch Bauchkrämpfe (die herrschende Linie in der fünften Position) zu leiden hatte. Als er am nächsten Tag den Patienten untersuchte, stellte sich heraus, daß dieser genau diejenigen Symptome aufwies, die er bereits dem Orakel entnommen hatte.

---

[7] a.a.O., S. 156

Wie von Dr. Tashiro vermutet, repräsentiert das Trigramm *chen* Leber-*yang*, pathogenen Wind, Schmerzen usw. Da es über dem Trigramm *k'un*, das Empfangende, steht, welches das Verdauungssystem repräsentiert, kam er bei der Analyse des ganzen Hexagramms zu dem Schluß, daß die Leber Magen- und Milzbeschwerden verursachte. Bei umgekehrter Position (der Trigramme) hätte er wohl gefolgert, daß dies ein Überwiegen der Milzfülle im Zustand des Patienten anzeigte.

Dr. Tashiro richtete sein besonderes Augenmerk auf die einzige *yang*-Linie an der vierten Stelle, die der oberen Hälfte des Unterleibs entspricht, und als gutem Beobachter entging ihm nicht, daß es im Magen zu einer Veränderung der *yang*-Qualität kommen könnte. Da es aber keine Wandellinie gab, mußte der Zustand des Patienten chronisch und fixiert sein.

Was die herrschende Linie eines Hexagramms (den ‹Herrscher›/ ‹Herren›) bei medizinischen Befragungen angeht, so sind die *I Ching*-Gelehrten darüber geteilter Meinung. Einige schenken dieser Art von Linien Beachtung, andere ignorieren sie völlig. Traditionsgemäß unterscheidet man im *I Ching* zwei Arten von ‹Herrschern›: beherrschende und konstituierende. Konstituierende (herrschende) Linien nennt man solche, die, unabhängig von der Qualität ihrer Position, dem Hexagramm insgesamt seine repräsentativen Kennzeichen verleihen und es sozusagen symbolisch regieren. Ein gutes Beispiel dafür liefert die oberste Linie in Hexagramm 43, *kuai*, der Durchbruch:

43

*kuai*

Als einzige *yin*-Linie ist die oberste Linie daher das einzige schwache Element in diesem Hexagramm. In der Position dieser durchbrochenen Linie zeigt sich keinerlei Tugend oder Güte. Da diese *yin*-Linie dem gesamten Hexagramm die Vorstellung eines Durchbruchs verleiht, wird sie als konstituierende (herrschende) Linie bezeichnet. Im Gegensatz dazu besitzt eine beherrschende Linie in der richtigen Position stets Güte und Tugend. Sie steht im Hexagramm gewöhnlich an fünfter Position, aber gelegentlich kann es auch eine andere Linie sein, und man kann sagen, daß solche Linien das Hexagramm tatsächlich regieren.

In diesem Buch habe ich die herrschenden Linien bisher an keiner Stelle erwähnt, weil ich befürchtet habe, daß es für viele Leser zu verwirrend sein könnte, wollte ich auch noch diesen Aspekt des *I Ching* bei der Interpretation jedes Hexagramms berücksichtigen. Statt dessen habe ich die medizinischen Lesarten für die ‹Herrscher› direkt in die Indikationen jedes Hexagramms integriert, so daß der Leser darauf verzichten kann, bei jeder Befragung die einzelnen ‹Herrscher› für jedes Hexagramm nachzuschlagen.[8]

## Fall 7

Ein Schüler von Meister Manase wurde von einer schwangeren Frau gebeten, das *I Ching* über ihren Zustand zu befragen. Sie teilte ihm mit, daß sie wegen der Ödeme an ihren Beinen vielerlei Therapien, einschließlich abführender Kräuter, probiert habe, doch ohne Erfolg. Bei der Befragung ergab sich folgendes Bild:

---

[8] a.a.O., S. 159

**Grundhexagramm**
19

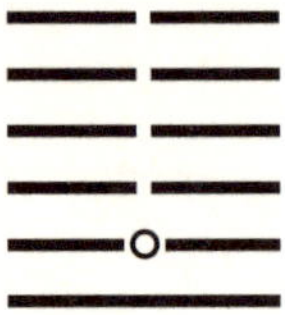

*lin*

**Wandelhexagramm**
24

*fu*

Der *I Ching*-Schüler teilte der Frau mit, daß das von ihrem Arzt verschriebene Abführmittel zu viel *yang-ch'i [qi]* abgeleitet und damit ihren Zustand verschlimmert habe (die zweite Linie, die sich zu *yin* wandelt). Er riet ihr, sich etwas verschreiben zu lassen, um die Stagnation des Leber-*ch'i* (das untere Trigramm, *chen*, das Erregende im Wandelhexagramm) zu beseitigen, denn diese Stagnation unterdrückte die Milzfunktion. Auf diesen Ratschlag hin nahm die Frau eine Medizin, welche diese Stagnation auflöste, und das führte auch zum vollständigen Verschwinden der Ödeme (Hexagramm 24, *fu*, die Wiederkehr).

In diesem besonderen Fall läßt sich etwas Interessantes beobachten, wenn man das Kernhexagramm analysiert:

**Grundhexagramm**
19

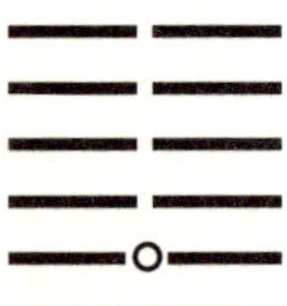

*lin*

**Kernhexagramm**
24

*fu*

Es zeigt sich hier nämlich, daß Kernhexagramm und Wandelhexagramm identisch sind. Im Fall dieser Frau bezeichnet dies die Ursachen für ihre Beschwerden gleich zweimal. So etwas kommt nicht oft vor, aber wenn es geschieht, dann bringt das

Orakel seine Meinung zum Krankheitsbild eines Patienten sehr nachdrücklich zum Ausdruck, und der Therapeut sollte dies sorgfältig beachten.[9]

## Fall 8

Meister Matsui Rashu wurde eines Tages von einem gewissen Herrn Okawa über den Zustand seines Vaters befragt. Herr Okawa berichtete dem Meister, daß der alte Mann Alkoholiker sei und jeden Abend vor dem Zubettgehen unter schrecklichen Nacken- und Schulterkrämpfen leide, die bis zu den Ellbogen ausstrahlten. Bei der Befragung ergab sich folgendes:

**Grundhexagramm**
53

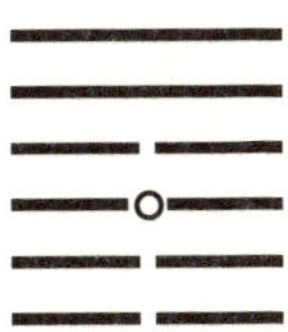

*chien*
Die Entwicklung

**Wandelhexagramm**
20

*kuan*
Die Betrachtung

Der Meister kam zu dem Schluß, daß die alkoholischen Giftstoffe (*k'an*, das Abgründige, Wasser, im unteren Kerntrigramm von Hexagramm 53) in der Magenmitte (*k'un*, das Empfangende, im unteren Trigramm des Wandelhexagramms) stagnierten. Der Meister erklärte dem Fragesteller daraufhin, daß es deshalb für seinen Vater dringend geboten sei, das Trinken völlig aufzugeben und eine Kräutermedizin einzunehmen, um die alkoholischen Gifte auszuleiten. Später berichtete Herr Okawa dem Meister, daß die Beschwerden seines Vaters vollständig ver-

---

[9] a.a.O., S. 169

schwunden waren, nachdem dieser den Rat des Meisters genau befolgt hatte. Es ist zu bedauern, daß die *I Ching*-Meister in vielen vergleichbaren Fällen die Zusammensetzung der Kräutermedizin nicht aufgeschrieben haben, da sie selbst meistens keine Heilkundigen waren.

In diesem speziellen Fall schien der Meister sein Augenmerk vor allem auf das untere Kerntrigramm gerichtet zu haben, weil sich die Veränderungen an dieser Stelle abspielten. Deshalb wollen wir nun die Kerntrigramme genauer betrachten:

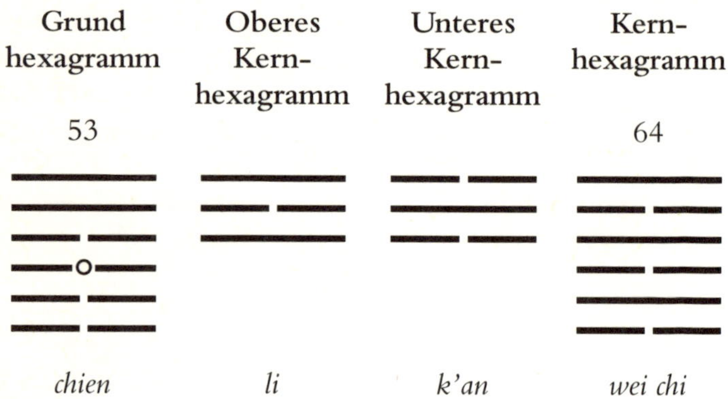


Zunächst läßt sich feststellen, daß das obere Kerntrigramm *li*, das Haftende (Feuer), einen Hitzezustand in der oberen Körperhälfte anzeigt, denn es steht ja an oberer Stelle. Zusammen mit dem darunterstehenden *k'an*, das Abgründige (Wasser), ergibt dies das Bild von alkoholischen Giftstoffen im Magen, die einen Hitzezustand im Nacken-Schulter-Bereich, dem betroffenen Körperteil, bewirkt hatten. Deshalb war es absolut notwendig, daß dieser Mann die Giftstoffe ausleitete und gleichzeitig Kräuter einnahm, welche die Hitze im Oberen Erwärmer zerstreuten. Wenn man jedoch das neue Kernhexagramm 64, *wei chi*, vor der Vollendung, genauer anschaut, kann man klar erkennen, daß er nicht ganz gesund werden konnte, obwohl seine Beschwerden unter Kontrolle waren. Dies erklärt sich daraus, daß *wei chi*, vor der Vollendung, mit Nachdruck darauf hinweist, daß dieser Mann sich in einem Zustand innerer Kälte und äußerer Hitze befand. Daher sollte sein Arzt ihm eine Kräutermischung verschreiben, die diesen Zustand nach der Entgiftung beseitigen konnte.[10]

## Fall 9

Im Herbst 1932 wurde Meister Kato Daigaku von einem Freund gebeten, das Orakel wegen der Prognose für einen Bauarbeiter, der in Tokyo von einem Gebäude gestürzt war, zu befragen. Die Befragung führte zu folgendem Ergebnis:

**Grundhexagramm**
22

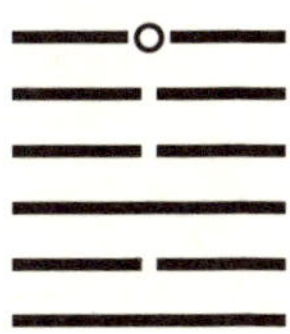

*pi*

**Wandelhexagramm**
36

*ming i*

Nach Auffassung des Meisters bedeutete dies eine sehr ernste Prognose, weil die Wandlung von Hexagramm 22, *bi*, die Anmut, zu Hexagramm 36, *ming i*, die Verfinsterung des Lichts, ein äußerst düsteres Omen darstellte. Da die Wandellinie in der sechsten Position gleichzeitig auf ein finales Stadium hinwies, erklärte Meister Kato dem Fragesteller, daß der Tod dieses Mannes unmittelbar bevorstehe. Es stellte sich dann heraus, daß der verletzte Mann einen Tag nach dem Unfall verstarb, so wie es der *I Ching*-Meister vorausgesagt hatte.

Obwohl Meister Kato das in seinem Bericht nicht erwähnt, gilt doch ganz allgemein, daß das obere Trigramm *ken*, das Stillehalten (Berg), ein Trauma bedeutet. In diesem Fall weist die

---

[10] a.a.O., S. 172

Wandellinie an oberster Stelle auf eine Kopfverletzung hin. Im Hinblick auf die Geschichte dieses Patienten ist dies auch naheliegend. Die Wandellinie in der sechsten Position zeigt deshalb nicht nur ein Endstadium an, sondern auch eine Kopfverletzung als Ursache des schnellen Todes. Außerdem kann man in diesem Fall noch eine weitere Todesbotschaft des *I Ching* erkennen, wenn man den Kern von *pi*, die Anmut, analysiert:

| **Grund-hexagramm** | **Oberes Kern-hexagramm** | **Unteres Kern-hexagramm** | **Kern-hexagramm** |
|---|---|---|---|
| 22 | | | 40 |

| | | | |
|---|---|---|---|
| *pi* | *chen* | *k'an* | *hsieh* |

Das obere Kerntrigramm *chen*, das Erregende (Donner), bedeutet Schock und Schmerzen durch ein Trauma, und das untere Kerntrigramm *k'an*, das Abgründige (Wasser), versinnbildlicht die verletzungsbedingten Blutungen. Das neue Kernhexagramm 40, *hsieh*, die Befreiung, weist auf die Befreiung von der physischen Existenz hin, im Sinne der ‹Großen Befreiung›, als die manche Buddhisten den Tod bezeichnen. Aus dieser knappen Analyse kann man unschwer erkennen, daß sowohl die Kerntrigramme als auch das Kernhexagramm eine Fülle von Hinweisen auf die kritische Situation des Opfers enthalten. Deshalb ist es unerläßlich, das Wesen von Hexagrammen durch Analyse ihrer Kerntrigramme und -hexagramme gründlich zu erforschen.[11]

[11] a.a.O., S. 179

# Fall 10

An einem Frühlingstag des Jahres 1882 wurde Meister Takashima Donsho von einem gewissen Herrn Mori, dem Sekretär einer Handelsgesellschaft, gebeten, für ihn das *I Ching* zu befragen. Herr Mori berichtete dem Meister, daß er wegen periodischer Unterleibsschmerzen verschiedene Fachärzte der Inneren Medizin und der Chirurgie konsultiert hatte, aber keiner ihm helfen konnte. In der Zwischenzeit hatten sich die Schmerzen so verschlimmert, daß er nichts mehr essen konnte. Die Befragung ergab folgendes:

**Grundhexagramm**
23

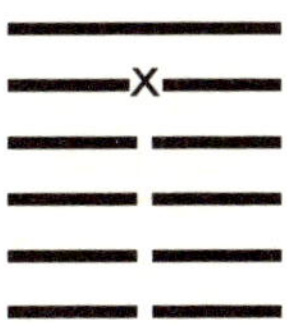

*po*

**Wandelhexagramm**
20

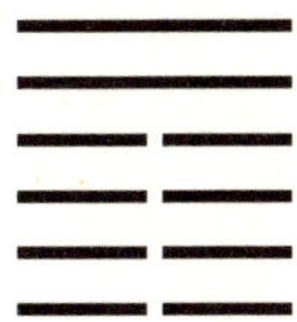

*kuan*

Der Meister erklärte Herrn Mori, daß Hexagramm 23, *po*, die Zersplitterung, im allgemeinen kein besonders günstiges Omen sei, weil es gewöhnlich den Zusammenbruch von *yin* und *yang* ankündigt. Aus der Wandellinie in fünfter Position zog er jedoch den Schluß, daß es noch einige Zeit dauern könnte, bis Herr Mori in ernsthafte Schwierigkeiten käme. Im Kommentar zur fünften Linie von Hexagramm 23 heißt es nämlich:

> *Ein Zug (aufgespießter) Fische.*
> *Durch die Palastdamen kommt Gunst.*
> *Alles ist förderlich.*

Auf Grund dieses Urteils zur fünften Linie empfahl ihm der Meister eine Akupunkturbehandlung (‹aufgespießte Fische›). Zu seiner großen Überraschung kannte Herr Mori einen Akupunkturspezialisten namens Wakamiya, was wörtlich übersetzt ‹junge Palastdamen› bedeutet. Deshalb ließ er sich von Herrn Wakamiya behandeln und wurde in kurzer Zeit von seinen Unterleibsbeschwerden befreit.

Nachdem Meister Takashima erfahren hatte, wie es Herrn Mori ergangen war, schrieb er ihm in einem Brief Folgendes:

> «Ich bin kein Mediziner, und was Akupunktur betrifft, so weiß ich nicht einmal, wofür sie gut sein soll. Doch auf Grund der symbolischen Aussagen des *I Ching* habe ich Ihnen eine Akupunkturbehandlung empfohlen. Nachdem ich nun von den wunderbaren Ergebnissen ihrer Behandlung gehört habe, bin ich davon überzeugt, daß Akupunktur je nach Art der Beschwerden gute Heilwirkungen hat. Zugleich bin ich von tiefer Ehrfurcht erfüllt, wenn ich sehe, daß die subtilen Prinzipien des *I Ching* es ermöglichen, bei der Befragung einen solchen Grad an Genauigkeit zu erreichen.»[12]

## Fall 11

Ein Schüler von Meister Arai Hakuga, einem berühmten *I Ching*-Gelehrten der Tokugawa-Zeit, wurde von einer schwangeren Frau gebeten, das *I Ching* zu den Aussichten für ihre bevorstehende Niederkunft zu befragen. Die Befragung ergab Hexagrammm 24, *fu*, die Wiederkehr, das sich zu Hexagramm 51, *chen*, das Erregende, wandelte.

---

[12] a.a.O., S. 182

**Grundhexagramm**
24

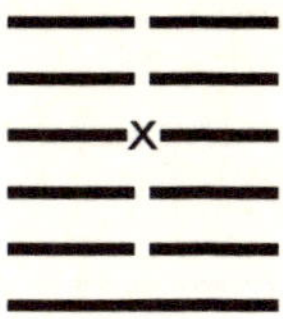

*fu*

**Wandelhexagramm**
51

*chen*

Bevor der Schüler dieser Frau die Ergebnisse seiner Deutung mitteilte, besprach er sich mit Meister Arai. Er sagte dem Meister, daß die Entbindung nach seiner Meinung schwierig sein könnte, weil das Wandelhexagramm 51, *chen*, das Erregende, für Schwierigkeiten verschiedener Art steht. Im Gegensatz dazu vertrat der Meister die Auffassung, daß die Frau ohne Komplikationen von einem Jungen entbunden würde. Er erklärte dem Schüler, daß das Hexagramm *fu* zustandekommt, indem eine *yang*-Linie in Hexagramm 2, *k'un*, das Empfangende, eindringt, und daß dies gesunde Schwangerschaft bedeutet. Außerdem bezeichnet das Wandelhexagramm *chen* den ersten Sohn und erhöhte Aktivität oder schnelle Entbindung. Es stellte sich dann heraus, daß die Frau am Tag nach der Befragung nach kurzen Wehen einen gesunden Jungen zur Welt brachte.[13]

# Fall 12

Meister Manase Chushu wurde von einer Frau gebeten, das *I Ching* zu befragen, weil ihre Regel schon seit sieben Monaten ausgeblieben war und sie überhaupt keinen Appetit mehr hatte. Sie erzählte dem Meister auch, daß die von ihrem Arzt verschriebene Medizin bei ihr Brustschmerzen verursacht habe. Sie ersuchte den Meister, die Krankheitsursache zu ermitteln und ei-

---

[13] a.a.O., S. 186

nen Behandlungsplan für sie aufzustellen. Bei der Befragung erhielt der Meister Hexagramm 32, *heng*, die Dauer, das zum Wandelhexagramm 40, *hsieh*, die Befreiung, wurde.

**Grundhexagramm**
32

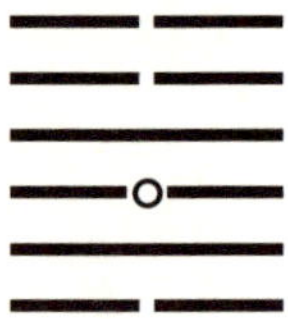

*heng*

**Wandelhexagramm**
40

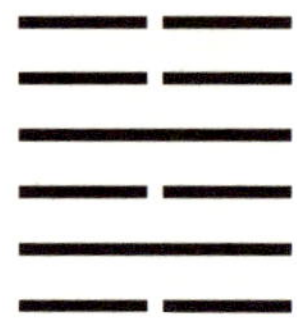

*hsieh*

Nach Ansicht des Meisters lag die Wurzel ihrer Probleme in einer Stagnation des Leber-*ch'i [qi]*, die durch die Trigramme *sun*, das Sanfte (Wind), und *chen*, das Erregende (Donner), in Hexagramm 32 sowie ein zweites *chen* im Wandelhexagramm zum Ausdruck kommt. Er erklärte, daß übermäßiger Leberwind Feuer im Herzen verursacht hatte (*li*, das Haftende/Feuer, als unteres Kernhexagramm im Wandelhexagramm). Der Meister sagte der Frau außerdem, daß sie unter einer schweren Stagnation von Säften und Blut (*k'an*, das Abgründige/Wasser) leide, die sich im unteren Trigramm und im oberen Kerntrigramm von Hexagramm 40 zeigte. Deshalb kam der Meister zu dem Schluß, daß es für sie darauf ankam, nicht nur den Leberwind zu vertreiben und das Feuer des Herzens zu löschen, sondern auch stagnierendes Wasser und Blut aus dem Unterleib zu entfernen. Mit diesem Wissen ging die Frau zurück zu ihrem Arzt und erhielt eine neue Kräutermischung, die ihre Gesundheit rasch wiederherstellte.

In diesem Fall zeigten sich der übermäßige Leberwind und die schwere Stagnation von Wasser und Blut an drei Stellen in den entsprechenden Hexagrammen. Wenn das *I Ching* den symbolischen Ausdruck einer Pathogenese wiederholt, sollte sich der Arzt diesen Beschwerden sofort und gleichzeitig widmen, anstatt sie getrennt zu behandeln. Das heißt, daß diese Frau gleichzeitig

Hilfe bei ihren Problemen mit dem Leberwind und mit den stagnierenden Flüssigkeiten brauchte. Sonst könnte das dazu führen, daß ein Übel das andere verstärkt und sich der Zustand der Patientin sukzessive verschlechtert.[14]

## Fall 13

Meister Inoue Kakushu wurde vom Vater eines kranken Jungen gebeten, eine diagnostische und prognostische Befragung des *I Ching* durchzuführen. Dabei erhielt er Hexagramm 35, *chin*, der Fortschritt, und das Wandelhexagramm 12, *p'i*, die Stockung.

**Grundhexagramm**
35

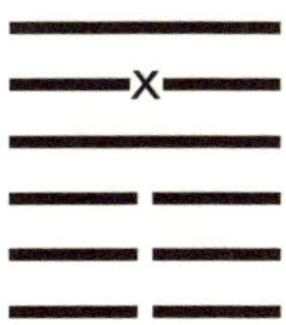

*chin*

**Wandelhexagramm**
12

*p'i*

Meister Inoue erklärte dem Vater des Jungen, daß *chin* eine fortschreitende ansteckende Krankheit bedeute. Das obere Teiltrigramm *li*, das Haftende (Feuer), steht für Hitze in den Augen. Besonders wenn es sich zu *ch'ien*, das Schöpferische (Himmel), wandelt, ist es gewöhnlich ein ernstes Zeichen, das eine Schwellung der Augen durch Hitze ankündigen könnte. Das untere Trigramm *k'un*, das Empfangende (Erde), bezeichnet die Haut. Daher repräsentiert das gesamte Hexagramm 12 eine fortschreitende und ansteckende Augen- und Hautkrankheit. Wahrscheinlich handelte es sich um Pocken, und das wurde später in diesem Fall bestätigt. Was die Prognose anbetraf, so käme die Krankheit nach Auf-

[14] a.a.O., S. 211

fassung des Meisters zum Stillstand, aber die Augen würden nicht geheilt. Es stellte sich später heraus, daß der Junge nicht an Pocken starb, sondern erblindete, so wie der Meister es vorhergesagt hatte.[15]

## Fall 14

Meister Manase Chushu wurde von einem Patienten um eine diagnostische und prognostische Befragung gebeten. Sie ergab Hexagramm 36, *ming i*, die Verfinsterung des Lichts, und das Wandelhexagramm 11, *t'ai*, der Friede.

**Grundhexagramm**
36

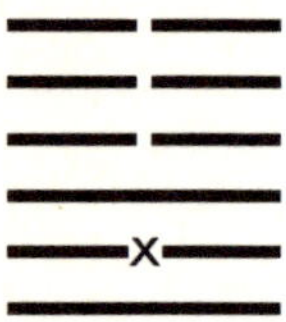

*ming i*

**Wandelhexagramm**
11

*t'ai*

Der Meister erklärte dem Patienten, daß er in der unteren Körperhälfte (das untere Trigramm *li*, das Haftende/Feuer) pathogene Hitze hatte, die ihm Schmerzen (das untere Kerntrigramm *k'an*, das Abgründige/Wasser) im Unterbauch (die Wandellinie an zweiter Stelle und das obere Trigramm *k'un*, das Empfangende/Erde) verursachte. Der Meister führte jedoch ferner aus, daß die Gesundheit des Patienten wiederhergestellt würde, wenn die Hitze (das untere Trigramm *li*) sich abkühlte und wie im Wandelhexagramm *t'ai* zu *ch'ien* (Himmel) wandelte. Auf diesen Rat hin nahm der Mann ein Medikament, das die Hitze vertrieb, und wurde bald wieder gesund.[16]

---

[15] a.a.O., S. 220
[16] a.a.O., S. 223

# Fall 15

Meister Manase Chushu befragte einst das *I Ching* für einen Patienten, der lange krank gewesen war, und erhielt Hexagramm 44, *kou*, das Entgegenkommen, das sich zu Hexagramm 57, *sun*, das Sanfte, wandelte.

**Grundhexagramm**
44

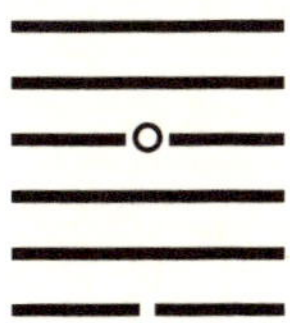

*kou*

**Wandelhexagramm**
57

*sun*

Der Meister erklärte dem Patienten, daß das Hexagramm *kou*, das Entgegenkommen, meist eine unbedeutende Ansteckungskrankheit wie Grippe bedeutete. Da jedoch die ursprüngliche Krankheit nicht richtig behandelt worden war, hatte sich im Mittleren Erwärmer Hitze (*li*, Feuer, im oberen Kerntrigramm von Hexagramm 57) gebildet. Dies hatte dazu geführt, daß sich ein starker innerer Leberwind erhoben hatte (dreimal Trigramm *sun*, Wind, in den beiden Hexagrammen). Nach dieser Beratung ging der Mann zu einem anderen Arzt und erhielt eine neue Verschreibung gegen die Hitze und den Leberwind. Später wurde dem Meister berichtet, daß dieser Patient wieder genesen war.[17]

[17] a.a.O., S. 247

# Fall 16

Meister Tanigawa Ryuzan befragte einst das *I Ching* für einen Patienten und erhielt Hexagramm 45, *ts'ui*, die Sammlung, das sich zu Hexagramm 31, *hsien*, die Einwirkung, wandelte.

**Grundhexagramm**
45

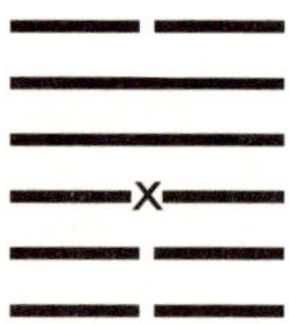

*ts'ui*

**Wandelhexagramm**
31

*hsien*

Der Meister erklärte dem Fragesteller, daß das Hexagramm *ts'ui* mit einer Wandellinie in dritter Position stagnierende giftige Nahrung bedeutete, die durch chronischen Milz- und Magenmangel verursacht wurde. Wenn er jedoch seinen Zustand durch geeignete Behandlung bessern könnte, wäre die Prognose günstig, was im Wandelhexagramm *hsien*, die Einwirkung, zum Ausdruck kam. Der Patient folgte dem Rat des Meisters eine Zeitlang, und dabei besserte sich sein Zustand ganz erheblich. Doch sobald es ihm wieder etwas besser ging, fiel er zurück in seine alten, schlechten Gewohnheiten. Als der Mann zu Meister Manase zurückkam, um eine erneute Befragung des Orakels zu erbitten, erhielt der Meister diesmal Hexagramm 31 und das Wandelhexagramm 45.

**Grundhexagramm**
31

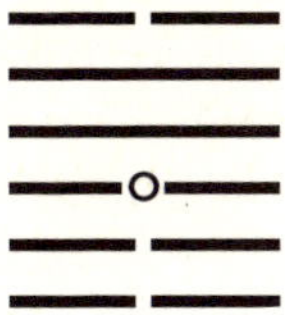

*hsien*

**Wandelhexagramm**
45

*ts'ui*

Der Meister teilte dem Mann mit, daß die Prognose diesmal ziemlich schlecht aussehen würde, weil er voller Giftstoffe (*ts'ui*, die Sammlung) war und sein *ch'i [qi]* und sein Blut erschöpft hatte. Einige Zeit später erfuhr der Meister, daß dieser Mann gestorben war, so wie er vorausgesagt hatte.

Da dieser Fall nicht vollständig aufgezeichnet wurde, muß er noch genauer erklärt werden. Da das Grundhexagramm 31, *hsien*, die Einwirkung, gewöhnlich auf Infektionskrankheiten hinweist, können wir zunächst davon ausgehen, daß der Mann an einer Infektion im Unterleib gelitten hatte. Das wird durch die Wandellinie in der dritten Position des Grundhexagramms angezeigt. Zusätzlich kann man noch tiefere Ursachen erkennen, wenn man die Kerntrigramme von *hsien* betrachtet:

**Grund-hexagramm**
31

*hsien*

**Oberes Kernhexa-gramm**

*ch'ien*

**Unteres Kernhexa-gramm**

*sun*

**Kern-hexagramm**
44

*kou*

Das obere Kerntrigramm *ch'ien*, das Schöpferische (Himmel), bezeichnet im allgemeinen starke *yang*-Zustände, und das untere Kerntrigramm *sun* steht für Windkrankheiten, die durch Funktionsstörungen der Leber verursacht werden. Das Kernhexagramm 44, *kou*, das Entgegenkommen, bedeutet gewöhnlich *yin*-Mangel und falsche *yang*-Fülle. Deshalb können wir vermuten, daß es dieser Mann mit diesen beiden pathogenen Faktoren zu tun gehabt hatte. Dadurch wurden Windzustände ausgelöst, welche die Magenfunktion unterdrückten und zu einer schweren Vergiftung des Magens führten. Wir dürfen sogar annehmen, daß der Mann Magenkrebs hatte, der sich auf die Leber ausweitete. Leider lassen sich diese Spekulationen nicht mehr überprüfen, aber durch die Analyse der Kerntrigramme in derlei obskuren Fällen können wir mit Sicherheit tiefere Erkenntnisse gewinnen.[18]

## Fall 17

Im Juli 1887 hielt sich Meister Takashima Donsho in einem Gasthaus in den Bädern von Hakone auf, um einer Choleraepidemie zu entgehen, die sich damals in Tokyo rasch ausbreitete. Ein gewisser Herr Fujita, ein Antiquitätenhändler aus Tokyo, der sich ebenfalls in diesem Gasthaus aufhielt, bat den Meister, das *I Ching* für eine seiner Verwandten zu befragen, denn man hatte ihm gerade telegrafisch mitgeteilt, daß diese Frau von Cholera befallen worden war. Bei der Befragung erhielt der Meister Hexagramm 47, *k'un*, die Bedrängnis, und das Wandelhexagramm 28, *ta kuo*, des Großen Übergewicht.

---

[18] a.a.O., S. 250

**Grundhexagramm**
47

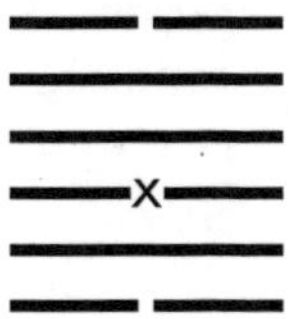

*k'un*

**Wandelhexagramm**
28

*ta kuo*

Nach Ansicht des Meisters war die Prognose für diese Frau ziemlich düster, weil es in den Kommentaren zur dritten Linie von Hexagramm 47 heißt:

> *Man läßt sich bedrängen durch Stein*
> *und stützt sich auf Dornen und Disteln.*
> *Man geht in sein Haus und sieht nicht seine Frau. Unheil!*

Da außerdem das Wandelhexagramm 28, *ta kuo*, des Großen Übergewicht, einen Sarg darstellt, erklärte der Meister Herrn Fujita, daß der Tod seiner Verwandten unmittelbar bevorstehe. Es stellte sich heraus, daß Herr Fujita am nächsten Tag aus Tokyo ein Telegramm mit der Todesnachricht erhielt. Das Geheimnisvolle bei der ganzen Angelegenheit war, daß der Zeitpunkt des Orakelnehmens mit dem Zeitpunkt des Todes übereinstimmte.

Wie schon bei Fall 2 erwähnt, legen die Meister der Takashima-Schule im allgemeinen größten Wert auf den genauen Wortlaut der Kommentare zu jedem Hexagramm und seinen Wandellinien. Dennoch ist es selten, daß das *I Ching* eine so zutreffende Auskunft in so genauen Worten und wörtlicher Bedeutung wie in diesem Fall gibt. Im allgemeinen ist es erforderlich, das *I Ching* in übertragenem Sinn zu interpretieren, um seine Botschaft herauszuarbeiten.

Obwohl aus dem Bericht hervorgeht, daß Meister Takashima bei seiner Deutung großen Wert auf den Kommentar zur Wandellinie und das Wandelhexagramm legte, ist dieses Orakel übervoll mit klinischen Informationen über den Zustand der Patientin. Zunächst einmal ist *k'un*, die Bedrängnis, ein Hexagramm, daß *yin-* und *yang-*Mangel, Unfähigkeit zu genesen, Abmagerung usw. bedeutet, und schon dieses Hexagramm allein zeigt ernste Probleme an. Ferner ist das obere Teiltrigramm *tui*, das Heitere, ein Symbol für Mund und Verdauungssystem und weist auf Krankheiten hin, die man sich durch den Verdauungstrakt zuzieht, was bei Cholera der Fall ist. Es ist auch ein Symbol für die Ansammlung von Giftstoffen im Körper.

Schließlich repräsentiert das untere Trigramm *k'an*, das Abgründige, wiederum Giftstoffe und Blut in der unteren Körperhälfte. Der Wandel der dritten Linie, durch den das Trigramm *k'an* in *sun*, das Sanfte (Wind), umgewandelt wird, kündet an, daß diese Giftstoffe sich im Sturmwind ausbreiten würden. Bei einer so bösartigen Krankheit wie Cholera drückt dieser Wandel der Trigramme von *k'an* zu *sun* das Krankheitsbild dieser Frau in wirklich zutreffender symbolischer Form aus.

Wenn man zusätzlich das Wandelhexagramm in seine Kernhexagramme zerlegt, gibt einem das *I Ching* noch mehr Botschaften über diese Patientin.

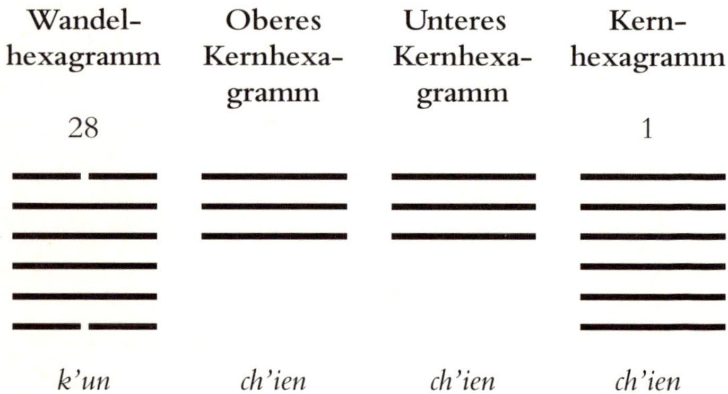


Wie hier zu sehen ist, handelt es sich bei den beiden Kerntrigrammen um *ch'ien*, das Schöpferische, und dies weist auf äußerst heftige und schwere Krankheiten hin. Auch das Kernhexagramm ist folglich *ch'ien*, das wiederum für aggressive Symptome von extremem *yang*-Charakter steht. In diesem Sinne ist *ch'ien* eines der düstersten Omen, das man im Falle einer schweren Krankheit erhalten kann.[19]

## Fall 18

Im Mai 1934 wurde Meister Morizawa Yinsei von einer Dame gebeten, das *I Ching* über den Zustand ihres Sohnes, eines Studenten an der Universität Hokkaido, zu befragen. Sie erzählte, daß ihr Sohn ihr gerade geschrieben habe, sein Arzt hätte bei ihm Beriberi diagnostiziert und Hydrotherapie empfohlen. Die Befragung des *I Ching* ergab Hexagramm 51, *chen*, das Erregende (Donner), und das Wandelhexagramm 16, *yü*, die Begeisterung:

**Grundhexagramm**
51

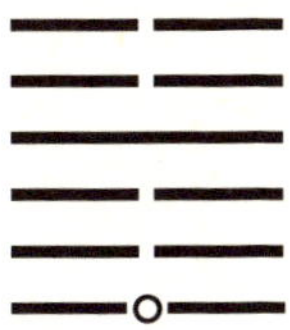

*chen*

**Wandelhexagramm**
16

*yü*

Der Meister erklärte der Dame, daß nach seiner Ansicht ihr Sohn ihr nicht die Wahrheit über seine Krankheit mitgeteilt hatte, weil der Kommentar zur Grundlinie von Hexagramm 51, das Erregende, feststellt:

*Das Erschüttern kommt: Hu, hu!*
*Darauf folgen lachende Worte: Ha, ha!*
*Heil!*

[19] a.a.O., S. 256

Der Meister sagte, daß dies zunächst einmal ein günstiges Zeichen sei und daß auch das Wandelhexagramm 16, *yü*, die Begeisterung, für Glück und Normalität bei einem jungen Menschen spreche. Meister Morizawa sagte der Mutter, daß ihr Sohn die Krankheit nur vortäuschte, damit er über mehr Zeit und über zusätzliche Mittel von seiner Mutter für seinen lockeren Lebenswandel verfügen könnte. Obwohl die Frau mit dieser Antwort des Orakels nicht ganz glücklich war, beschloß sie, ihren Sohn in Sapporo zu besuchen, wo es sich dann herausstellte, daß der junge Bursche sich bester Gesundheit erfreute und sein Studium sehr vernachlässigt hatte.

Bei Patienten, die zu Neurosen, Hypochondrie oder Schauspielerei neigen, gibt das *I Ching* häufig Antworten dieser Art. Wenn die Beschwerden des Patienten sehr verschieden vom Ergebnis der Befragung sind, dann sollte man den Fall dieses Patienten noch gründlicher betrachten als üblich, denn er könnte Faktoren enthalten, über die der Patient nicht die Wahrheit sagt. Wenn man zum Beispiel Hexagramm 4, *meng*, die Jugendtorheit, erhält, gibt das *I Ching* dem Fragesteller oft die Botschaft, daß er von seinem Patienten oder von seiner eigenen Unwissenheit und Voreingenommenheit getäuscht wird.[20]

## Fall 19

Meister Hirazawa Zuitei wurde gebeten, das *I Ching* wegen eines schwerkranken Mädchens zu befragen. Die Befragung ergab Hexagramm 54, *kuei mei*, das heiratende Mädchen, das sich zu Hexagramm 38, *k'uei*, der Gegensatz, wandelte:

[20] a.a.O., S. 268

| **Grundhexagramm** | **Wandelhexagramm** |
|---|---|
| 54 | 38 |

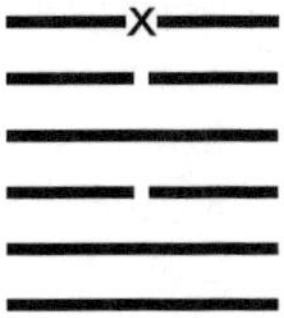

*kuei mei* *k'uei*

Nach Auffassung des Meisters deutete das Hexagramm *kuei mei* mit einer Wandellinie an oberster Stelle an, daß das Mädchen unter einem *shang han*-Syndrom (‹Kälte-Verletzung›) gelitten hatte, mit Symptomen wie hohem Fieber, Kopfschmerzen, Herzklopfen, Verstopfung und Aufhören der Harnabsonderung (Anurie). Er stellte ferner fest, daß es in der Familie zwei kranke Personen geben müßte, denn das obere Teiltrigramm *chen*, das Erregende (Donner), steht für den ersten Sohn und das untere Trigramm *tui*, das Heitere, für die dritte Tochter. Das bestätigte der Fragesteller dem Meister. Dieser erklärte außerdem, daß der älteste Sohn eine schlechte Prognose hätte, weil die Hitze (das obere Trigramm *li*, das Haftende/Feuer, im Wandelhexagramm 38) ihn verzehren würde. Was die Tochter angeht, so würde sie langsam genesen, denn *tui* bedeutet langsame Erholung, und dieses Trigramm würde sich nicht wandeln. Es stellte sich heraus, daß der älteste Sohn trotz intensiver Pflege starb, aber das Mädchen geheilt wurde, so wie der Meister vorausgesagt hatte.

In manchen traditionellen Richtungen der *I Ching*-Interpretation gelten Trigramme als Darstellungen bestimmter Personen oder sozialer Gruppen. In diesem Fall wurden die Trigramme als Familienmitglieder gedeutet (wie in der Tabelle der Entsprechungen in Kapitel 2). Sie ließen sich auch im Rahmen einer Organisation, wie Regierung, Firma oder Schule, einordnen.

Um wieder auf den besprochenen Fall zurückzukommen, so kann man die Frage stellen, wie die Deutung ausgefallen wäre, wenn man die Antwort des Orakels ausschließlich auf das Mädchen bezogen hätte. Zunächst sollte man vom Text zur sechsten Linie von Hexagramm 54, *kuei mei*, das heiratende Mädchen, ausgehen. Dort heißt es: «günstige Prognose – hohes Fieber – Kopfschmerzen – Herzklopfen – Hitzebläschen im Mund – Verstopfung.» Deshalb kann man, auch ohne die Situation des ältesten Sohnes zu berücksichtigen, immer noch die Symptome und die Prognose für das Mädchen erkennen. Was den Verlauf des *shang han*-Syndroms angeht, liegt die Vermutung nahe, daß das Mädchen bei der Genesung eine schwere Zeit durchzumachen hatte, weil das Wandelhexagramm 38, *k'uei*, der Gegensatz, die Ansammlung von Hitzegiften im Organismus bedeutet.[21]

# Fall 20

Meister Manase Chushu wurde einst gebeten, das *I Ching* über den Zustand eines Patienten zu befragen, der an Bluthochdruck litt. Die Befragung ergab Hexagramm 62, *hsiao kuo*, des Kleinen Übergewicht, und das Wandelhexagramm 16, *yü*, die Begeisterung:

**Grundhexagramm**
62

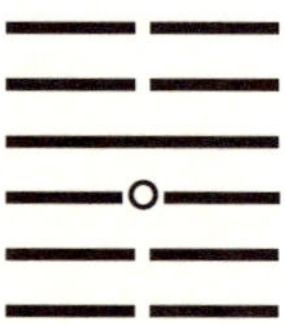

*hsiao kuo*

**Wandelhexagramm**
16

*yü*

[21] a.a.O., S. 276

Meister Manase erklärte dem Patienten, daß sich bei ihm auf Grund übermäßigen Fleischverzehrs sehr viel Hitze im Mittleren Erwärmer (die zwei *yang*-Linien in der Mitte von Hexagramm 62) angesammelt hätte. Diese Hitze würde *ch'i [qi]* und Blut blockieren (das obere Kerntrigramm *tui,* das Heitere) und möglicherweise einen Schlaganfall verursachen (das Wandelhexagramm *yü*). Deshalb gab der Meister diesem Mann den Rat, seine Lebensweise zu ändern. Später erfuhr Meister Manase, daß der Mann tatsächlich an einem Hirnschlag gestorben war, weil er seinen Rat nicht ernst genommen hatte.[22]

[22] a.a.O., S. 300

# Nachwort

In diesem Buch habe ich versucht, einen knappen, präzisen und systematischen Überblick über die praktische Anwendung des *I Ching* in der Heilkunde zu geben. Natürlich ließe sich noch wesentlich mehr zu diesem Thema ausführen, aber für den Anfang reicht das aus. Je mehr man sich darin übt, desto mehr neue symbolische Botschaften kann man bei der täglichen Benutzung entdecken, und so wird das Verständnis für dieses Buch sich in inspirierender Weise erweitern und vertiefen.

Wenn man bisher ausschließlich rationale und theoretische Systeme der Medizin praktiziert hat, kommt die Beschäftigung mit dem *I Ching* einem Abenteuer gleich. Zuerst mag man Skepsis und Widerstand empfinden, doch sollte man nicht vergessen, daß es verschiedene Arten des Wissens gibt. Die Mittel der Logik und des Verstandes sind ein Weg, um die Welt zu begreifen, Intuition ist ein anderer. Das *I Ching* benutzt einen nicht-linearen und synchronistischen Ansatz, um uns den Zugang zum Wissensschatz in unserem Inneren zu öffnen. Da die meisten von uns sich aber daran gewöhnt haben, auf ausschließlich wissenschaftliche und rationale Weise zu denken, ist das intuitive Verstehen oder die direkte Wahrnehmung der Welt als etwas Primitives und Unbewiesenes verdrängt worden.

Heutzutage erklärt uns jedoch die moderne Physik, daß das Universum keineswegs durchgehend allgemeingültigen Naturgesetzen folge, sondern von großer Unordnung und einem Chaos ständiger Wandlungsvorgänge beherrscht sei. Die Physiker behaupten, daß es im Kosmos absolut nichts gebe, was sich mit hundertprozentiger Genauigkeit vorhersagen lasse, und das gilt sogar für die Bewegung eines Elektrons. Die Naturwissenschaft kann nur bestimmte Muster im Chaos der Energiefelder erkennen.

Dieses Bild des Universums entspricht genau den Vorstellungen des *I Ching*. Für die Philosophie des *I Ching* gilt, daß die Welt in ständigem Wandel begriffen ist, auf eine Weise, in der sich kaum etwas voraussagen läßt, aber bestimmte Muster zu erkennen sind. Dies gilt auch für die Ausübung der Heilkunst. Auch wenn wir Heilkundigen noch so viele Gesetze und Prinzipien gelernt haben, so können wir doch nichts mit absoluter Sicherheit voraussagen. Es läßt sich nur eine bestimmte Anzahl von Mustern beobachten, und wir müssen zugeben, daß vieles in der Heilkunde trotz aller technischen und wissenschaftlichen Fortschritte immer noch ein Geheimnis geblieben ist. Doch wenn wir uns diesem Geheimnis annähern wollen, kann das *I Ching* dem Heiler sehr viel Hilfe gewähren. Im intuitiven Wissen liegt eine tiefe Kraft. Machen Sie sich diese Kraft in der Heilkunst zunutze!

# Medizinisches Glossar

(Unter HG wird das Hexagramm in Kapitel 5 genannt, in dem der Begriff zum 1. Mal vorkommt. In wenigen Ausnahmen wird die Seitenzahl hinter dem Begriff angeführt.)

| HG | *Fachwort* | |
|---|---|---|
| 19 | Affektion | (leichte) Erkrankung |
| 13 | Agoraphobie | Platzangst |
| 11 | Amenorrhöe | Ausbleiben der Monatsblutung |
| 42 | Amnesie | Gedächtnisverlust |
| 56 | Anämie | Blutarmut |
| 44 | Analprolaps | Vorfall von Darmschleimhaut aus dem After |
| 17 | Anorexie | psychisch bedingte Eßstörungen |
| 22 | Anurie | Fehlen der Harnabsonderung |
| 10 | Aphasie | Sprechstörungen |
| 1 | Apoplexie | Hirnschlag |
| | Ätiologie (S. 76) | Lehre von den Krankheitsursachen |
| 24 | Aszites | Bauchwassersucht |
| 40 | Dispersion | Zerstreuung |
| 23 | Drainage | Ableitung der Wundflüssigkeit |
| 11 | Dysenterie | starker Durchfall (Ruhr) |
| 7 | Dysmenorrhöe | ernsthafte Monatsbeschwerden |
| 28 | Dyspnoe | Atemnot |
| 4 | Dysurie | Fehl- oder Schwerharnen |
| 21 | Epigastrium/ epigastrisch | (in der) Mitte des Oberbauchs |
| 42 | Fluor (albus) | Scheidenausfluß, Weißfluß |
| 60 | Gastritis | Magenentzündung |
| 30 | Gastroenteritis | Magen-Darm-Entzündung |
| 4 | generalisiert(e) (Ödeme) | (Ödeme) am ganzen Körper |

| | | |
|---|---|---|
| 7 | Gestose | Schwangerschaftsintoxikation (auch: Eklampsie) |
| 43 | Gonorrhöe | Tripper |
| 37 | Hemiplegie | halbseitige Lähmung |
| 7 | Hepatopathie | Leberleiden |
| 23 | Hypochondrium | Oberbauchbereich links und rechts unter dem Rippenbogen |
| 24 | hypogastrisch | Unterbauch-...(unterhalb des Magens) |
| 12 | Induration | Gewebsverhärtung |
| 5 | Intoxikation | Vergiftung(szustand) |
| 10 | Koagula | Blutgerinnsel |
| 5 | Kongestion | Stauung |
| 22 | Konvulsion | epileptischer Anfall |
| 22 | koronar | die Herzkranzgefäße betreffend |
| 38 | Medikation | Arzneiverordnung |
| 13 | Meningitis | Hirnhautentzündung |
| 6 | Menorrhagie | abnorm starke Monatsblutung |
| | Morbidität (S. 48) | Anfälligkeit |
| | Mortalität (S. 48) | Sterblichkeit |
| 38 | Mykose | Pilzerkrankung |
| 7 | Nephritis | Nierenentzündung |
| 7 | Nephropathie | Nierenleiden |
| 20 | Neurasthenie | Nervenschwäche |
| 4 | Ödem | Gewebewassersucht |
| 4 | Obstruktion | Blockade eines Ein-/Ausgangs |
| 7 | obstruierend | blockierend, hemmend |
| 7 | Pankreatitis | Entzündung der Bauchspeicheldrüse |
| 30 | Paraplegie | beiderseitige Lähmung der Extremitäten |
| 57 | Parasitose | Parasitenbefall |
| | Parasympathikus (S. 31/TG 4) | Anteil des autonomen Nervensystems, der die Erholung der Organe steuert |
| 39 | pathogen | Krankheiten verursachend |

| | | |
|---|---|---|
| 23 | Perforation des Trommelfells | Durchbruch/Substanzverlust des T. |
| 54 | Phobie(n) | irrationale, krankhafte Ängste |
| 13 | Polio | Kinderlähmung |
| 26 | rektal | Mastdarm-... |
| 60 | Sepsis | bakterielle oder infektbedingte Blutvergiftung |
| 34 | Spermatorrhöe | unwillkürlicher Samenerguß (ohne sexuelle Erregung) |
| 2 | Stase (Blutstase) | Stauung/Stagnation (des B.) |
| 26 | Stupor | Reaktionslosigkeit (von schwerer Benommenheit/Apathie bis völliger Teilnahmslosigkeit) |
| 4 | subkostal | unter den Rippen |
| | Sympathikus (S. 32/TG 5) | (auf Kurzleistung eingestellter) Anteil des autonomen Nervensystems |
| 5 | Syndrom | typische Kombination einer Gruppe von Krankheitszeichen |
| 19 | systemisch | den ganzen Organismus betreffend |
| 2 | Tetanus | Wundstarrkrampf |
| 8 | Toxine (toxisch) | (organische) Giftstoffe |
| 16 | Trauma (traumatisch) | Erschütterung Wunde, Verletzung, seelische |
| 62 | urogenital | Harn-Geschlechts-... |
| 58 | Vaginitis | Scheidenentzündung |
| 10 | Vulva | Schamgegend, äußere weibliche Geschlechtsteile |
| 40 | Zystitis | Blasenentzündung |

# Chinesisches Glossar

(Es wird jeweils die Textstelle angegeben, an welcher der Ausdruck zum ersten Mal genannt und erklärt wird.)

| Buch | *HG* | *Wade-Giles* | *pinyin* | *deutsch* |
|---|---|---|---|---|
| 19 | | cheng | *zheng* | (Wandlungs-)Muster |
| 19 | | ch'i | *qi* | (Lebens-)Energie |
| 19 | | k'o ch'i | *ke qi* | Gast-ch'i |
| 19 | | chu ch'i | *zhu qi* | Gastgeber-ch'i |
| 43 | | cheng ch'i | *zheng qi* | Rechtes ch'i |
| | *45* | wei ch'i | *wei qi* | Abwehr-ch'i |
| | *2* | yüan ch'i | *yuan qi* | Ursprungs-ch'i |
| 44 | | chiao | *jiao* | Erwärmer |
| 44 | | san chiao | *san jiao* | Dreifacher Erwärmer |
| 44 | | hsia chiao | *xia jiao* | Unterer Erwärmer |
| 44 | | chung chiao | *zhong jao* | Mittlerer Erwärmer |
| 44 | | shang chiao | *shang jao* | Oberer Erwärmer |
| | 4 | ching | *jing* | (Lebens-)Essenz |
| 12 | | Chou | *Zhou* | Chou-Dynastie (ca. 1025–256 v. C.) |
| 17 | | Duke of Chou | *Zhou* | Herzog von Chou |
| 23 | | Chu Hsi | *Zhu Xi* | Philosoph (1130–1200) |
| | *12* | fu | *fu* | fu-Organe (5 *yin*- oder Speicherorgane) |
| 12 | | Fu Hsi | *Fu Xi* | 1. der Drei Erhabenen Herrscher Chinas (um 3000 v. C.) |
| 17 | | Konfuzius | | Philosoph (551–479 v. Chr.) |

| | | | |
|---|---|---|---|
| Kap. 2 | kua | *gua* | Tri- bzw. Hexagramme |
| 17 ff. | pa kua | *ba gua* | Acht Trigramme |
| 48 | kuei hun | *gui hun* | ‹Zurückkehrende Seele› |
| 23 | liang i | *liang yi* | Die ‹Zwei Pole› (*yin* und *yang*) |
| 20 | Nei Ching | *Nei Jing* | Kurztitel des ‹Huang Ti Nei Ching› (‹Klassiker des Gelben Kaisers zur Inneren Medizin›) |
| 17 ff. | pa kua | *ba gua* | Acht Trigramme |
| 42 ff. | pi | *bi* | ‹Zusammenhalten› (Nebeneinanderstellen von Linien im Hexagramm) |
| 42 f. | cheng pi | *zheng bi* | korrektes Zusammenhalten |
| 42 f. | pu pi | *bu bi* | inkorrektes Zusammenhalten |
| *19* | pi(-Syndrom) | *bi* | wanderndes, rheumatisches Syndrom |
| 61 | san ts'ai | *san cai* | Die Drei Kräfte (Himmel, Erde, Mensch) |
| 311 | shang han-Syndrom | | Kälte-Verletzungs-Syndrom |
| *33* | shen | *shen* | Geist (spirituelle Energie) |
| 58 | shao yang | *shao yang* | kleines *yang* |
| 58 | shao yin | *shao yin* | kleines *yin* |
| 27 | ssu hsiang | *si xiang* | Die ‹Vier Bilder› |
| 23, 61 | t'ai chi | *tai ji* | das ‹Höchste Letzte› |
| *30* | t'ai yang | *tai yang* | großes *yang* (-Stadium einer Krankheit) |

| | | | | |
|---|---|---|---|---|
| 58 | | t'ai yang | *tai yang* | großes *yang* |
| 58 | | t'ai yin | *tai yin* | großes *yin* |
| 20 | | T'ang | *Tang* | T'ang-Dynastie (618–906) |
| 24 | | tao | *dao* | Weg, Prinzip, Lehre |
| | *12* | tsang | *zang* | tsang-Organe (6 *yang*- oder Hohlorgane) |
| | *12* | tsang-fu- | *zang-fu-* | Organsystem (der chin. Medizin) |
| | *45* | wei ch'i | *wei qi* | Abwehr-ch'i |
| 17 | | (King) Wen | *Wen* | König Wen (11. Jh. v. Ch.) |
| 23 | | wu chi | *wu ji* | das ‹Namenlose› |
| Kap. 2 | | yang | *yang* | männliches, positives Prinzip |
| | *30* | yang ming | | ‹*yang*-Leuchten› (-Stadium einer Krankheit) |
| Kap. 2 | | yin | *yin* | weibliches, negatives Prinzip |
| Kap. 1, 2 | | yin-yang-Lehre | | |
| 18 | | ying | *ying* | Resonanz, Schwingung |
| 41 | | ying | *ying* | ‹Entsprechen› (Korrespondenzen von Linien im Hexagramm) |
| 42 | | cheng ying | *zheng ying* | korrektes Entsprechen |
| 42 | | pu ying | *bu ying* | inkorrektes Entsprechen |
| 48 | | yu hun | *you hun* | ‹Wanderseelen› (-Hexagramme) |
| | *2* | yüan ch'i | *yuan qi* | Ursprungs-ch'i |

# Glossar zum I Ching

## 1. Trigramme und Hexagramme

Die Seitenangaben beziehen sich auf Buchseiten oder Fallbeispiele, in denen eine medizinische Anwendung beschrieben wurde.
(Normale Ziffern: Buchseiten – *kursive* Ziffern: Fall-Nr.)

### *pa kua* – Die Acht Trigramme (vgl. Kap. 2)

| *Nummer* | *Wade-Giles* | *pinyin* | *Richard Wilhelm* | *deutscher Name (nach Wilhelm)* | *medizinische Anwendung* |
|---|---|---|---|---|---|
| I | ch'ien | *qian* | kien | Das Schöpferische (Himmel) | 29, 81 *4, 13, 16, 17* |
| II | tui | *dui* | dui | Das Heitere (See) | 30, 81 *17, 19, 20* |
| III | li | *li* | li | Das Haftende (Feuer) | 30, 84 *8, 12, 13, 14, 15, 19* |
| IV | chen | *zhen* | dschen | Das Erregende (Donner) | 31, 84 *1, 6, 7, 9, 12, 19* |
| V | sun | *sun* | sun | Das Sanfte (Wind) | 32 *12, 15, 17* |
| VI | k'an | *kan* | kan | Das Abgründige (Wasser) | 32, 84 *1, 3, 8, 9, 12, 14, 17* |
| VII | ken | *gen* | gen | Das Stillehalten (Berg) | 33, 84 *9* |
| VIII | k'un | *kun* | kun | Das Empfangende (Erde) | 34, 84 *3, 6, 8, 13* |

# Die 64 Hexagramme (vgl. Kap. 5)

| | | | | | |
|---|---|---|---|---|---|
| 1 | ch'ien | *qian* | kien | Das Schöpferische | 39, 81 |
| | | | | | *17* |
| 2 | k'un | *kun* | kun | Das Empfangende | 39 |
| | | | | | *1* |
| 3 | chun | *zhun* | dschun | Die Anfangs- | 36, 45 |
| | | | | schwierigkeit | |
| 4 | meng | *meng* | mong | Die Jugendtorheit | 41 |
| | | | | | *18* |
| 5 | hsü | *xu* | sü | Das Warten | *2* |
| 6 | sung | *song* | sung | Der Streit | – |
| 7 | shih | *shi* | schi | Das Heer | 46 |
| | | | | | *1* |
| 8 | pi | *bi* | bi | Das Zusammen- | – |
| | | | | halten | *3* |
| 9 | hsiao | *xiao* | siau | Des Kleinen | – |
| | ch'u | *chu* | tschu | Zähmungskraft | *2* |
| 10 | lü | *lü* | lü | Das Auftreten | – |
| 11 | t'ai | *tai* | tai | Der Friede | 45 |
| | | | | | *14* |
| 12 | p'i | *pi* | pi | Die Stockung | – |
| | | | | | *13* |
| 13 | t'ung | *tong* | tung | Gemeinschaft | – |
| | jen | *ren* | jen | mit Menschen | *4* |
| 14 | ta yu | *da you* | da yu | Der Besitz von | 80 |
| | | | | Großem | – |
| 15 | ch'ien | *qian* | kien | Die Bescheidenheit | – |
| | | | | | *5* |
| 16 | yü | *yu* | yü | Die Begeisterung | – |
| | | | | | *6, 18, 20* |
| 17 | sui | *sui* | sui | Die Nachfolge | – |
| 18 | ku | *gu* | gu | Die Arbeit am | 82 |
| | | | | Verdorbenen | – |
| 19 | lin | *lin* | lin | Die Annäherung | – |
| | | | | | 7 |
| 20 | kuan | *guan* | guan | Die Betrachtung | – |
| | | | | | *3, 8, 20* |
| 21 | shih ho | *shi he* | shi ho | Das Durchbeißen | – |
| 22 | pi | *bi* | bi | Die Anmut | 89 |
| | | | | | *9* |

| | | | | | |
|---|---|---|---|---|---|
| 23 | po | *bo* | bo | Die Zersplitterung | 45, 83 f.<br>*3, 10* |
| 24 | fu | *fu* | fu | Die Wiederkehr | –<br>*1, 7, 11* |
| 25 | wu<br>wang | *wu*<br>*wang* | wu wang | Die Unschuld | – |
| 26 | ta ch'u | *da chu* | da tschu | Des Großen<br>Zähmungskraft | – |
| 27 | i | *yi* | i | Die Mundwinkel | 43<br>– |
| 28 | ta kuo | *da guo* | da go | Des Großen<br>Übergewicht | 42/3<br>*17* |
| 29 | k'an | *kan* | kan | Das Abgründige | – |
| 30 | li | *li* | li | Das Haftende | –<br>*4* |
| 31 | hsien | *xian* | hien | Die Einwirkung | 43, 88<br>*16* |
| 32 | heng | *heng* | hong | Die Dauer | –<br>*12* |
| 33 | tun | *dun* | dun | Der Rückzug | – |
| 34 | ta<br>chuang | *da*<br>*zhuang* | da<br>dschuang | Des Großen Macht | – |
| 35 | chin | *jin* | dsin | Der Fortschritt | –<br>*13* |
| 36 | ming i | *ming yi* | ming i | Die Verfinsterung<br>des Lichts | –<br>*4, 9, 14* |
| 37 | chia jen | *jia ren* | gia jen | Die Sippe | – |
| 38 | k'uei | *gui* | kui | Der Gegensatz | –<br>*19* |
| 39 | chien | *jian* | gien | Das Hemmnis | –<br>*5* |
| 40 | hsieh | *xie* | hie | Die Befreiung | 40/1, 84 f.<br>*4, 5, 9, 12* |
| 41 | sun | *sun* | sun | Die Minderung | – |
| 42 | i | *yi* | i | Die Mehrung | – |
| 43 | kua | *guai* | guai | Der Durchburch | –<br>*6* |
| 44 | kou | *gou* | gou | Das Entgegen-<br>kommen | –<br>*15, 16* |
| 45 | ts'ui | *cui* | tsui | Die Sammlung | –<br>*16* |
| 46 | sheng | *sheng* | schong | Das Empordringen | – |

| | | | | | |
|---|---|---|---|---|---|
| 47 | k'un | *kun* | kun | Die Bedrängnis | – |
| | | | | | *17* |
| 48 | ching | *jing* | dsing | Der Brunnen | – |
| 49 | ko | *ge* | go | Die Umwälzung | – |
| 50 | ting | *ding* | ding | Der Tiegel | – |
| 51 | chen | *zhen* | dschen | Das Erregende | – |
| | | | | | *11, 18* |
| 52 | ken | *gen* | gen | Das Stillehalten | – |
| 53 | chien | *jian* | dsien | Die Entwicklung | – |
| | | | | | *8* |
| 54 | kuei mei | *gui mei* | gui me | Das heiratende Mädchen | – *19* |
| 55 | feng | *feng* | fong | Die Fülle | – |
| | | | | | *4* |
| 56 | lü | *lü* | lü | Der Wanderer | 86 |
| | | | | | – |
| 57 | sun | *sun* | sun | Das Sanfte | – |
| | | | | | *15* |
| 58 | tui | *dui* | dui | Das Heitere | – |
| 59 | huan | *huan* | huan | Die Auflösung | – |
| 60 | chieh | *jie* | dsie | Die Beschränkung | – |
| 61 | chung fu | *zhong fu* | dschung fu | Innere Wahrheit | – |
| 62 | hsiao kuo | *xiao guo* | siau go | Des Kleinen Übergewicht | – *16, 20* |
| 63 | chi chi | *ji ji* | gi dsi | Nach der Vollendung | 40 – |
| 64 | wei chi | *wei ji* | we dsi | Vor der Vollendung | – |
| | | | | Vollendung | *8* |

# 2. Grundbegriffe

| | *Seite* |
|---|---|
| archetypisches Hexagramm | 86 f. |
| Ausgangshexagramm | 36 |
| bedrohliche (unheilverkündende) Hexagramme | 87 |
| beherrschende Linie | 289 f. |

# Nachweis der Quellen und Abbildungen

Chen Chao: Yi an Medicine, Studies on the Application of the Book of Changes, Vol. 2, Taipei, 1982

Chu Hsi Yü Lei (‹Chu Hsis gesammelte Lehren›), hrsg. von Yamada Kenji, Tokyo, 1978

Kaptchuk, Ted J.: Das große Buch der chinesischen Medizin, München, 1983

Kato Daigaku: Ekigaku Byosen (‹Studien zur medizinischen Befragung mit dem I Ching›), Tokyo, 1974

Schmidt, Wolfgang G.A.: Der Klassiker des Gelben Kaisers zur Inneren Medizin (Huang Ti *Nei Ching*), Freiburg 1993

Shang Bing-He: Zhou Yi Shang Shi Xue (‹Meister Shangs Studien zum I Ching›), Beijing, 1979

Wei Tsuei: Roots of Chinese Culture and Medicine, Oakland, CA, 1989

Wilhelm, Richard: *I Ging* – Das Buch der Wandlungen, Köln, 1986

Die drei Abbildungen stammen aus
Zhang Jing-yue: Lei Jing Tung Yi (The Systematic Classic's Illustrated Appendix)

# Weiterführende Literatur

## I) zum I Ching

Anthony, Carol: Handbuch zum klassischen I Ching, München 1989
Blofeld, John: I Ging. Das Buch der Wandlung, Bern und München, 1983
Brodde, August: I Ging, Schorndorf, 1985
Chu, Wen Kuan und Sherrill, Wallace A.: Die Astrologie des I Ging, Köln, 1986
Da Liu: Das Münzorakel des I Ging, Frankfurt, 1978
Diederichs Ulf (Hrsg.): Erfahrungen mit dem I Ging, Köln, 1984
ffarington Hook, Diana: I Ging für Fortgeschrittene, Köln, 1983
Govinda, Lama Anagarika: Die innere Struktur des I Ging, Freiburg, 1983
Lavier, Jacques: Le livre de la terre et du ciel – Les secrets du Yi King, Paris, 1969
Murphy, Joseph: Das I Ging-Orakel Ihres Unterbewußtseins, Genf, 1980
Schönberger, Martin: Verborgener Schlüssel zum Leben – Weltformel I Ging im genetischen Code, München, 1973
Seckter, Michael: Das I Ging Handbuch, Hamburg, 1984
Wilhelm, Hellmut: Sinn des I Ging, Düsseldorf/Köln, 1976
Wilhelm, Hellmut: Die Wandlung, Zürich 1958
Wilhelm, Richard: *I Ging* – Das Buch der Wandlungen, Köln, 1986
Wing R.L.: Das Arbeitsbuch zum I Ging, Düsseldorf/Köln, 1980
Wing R.L.: Das illustrierte I Ging, München, 1982
Yüan-Kuang (Le Maître Yüan-Kuang): *I Ging* – Das Buch der chinesischen Weissagung, München, 1951

## II) zur chinesischen Medizin

Chang, Stephan: Das Handbuch ganzheitlicher Selbstheilung, München, 1990
Chinesische Gesundheitslehren aus zwei Jahrtausenden, Berlin 1993
Flaws, Bob und Wolfe, H.L.: Das Yin und Yang der Ernährung, München, 1992
Frank, Kai-Uwe: Altchinesische Heilungswege 1991
Hempen, Carl-Herrmann: Die Medizin der Chinesen, München 1989
Kappstein, Stefan: An-mo – die chinesiche Mikromassage, Freiburg, 1981
Kaptchuk, Ted J.: Das große Buch der chinesischen Medizin, München, 1992[3]
Meng Chao-lan u.a.: Die Heilkunst der Chinesen, München 1991
Ots, Thomas: Medizin und Heilung in China, Berlin 1992
Palos, Stephan: Chinesische Heilkunst, München, 1975
Porkert, Manfred: Die chinesische Medizin, Düsseldorf, 1982
Porkert, Manfred: Klassische chinesische Rezeptur, München, 1984
Porkert, Manfred: Lehrbuch der chinesischen Diagnostik, München, 1983
Porkert, Manfred: Die theoretischen Grundlagen der chinesischen Medizin, Wiesbaden, 1973
Ross, Jeremy: Zang Fu, Stuttgart 1992
Schnorrenberger, K.: Lehrbuch der chinesischen Medizin für Ärzte, Stuttgart, 1979
Unschuld, Paul U.: Medizin in China, München, 1980
Unschuld, Paul U.: Die Praxis des traditionellen chinesischen Heilsystems, Wiesbaden, 1973

## III) zu den Grundlagen

Anders, Frieder (Hrsg.): Taichi – Chinas lebendige Weisheit, München, 1992[4]
Blofeld, John: Das Geheime und das Erhabene, München, 1979
Blofeld, John: Jenseits der Götter, München, 1981
Blofeld, John: Der Taoismus oder Die Suche nach Unsterblichkeit, München, 1991[3]
Chang Chung-Yuan: Tao, Zen und schöpferische Kraft, Köln, 1980
Dschuang Dsi: Das wahre Buch vom südlichen Blütenland, Köln, 1979
Eberhard, Wolfram: Lexikon chinesischer Symbole, Köln, 1983
Granet, Marcel: Das chinesische Denken, München, 1963
Jung, C.G. und Wilhelm R.: Das Geheimnis der Goldenen Blüte, Freiburg, 1971
Kaltenmark, Max: Lao-tzu und der Taoismus, Frankfurt, 1981
Lao Tse: Tao-Te-King – Das Heilige Buch vom Tao und der wahren Tugend, Interlaken, 1988
Lexikon der östlichen Weisheitslehren, München, 1986
Lin Yutang: Weisheit des lächelnden Lebens, Hamburg, 1984
Luk, Charles: Geheimnisse der chinesischen Meditation, Freiburg, 1984
Needham, Joseph: Wissenschaftlicher Universismus, Frankfurt, 1979
Rawson, P. und Legeza, L.: Tao – Die Philosophie von Sein und Werden, München, 1979
Schmidt, Wolfgang G.A.: Die alte Heilkunst der Chinesen, Freiburg, 1992
Schmidt, Wolfgang G.A.: Der Klassiker des Gelben Kaisers zur Inneren Medizin, Freiburg, 1993
Waley, Arthur: Lebensweisheit im Alten China, Frankfurt, 1978
Watts, Alan: Der Lauf des Wassers, Frankfurt, 1981
Watts, Alan: Weisheit des ungesicherten Lebens, München, 1981[3]
Wilhelm, Richard: Lao-Tse und der Taoismus, München 1987
Wing, R.C.: Der Weg und die Kraft, München 1987

# Schlüssel zum Auffinden der 64 Hexagramme

| Oberes ▶ Trigramm<br>Unteres Trigramm ▼ | CH'IEN ☰ | CHEN ☳ | K'AN ☵ | KEN ☶ | K'UN ☷ | SUN ☴ | LI ☲ | TUI ☱ |
|---|---|---|---|---|---|---|---|---|
| CH'IEN ☰ | 1 | 34 | 5 | 26 | 11 | 9 | 14 | 43 |
| CHEN ☳ | 25 | 51 | 3 | 27 | 24 | 42 | 21 | 17 |
| K'AN ☵ | 6 | 40 | 29 | 4 | 7 | 59 | 64 | 47 |
| KEN ☶ | 33 | 62 | 39 | 52 | 15 | 53 | 56 | 31 |
| K'UN ☷ | 12 | 16 | 8 | 23 | 2 | 20 | 35 | 45 |
| SUN ☴ | 44 | 32 | 48 | 18 | 46 | 57 | 50 | 28 |
| LI ☲ | 13 | 55 | 63 | 22 | 36 | 37 | 30 | 49 |
| TUI ☱ | 10 | 54 | 60 | 41 | 19 | 61 | 38 | 58 |

# Die acht Trigramme

nach Lama Anagarika Govinda
und den Angaben
zusammengestellt

| Die 8 Trigramme | ☰ | ☷ | ☳ |
|---|---|---|---|
| Namen | Ch'ien | K'un | Chen |
| Bilder | Himmel | Erde | Donner |
| Yang-Yin | Yang (rechte Körperseite) | Yin (linke Körperseite) | Yang |
| Wandlungsphase (Element) | Metall | Erde | Holz |
| Familien-beziehungen | Vater | Mutter | 1. Sohn |
| Tageszeit<br>Himmelsrichtung<br>Jahreszeit | 21.00<br>NW<br>Frühwinter | 15.00<br>SW<br>Frühherbst | 6.00<br>O<br>Frühling |
| Tier | Pferd | Stute, Kuh | Drache |
| Bewegungs-richtung | aufwärts | abwärts | aufwärts |
| Allgemeine Prinzipien | schöpferisch<br>aktiv | rezeptiv<br>passiv | aufregend<br>anregend |
| Psychische Eigenschaften | stark<br>Zeiterfahrung<br>Dauer | nachgiebig<br>Raumerfahrung<br>Ausdehnung | stimulierend<br>Wille<br>Impuls |
| Natur-Eigenschaften | Energie<br>unkörperlich | Materie<br>körperlich | Befruchtung<br>Vitalität |
| Daseinszustände | universell | universell | organisch |
| Aggregatzustände | formlos | formhaft | dynamisch |
| Lebenszyklus | Anstrengung<br>Kampf | Hingabe<br>Dienst | Anfang der Bewegung |
| Gemütshaltung<br>Willenstendenz | schöpferisch<br>angreifend | aufnehmend<br>nachgebend | emotionell<br>bewegend |
| Körperteile | Kopf | Bauch | Fuß |
| Funktionen | Wahrnehmung | Verdauung | Bewegung |

# und ihre Entsprechungen

Die innere Struktur des I Ging
von Dr. Miki Shima
von Wolfgang Höhn

| ☴ | ☲ | ☵ | ☱ | ☶ |
|---|---|---|---|---|
| Sun | Li | K'an | Tui | Ken |
| Wind (Holz) | Feuer | Wasser | See | Berg |
| Yin | Yang | Yin | Yang | Yin |
| Holz | Feuer | Wasser | Metall | Erde |
| 1. Tochter | 2. Sohn | 2. Tochter | 3. Sohn | 3. Tochter |
| 9.00<br>SO<br>Frühsommer | 12.00<br>S<br>Sommer | 24.00<br>N<br>Winter | 18.00<br>W<br>Herbst | 3.00<br>NO<br>Spätwinter |
| Huhn | Fasan | Schwein | Schaf | Hund, Ratte |
| abwärts | aufwärts | abwärts | aufwärts | abwärts |
| durchdringend<br>fühlend | hell<br>formend | dunkel<br>formlos | reflektierend<br>licht, hell | beharrend<br>stetig, schwer |
| empfänglich<br>Intuition<br>Assimilation | klärend<br>Unterscheidung<br>Denken (Logos) | ungewiß<br>Emotion<br>Fühlen (Eros) | froh<br>Betrachtung<br>Schauen | ruhig<br>Gleichmut<br>Sammlung |
| Wachstum<br>Entfaltung | Wärme<br>Solare Kräfte | Kälte<br>Lunare Kräfte | Verdunstung<br>Veränderlichkeit | Festigkeit<br>Stetigkeit |
| organisch | elementar | elementar | anorganisch | anorganisch |
| ausdehnend | strahlend | absorbierend | verwandelnd | widerstrebend |
| Reife<br>Alter | Erscheinung<br>Wahrnehmung | Schmerz<br>Mühe<br>Anstrengung | Freude<br>Heiterkeit | Vollkommenheit<br>Vollendung |
| durchdringend<br>sanft | haftend<br>abhängig | Tiefe, Abgrund<br>Gefahr | Frohsinn<br>Begeisterung | Geduld<br>Stillhalten |
| Schenkel | Auge | Ohr | Mund | Hand |
| Rezeptivität | Sehvermögen | Raumgefühle | Nahrung | Ausführungs-<br>organ |

| Die 8 Trigramme | ☰ | ☷ | ☳ |
|---|---|---|---|
| Namen | Chien | Ken | Chien |
| Sonstige Eigenschaften | Kraft<br>Gesundheit<br>Aktivität<br>Bewegung | Ausdauer<br>verborgene<br>Aktivität<br>Stille | dyn. Energie<br>Lebhaftigkeit<br>Unruhe<br>Schütteln |
| Medizinische Kategorien Körperteile und Organe Funktionen | Gehirn<br>Wirbelsäule<br>zentrales<br>Nervensystem<br>weiblich | Verdauungsorgane<br>(Milz, Magen<br>Bauchspeicheldr.)<br>weibliche<br>Geschlechts-<br>organe, Haut und<br>und subkutane<br>Gewebe | Sinnesorgane<br>Leber, Gallen-<br>blase, unterer<br>Rücken, untere<br>Extremitäten<br>Sehnen,<br>Sympatikus |
| Beschwerden Symptome allgemein | ernste, gefährliche,<br>aggressive<br>(extreme)<br>Symptome | chronische,<br>träge<br>Beschwerden | plötzlich auf-<br>tretende<br>«fließende»<br>schmerzhafte<br>schnell fort-<br>schreitende<br>Beschwerden,<br>rasche Genesung |
| Krankheiten (physisch) | Yang-Zustände | Stauungen | akute (Nerven-)<br>Schmerzen, Schock<br>Störungen der<br>Motorik<br>(Fülle des)<br>Leber-Yang |
| Psychische Probleme | mentale und<br>emotionale<br>Extremzustände | Melancholie<br>Verzweifelung<br>Depression | plötzliche<br>Anfälle<br>Wutausbrüche<br>Jähzorn |

| ☴ | ☲ | ☵ | ☱ | ☶ |
|---|---|---|---|---|
| Ken | Chien | Ken | Chien | Ken |
| Wachstum<br>Geschmeidigkeit<br>langsam-ruhige<br>Bewegung | Hitze, Licht<br>Glühen<br>Strahlung | Mühe<br>Stillstand<br>Dunkelheit | Gelassenheit<br>Stille, Ruhe | Subtilität<br>Stocken<br>Rückzug |
| Atemwege<br>Geruchsinn<br>Eingeweide<br>Parasympatikus | Augen und<br>Sehkraft<br>Gefäßsystem<br>und Kreislauf<br>Zunge, Herz<br>Dünndarm | urogenitales<br>System (Niere<br>Blase)<br>Körpersäfte<br>Unterleib<br>Knochen<br>Ohren<br>Haare | Mund(höhle)<br>Verdauungs-<br>system<br>Fortpflanzungs-<br>system | Kopf<br>Oberer Rücken<br>(Nacken,<br>Schultern<br>Gelenke<br>männliche<br>Geschlechts-<br>organe |
| sanfte, durch-<br>dringende<br>Krankheiten,<br>latentes Fieber<br>langsame<br>Genesung | Hitzezustände:<br>Fieber;<br>Entzündungen<br>Schwellungen<br>Hautrötung | Intoxikation,<br>Stagnation<br>von Toxinen,<br>Körpersäften,<br>Kälte und<br>Nahrung | langwierige,<br>chronische<br>Beschwerden<br>mit langsamem<br>Ausbruch und<br>langsamer<br>Heilung,<br>Ansammlung<br>von Toxinen | hartnäckige,<br>festsitzende<br>Beschwerden |
| (innerer)<br>Leber-Wind<br>Yin-Mangel<br>(der Leber) | Stoffwechsel-<br>probleme | Wasser-<br>Krankheiten<br>(Ödeme,<br>Blutungen,<br>Erkältungen) | Beschwerden<br>im Zusammen-<br>hang mit<br>Ernährung und<br>Sexualverhalten | Kreislauf-<br>stillstand<br>Tumore<br>Schwellungen<br>Traumen<br>Verlust der<br>Widerstands-<br>kräfte |
| Verzagtheit<br>Kummer<br>Sorge<br>Trauer | Wahn,<br>Hysterie | Spannung<br>Depression<br>Furcht<br>Schrecken<br>Phobien | Ekstase<br>Über-Erregung<br>Besessenheit | Gleichgültig-<br>keit, Apathie<br>Starrsinn |